Dogmatics of Civil Law and Theory

民法教义学与理论

孙维飞 —————— 著

北京大学出版社
PEKING UNIVERSITY PRESS

图书在版编目(CIP)数据

民法教义学与理论 / 孙维飞著. -- 北京：北京大学出版社，2025.6. -- ISBN 978-7-301-36196-2
Ⅰ．D923.04
中国国家版本馆 CIP 数据核字第 2025KW7475 号

书　　　　名	民法教义学与理论
	MINFA JIAOYIXUE YU LILUN
著作责任者	孙维飞　著
责 任 编 辑	周　菲　钱　玥
标 准 书 号	ISBN 978-7-301-36196-2
出 版 发 行	北京大学出版社
地　　　　址	北京市海淀区成府路 205 号　100871
网　　　　址	http://www.pup.cn
新 浪 微 博	@北京大学出版社　@北大出版社法律图书
电 子 邮 箱	编辑部 law@pup.cn　总编室 zpup@pup.cn
电　　　　话	邮购部 010-62752015　发行部 010-62750672
	编辑部 010-62752027
印 刷 者	北京中科印刷有限公司
经 销 者	新华书店
	965 毫米×1300 毫米　16 开本　18 印张　278 千字
	2025 年 6 月第 1 版　2025 年 6 月第 1 次印刷
定　　　　价	78.00 元

未经许可，不得以任何方式复制或抄袭本书之部分或全部内容。
版权所有，侵权必究
举报电话：010-62752024　电子邮箱：fd@pup.cn
图书如有印装质量问题，请与出版部联系，电话：010-62756370

目 录
CONTENTS

上篇
有关民法教义学的理论

第一章　弹性的法学移植与意义漂移
　　　　——以侵权行为法学中"法益"学说之发展为
　　　　个案的考察　　　　　　　　　　　　　003

第二章　语词之争、体系之争与适用之争
　　　　——以有关侵权法中公平责任的争论为个案　029

第三章　价值判断与体系衡量
　　　　——从有关共同侵权的学说史说起　　　　045

下篇
民法教义学中的理论

第一章　规范比较与体系衡量
　　　　——以《侵权责任法》第12条和第37条第2款
　　　　的关系为中心考察安全保障义务人"相应的
　　　　补充责任"　　　　　　　　　　　　　075

第二章　规范综合与价值判断
　　——以针对向婚外同居者遗赠的公序良俗原则
　　法律适用为例　　　　　　　　　　　　102

第三章　原则与规则：教义学上的拐杖及其舍弃
　　——以性行为后果分担为例论《民法典》
　　第1186条之法律适用　　　　　　　　120

第四章　自治与管制之一：定义、定性与法律适用
　　——以买卖型担保案型的法律适用为例　141

第五章　自治与管制之二：定义性规范、任意性规范与
　　强制性规范
　　——以《民法典》第585条（违约金）之法律
　　适用为例　　　　　　　　　　　　　167

第六章　比较法与案例视角下的深层求同
　　——以占有推定运作机理之考察为例　　193

第七章　概念与语境：中度抽象的意义
　　——以"清偿"概念对"物权行为"概念的替代
　　为例　　　　　　　　　　　　　　　211

第八章　社会学概念与法律教义学落实：情感化仪式之一
　　——家庭伦理、婚姻身份与法律　　　236

第九章　社会学概念与法律教义学落实：情感化仪式之二
　　——祭奠纠纷的类案研究　　　　　　248

附录：类案研究的意义与方法
　　——一篇讲座稿　　　　　　　　　　270

上篇
有关民法教义学的理论

引 言

本书上篇以法学本身为研究客体，相当于"法学学"。有更多从外部视角介入的研究，如分析从事法学研究的人员的流动及其诱导因素等，偏向于知识社会学；而本书上篇则更多从内部视角介入进行研究，偏向于话语研究，尤其着眼于民法教义学中争论的话语及其所表现出的样式。本书上篇的话语研究，在意的并非民法教义学中具体法律适用问题应有的结论，而是如何从理论上更好地描述所观察到的民法教义学话语，是对历史素材所进行的实证研究。所考察的历史素材主要为关于某一民法教义学的期刊文章的话语，所着重的是用相关的理论术语对其进行描述和阐释。其所得到的结论既直接反映了若干民法教义学领域中学术生长的特点，也间接指向就如何进行更好的民法教义学研究提供若干或许有益的思考。上篇各文修改自作者2008年的博士论文《当代侵权行为法学之发展——以法教义学理论为视角的观察》中的部分章节，由于是在历史素材上所作的学术史研究，皆未以现行《民法典》和当前文献作为支撑。

第一章　弹性的法学移植与意义漂移
——以侵权行为法学中"法益"学说之发展为个案的考察[*]

[理论提示]　法学移植所具有的弹性的特点使其可以发挥将立法者或司法实践中的价值判断融入一个合适的分析框架中的功能。这种弹性或使比较法中的概念语词，如"法益"一词，在继受过程中发生"意义漂移"，从而歪打正着，使继受国或地区的法教义学免于在不太有意义的问题（如保护死者名誉的各种"说法"）上持续争论，从而尽快进入和法律适用更相关的主题。

一、问题之提出

对于法律移植，人们关注最深的莫过于外来制度与本土资源的适应性问题。此一问题可再分解为两个问题：（1）移植是否可能？

---

[*]　本章内容曾以《弹性的法学移植——以侵权行为法学中"法益"学说之发展为个案的考察》为题，发表于《中外法学》2009年第6期，第900—914页。

(2) 如何移植？关于第一个问题，有截然相反的两种观点：一种认为移植是不可能的①；一种认为移植是可能的，甚至是必要的。② 移植不可能的主张者并没有无视人类历史上和当今中国的法律移植现象，其实际意向是在指出生活方式的变化是决定性的力量，而这不是移植所能做到的，若所谓的法律移植不能和现实生活相匹配，则徒留空洞的条文而已。③ 移植可能的主张者亦并不认为法律移植会无条件地具有可行性，相反，对于移植发生的条件，学者多有阐述，形成了不同的关于移植的范式，分别有"法律职业者范式""文化范式""经济范式""政治范式"以及"人类共同价值范式"，等等。④ 因此，本书认为，不妨将移植是否可能和如何移植两个问题放到一起来看待，在移植现象普遍存在的情况下，从移植的实际事项（如何移植）入手，探寻移植得以发生或有效的条件，并进而追问移植是否可能。如此研究的前提是认为，不同范式下的法律移植得以发生的条件并不相同，各自有与其相适合的境遇，并不主张不同历史条件下存在着统一的法律移植范式，亦不主张在某一历史条件下一定只有一种法律移植的范式。

对于改革开放后的当代中国的民法学来说，法学移植和法律移植有着密不可分的联系⑤，因为《民法通则》采取了粗放式、大纲式的

---

① 参见苏力：《这里没有不动产——法律移植问题的理论梳理》，载《法律适用》2005 年第 8 期，第 24—28 页。
② 参见何勤华：《法的移植与法的本土化》，载《中国法学》2002 年第 3 期，第 3—15 页。
③ 参见苏力：《秋菊的困惑和山杠爷的悲剧》，载《法治及其本土资源》，中国政法大学出版社 2004 年版，第 23—37 页。
④ 参见高鸿钧：《法律移植：隐喻、范式与全球化时代的新趋向》，载《中国社会科学》2007 年第 4 期，第 116—129 页；see William Ewald, "Comparative Jurisprudence (II): the Logic of Legal Transplant", 43 *The American Journal of Comparative Law* 489 (1995), pp. 489-510.
⑤ 所谓法学移植也就是通常所说的学说继受，为了与法律移植对应，本章大部分情况下不用学说继受一词。

规定，诸多问题有待学说和司法实践经验的累积，等条件成熟了再形成新的立法，直至期待中的《民法典》。如此，则学说对域外资源的借鉴的重要目的和任务就是为随后的立法（包括法律移植）准备学理基础。甚至在此意义上，动态地看，不妨认为法学移植正是法律移植过程的一部分，是其准备阶段。[①] 法学移植的成果是否能转化为法律移植，既有赖于法学移植的品性，即其是否契合当今中国的现实，也有赖于法制发展中的权力格局，其中包括法学家在立法过程中所占据的位置及其重要性。以合同法的起草制定为开端，在当代中国的民法立法工作中，法学家的位置越来越靠前，其重要表现之一即为法案起草的任务交由以学者为主体的团体来完成。[②] 在经由法学移植向法律移植转换的路径中，对法律移植仅仅从最终被移植的文本入手去探讨则显得很不够，因为那只是定稿，在定稿之前，已有多次的打磨过程。尚需研究的是这样的打磨过程，其中就包括法学移植。

本书对法学移植的研究从一个概念——"法益"在当代侵权行为法学中的历史演变入手，探究其对认识法学移植品性可能具有的启示。"法益"一词在刑法学和侵权法学中含义有所不同[③]。就侵权法学而言，法益有广义和狭义之分，广义的法益概念是指一切受法律保护之利益，狭义的法益概念则是指权利以外的受法律保护之利益。无

[①] 先有法学移植，再到法律移植，和先有法律移植，再到法学移植，这是两个不同的过程，我国改革开放后的情况当属于前一种。在此种情况下，法学移植更多是以立法论为基调，而不是以解释论为基调。在先有法律移植，再进行法学移植的情况下，法学移植的功用主要不是为将来的立法作准备，而是对现行法律的解释适用参照域外资源，尤其是来源国的资源。例如，《日本民法典》制定通过后，日本民法学界即进入了以学说继受为主要任务的阶段，此一阶段学说继受的特点在于以解释论为中心，直至第二次世界大战后，由于社会发展中出现的新型法律关系的刺激，才逐渐由解释论扩大到包含立法论的阶段，并对此后的特别法立法起到了先导作用。参见渠涛：《日本民法编纂及学说继受的历史》，载《中日民商法研究（第一卷）》，法律出版社 2003 年版，第 104—154 页。

[②] 参见梁慧星：《中国民法学的历史回顾与展望》，http://news.xinhuanet.com/legal/2007-12/11/content_7230590.htm，2008 年 4 月 26 日访问。

[③] 刑法学者对法益的论述，参见张明楷：《法益初论》，中国政法大学出版社 2000 年版。

论广义的还是狭义的法益概念都蕴含着一个前提判断，即法律所保护的利益不仅仅是权利。让我们先从对一个司法解释的观察开始。

2001年《最高人民法院关于确定民事侵权精神损害赔偿责任若干问题的解释》（以下简称《精神损害赔偿司法解释》）第1条规定：

> 自然人因下列人格权利遭受非法侵害，向人民法院起诉请求赔偿精神损害的，人民法院应当依法予以受理：
> （一）生命权、健康权、身体权；
> （二）姓名权、肖像权、名誉权、荣誉权；
> （三）人格尊严权、人身自由权。
> 违反社会公共利益、社会公德侵害他人隐私或者其他人格利益，受害人以侵权为由向人民法院起诉请求赔偿精神损害的，人民法院应当依法予以受理。

这一规定的特色在于使用了"人格权利"和"其他人格利益"两个相互区别的词，并分成两款设不同的保护规定。在以前的司法解释或立法中并未出现将"权利"和"利益"分别规定的先例，要么是使用"权益"一词将两者涵盖，不会设不同之条款区别对待[①]；要么只提人身、财产，"权利"和"利益"二词并不附着其后，因此也不会对权利和利益二者区别对待。[②] 由于《民法通则》采取了粗放式的规定且社会生活变动较大，司法解释承担着重要的应对新情况、新形势，弥补立法不足、统一法律适用之功能，与立法机关的立法作比

[①] 如《民法通则》第5条："公民、法人的合法的民事权益受法律保护，任何组织和个人不得侵犯。"

[②] 如《民法通则》第106条第2款："公民、法人由于过错侵害国家的、集体的财产，侵害他人财产、人身的，应当承担民事责任。"

较，那些以统一适用规则形式颁布的司法解释不妨称之为准立法。[1]从探寻立法或准立法的制度或理论来源角度看，首先即需追问：上述司法解释第1条规定之两个特色——"权利和利益之概念有区分"以及"权利和利益之保护有区别"——从何而来？

二、"法益"概念之学说继受

（一）《民法通则》第106条第2款规定及相关之学说

《民法通则》第106条第2款规定："公民、法人由于过错侵害国家的、集体的财产，侵害他人财产、人身的，应当承担民事责任。"这一规定是我国有关一般侵权行为的概括性规定，其对一般侵权行为法所保护的客体界定为"财产、人身"，而不是"财产权、人身权"。这一做法似乎是有意为之，因为在1986年2月的《民法通则》草案（修订稿）第104条第2款中，原本的规定是"财产、人身权利"，最终通过《民法通则》时作出了修改，删去了"权利"二字。[2]那么这种删改的意图何在，是否意味着《民法通则》的制定者意识到财产、人身与财产权、人身权的不同，并有意识地使侵权法保护的客体不局限于财产权、人身权呢？由于并无相关的立法理由可供查询，难以提供准确的解释。从1986年4月2日当时的全国人大常委会法工委主任对草案（修订稿）的说明中可以看出：虽然草案在规定一般侵权行为时使用了"权利"一词，但是草案说明并没有强调权利和其他合法利益之不同，更没有明确说一般侵权行为法保护的客体仅局限于与其

---

[1] 对于部分司法解释的"立法性"特征的解释，请参阅曹士兵：《最高人民法院裁判、司法解释的法律地位》，载《中国法学》2006年第3期，第175—181页。

[2] 参见王利明：《侵权行为法归责原则研究》，中国政法大学出版社1992年版，第367页注释[2]。

他合法利益相区别意义上之权利；另外，草案说明在有关国家机关或其工作人员侵权责任以及产品责任的阐述中都没有使用"权利"一词，而是使用"合法权益"或者"财产、人身"之词语，但草案说明并未由此强调国家机关或其工作人员侵权责任与产品责任适用的对象范围应比一般侵权行为之责任更宽。[①]

既然草案说明并未强调权利和其他合法利益之不同，那么从立法原意上看，《民法通则》最终颁行时去掉附在"财产、人身"后面的"权利"二字也不应被解释为对权利和其他合法利益区别之重视，并因此有意识地借去掉"权利"二字来彰显侵权行为法之保护客体在范围上的广泛性。在《民法通则》制定后，学者又是如何阐释其第106条第2款的呢？在其阐释中是否重视"财产、人身"与"财产、人身权利"之区别呢？答案是：大致在20世纪90年代之前，"财产、人身"与"财产、人身权利"之区别并未被重视，一些学者在其教科书或论文的相关阐述中依然保留了"人身权""财产权"之用词且并未因此强调其所主张的侵权行为法保护客体之范围应比《民法通则》所规定者为狭窄[②]；另一些学者对侵权的定义使用了"权益"或"财产、人身"之词语，但并未说明权利和其他合法利益之区别。[③]

可以认为，在《民法通则》制定后的几年内，有关一般侵权行为法保护客体之探讨并未引起重视，对权利和其他合法利益之概念区分

[①] 参见王汉斌：《关于〈中华人民共和国民法通则（草案）〉的说明》，载《中华人民共和国国务院公报》1986年第12期，第393—399页。

[②] "侵权的民事责任是指行为人非法侵害公民、法人的财产所有权及与财产所有权有关的财产权、知识产权及人身权所应承担的法律责任"，张佩霖主编：《中国民法》，中国政法大学出版社1991年版，第516页。"这里所说的侵权行为是指公民、法人侵害他人财产权、人身权的民事违法行为"，杨玉素：《第十一讲——侵权的民事责任》，载《河北法学》1987年第6期，第43页。"根据《民法通则》的规定，公民、法人不履行民事义务，侵犯他人民事权利的，一般采取过错责任原则承担民事责任"，魏振瀛、王小能：《论构成民事责任条件中的过错》，载《中国法学》1986年第5期，第18页。

[③] "侵权的民事责任即行为人因其过失不法侵害他人人身、财产权益应承担的责任"，米健：《试析〈民法通则〉中的民事责任》，载《政法论坛》1986年第4期，第22页。

并不是注意的焦点,并无任何文章愿意从一般侵权行为法保护客体之角度对《民法通则》第106条第2款之规定劳神论述。较早关注此一问题的学者应为孔祥俊先生,其在1991年的一篇文章《侵权责任中的不法行为初探》中首次提到对《民法通则》第106条第2款的保护客体应如何界定的问题[①],其后于1993年在和杨丽合作发表的一篇论文《侵权责任要件研究(上)》中,又对此问题进行了详尽的探讨。本书以后一篇文章为主要分析对象,主要原因有两点:首先,相比较后一篇文章,前一篇文章稍嫌简略;其次,在当时习惯条件下,前一篇文章没有任何引注,不便于本书分析其思想来源,而后一篇文章的详细注释则有助于达成本书的此项目的。

《侵权责任要件研究(上)》一文主张权利和合法利益应有所区分,且明确认为我国侵权法保护之客体不仅包括权利,尚包括合法利益在内。在此文章中作者引用1990年第3期《最高人民法院公报》刊载的一则案例[②]以表明其见解有实务上的权威证据。该案例反映的是在反不正当竞争法出台之前对商品装潢进行保护的司法实践,因为商品装潢尚不能被认为是商标法中的商标权的客体,两位学者就此认为权威性判例支持一般侵权行为法之保护客体不局限于权利之见解。[③]但是,从该案判决来看,并不能认为司法实践对《民法通则》第106条第2款保护客体之理解是认为其包含了对权利之外合法利益之保护。因为判决所依据的并非《民法通则》第106条第2款之规

---

① 孔祥俊:《侵权责任中的不法行为新探》,载《法学论坛》1991年第1期,第14—15页。

② 该案例的基本内容为:被告山东省文登酿酒厂仿照原告山东省莒县酒厂的瓶贴装潢,制作了与其相近似的瓶贴装潢,使用在自己生产的白酒上,二审认为,被告之行为虽然没有侵犯原告的著作权,因此,不能适用《民法通则》第118条,但依据《民法通则》第4条、第5条,被告仍应当承担责任。参见《最高人民法院公报》1990年第3期,第26—27页。

③ 参见孔祥俊、杨丽:《侵权责任要件研究(上)》,载《政法论坛》1993年第1期,第44—47页。

定，而是《民法通则》第 4 条中有关民事行为不得违反诚实信用原则以及第 5 条"公民、法人的合法的民事权益受法律保护，任何组织和个人不得侵犯"的规定。也就是说，从该判决中不能得出法院认为《民法通则》第 106 条第 2 款之规定可以涵盖非属权利之合法利益被侵害之情形的规定。[①] 尽管如此，学者对判例之解释不必完全依赖判例制作者自身之阐释，抉发并超越判例中所包含之理论意义正是学术之功能所在。就此而言，上述文章具有开创性，第一次投入大量笔墨郑重讨论一般侵权行为法保护客体之问题，使"合法利益"是否需要保护成为侵权法学讨论的一个议题，在此之前，不管是否赞成《民法通则》第 106 条第 2 款可以适用于非属权利受侵害之情形，学者们都没有将此问题作为需郑重讨论的议题对待。

上述两篇文章之所以能对侵权行为法的保护客体问题作出较为详尽的探讨，很重要的理论资源是比较法上的资源。从《侵权责任要件研究（上）》这篇文章可以看出，其有关侵权行为法保护客体之阐述的 14 个注释中有 12 个都是国外或我国台湾地区学者的著述。[②] 在比较法上，德国法（《德国民法典》第 823 条第 2 项以及第 826 条）和法国法（原《法国民法典》第 1384 条）都对权利之外的合法利益加以保护，日本法其条文（原《日本民法典》第 709 条）中明示的侵权法保护客体只是权利，法典起草者的目的也是通过此条将一般侵权行为法之保护客体局限于法律明文规定的权利或习惯法上的权利以保护自由竞争，但随着 1925 年大审院"大学汤"（一个尚不能被认为是权利的老字号）事件判决之后，学界通说对《日本民法典》第 709 条之解释为，权利受侵害只是行为违法性的表现，其他具有违法性的行为

[①] 从实际审理此案的山东省高级人民法院工作人员所撰写的说明文章中也不能看出审理者企图将此案和对《民法通则》第 106 条第 2 款之解释适用联系起来。参见夏和明、刘平：《对一起不正当竞争案的认定》，载《人民司法》1990 年第 6 期，第 39—40 页。

[②] 参见孔祥俊、杨丽：《侵权责任要件研究（上）》，载《政法论坛》1993 年第 1 期，第 47 页注释 5—18。

造成他人损害时仍应当承担责任。① 在 1992 年的一本著作中，王利明先生也就《民法通则》第 106 条第 2 款之保护范围不局限于权利的观点引用比较法上的资料进行了阐述，并同时也和孔祥俊、杨丽两位一样引用了《最高人民法院公报》1990 年第 3 期上刊载的相同案例——山东莒县酒厂诉山东文登酒厂——作为来自司法实践的佐证。②

90 年代初其他学者对侵权行为法保护客体问题并无关注，可以认为孔祥俊、杨丽的文章和王利明先生的著作是第一次有意识地借鉴域外理论资源对《民法通则》第 106 条第 2 款之保护客体进行解释的尝试。这一次的尝试有些特点值得进一步的分析。一方面，此次法学移植的主要作用是使学术界开始对一般侵权行为法保护客体问题重视起来，在对该问题的探讨中，被借鉴的域外资源主要有两项内容：一项是权利和利益的概念区分；另一项是应对权利和利益都进行保护的价值判断。另一方面，进行此次法学移植者认为，对权利和利益都应进行保护的价值判断是符合我国司法实践的，其引用《最高人民法院公报》上的案例就是为了证明这一点。将上述两点结合起来，可以看出，司法实践中既有的价值判断在学者所实施的法学移植中通过新的概念框架被讨论，此框架就是权利和利益的概念区分。真正被移植的只是此概念框架。该框架之所以有用，是因为其所解决的问题在不同地域具有一定的相似性。例如，前述日本"大学汤"事件中所需处理的问题和山东莒县酒厂诉山东文登酒厂一案中所需处理的问题即具有一定的相似性，都是在无形财产领域中一些未被法律明确规定的利益如何保护的问题，前者涉及的是老字号，后者涉及的则是商品装潢。若山东省高级人民法院在对山东莒县酒厂诉山东文登酒厂一案中以商品装潢不构成商标权为由判决原告败诉，那么学者也完全可能会主张

---

① 参见于敏：《日本侵权行为法》，法律出版社 1998 年版，第 138—146 页。
② 参见王利明：《侵权行为法归责原则研究》，中国政法大学出版社 1992 年版，第 367 页。

我国侵权行为法之保护客体仅局限于权利，其他合法利益不在《民法通则》第106条第2款保护范围之内。但即便如此主张，权利和利益的概念区分之框架仍不妨被保留。也就是说，法国法、德国法或日本法对权利之外的合法利益亦予以保护的价值判断可以不予接受，但这并不妨碍对权利和利益概念区分之框架的继受。而权利和利益概念的区分正是"法益"概念运用于侵权行为法学时的核心内容，上述几位学者未使用"法益"一词更多的恐怕只是照顾当时学界及社会的接受习惯吧，毕竟"合法利益"一词比"法益"一词听起来更亲近。

（二）死者名誉之保护与"法益说"

自90年代初期之后，权利和利益概念的区别在学术界被保留了下来，并有了新的应用。最能体现此新应用之特色的莫过于有关死者名誉保护之学说发展和"法益"一词的明确借用。

在谈学说发展之前，有必要先就司法实践在死者名誉保护问题上之进展作一交代，以便认识学说发展的特色之处。在《民法通则》颁布两年后，最高人民法院民事审判庭就实践中出现的新类型的案件召开了一次座谈会，其中讨论的一类问题即为"对死者的人身权应否予以保护"。一种意见认为，公民的权利能力始于出生、终于死亡，死后不存在对其权利保护的问题，因为于法无据；另一种意见认为，正如作者的署名权可以在死后继续存在一样，公民的名誉权和荣誉权在死后仍能继续存在，也应当加以保护，但实际有权起诉的人为死者的近亲属。① 不久之后，最高人民法院在给天津市高级人民法院的复函中肯定了天津市中级人民法院和高级人民法院的处理意见，明确认为"吉文贞（艺名荷花女）死后，其名誉权应依法保护"。在该复函所附的请示意见中可以看出，天津市中级人民法院和高级人民法院认为死

---

① 参见宗河：《总结、探索、提高——对几类新型民事案件讨论摘要》，载《人民司法》1988年第5期，第13页。

者名誉权应当受保护的理由中并无任何对域外资源的借鉴，启发来源于我国在"文革"结束后所进行的拨乱反正工作，因为恢复名誉正是为受冤屈的死者进行平反工作的一项重要内容。① 自此以后，我国司法实践中对死者名誉应予保护不再是一个有争论的问题，若有争论，也只是究竟谁可以起诉、赔偿数额究竟在多大范围内是合适的等具体操作之问题。

在对死者名誉应当保护之价值判断的共识基础上，学者对保护之对象或名义展开了激烈的争论，观点纷呈。可对这些观点进行分类，第一类：主张保护的对象即为死者的名誉权。此类主张似乎与《民法通则》第9条之规定——"公民从出生时起到死亡时止，具有民事权利能力，依法享有民事权利，承担民事义务"——相冲突，提出此类主张者并不回避此冲突，为保留其主张，对上述规定进行修正。一种修正方法是，否定死亡和民事权利能力终止之间必然挂钩，死者也可能有民事权利能力，进而也就可以享有权利②；另一种修正方法是，否定民事权利能力和民事权利之间的不可分性，认为死者虽无权利能力，但仍可具有权利。③ 第二类：主张保护的对象不是死者的名誉权，因为死者的民事权利能力已经消灭，无法再拥有权利。但此类主张者认为人死后还可以存在某些东西以供保护，这些东西究竟是什么，不同学者各有主张，诸如"准名誉权说"④、"生命痕迹说"⑤、"人身遗存说"⑥

---

① 参见《最高人民法院关于死亡人的名誉权应受法律保护的复函》(1989年4月12日)。

② 参见佟柔主编：《中国民法学·民法总则》，中国人民公安大学出版社1990年版，第98页。

③ 参见于德香：《析民事权利和民事权利能力可以适当分离》，载《政治与法律》1992年第2期，第24页。

④ 参见孙加峰：《依法保护死者名誉的原因及方式》，载《法律科学》1991年第3期，第56—57页。

⑤ 参见陈信勇：《论对死者生命痕迹的法律保护——兼与孙加峰同志商榷》，载《法律科学》1992年第3期，第71—74页。

⑥ 参见李锡鹤：《论保护死者人身遗存的法理根据》，载《法学》1999年第2期，第26—29页。

以及"法益说"("延伸保护说")[①]等。第三类：主张保护的对象不是死者的名誉权而是其近亲属的名誉权[②]或名誉利益[③]。第四类：主张保护的对象不是死者的名誉权而是社会利益，因此，任何人都有权维护这种利益以防止死者的名誉受到践踏。[④] 前三类主张也都不否认对死者名誉权的保护有维护社会利益之考虑，第四类主张的特别之处在于，由此而认为任何人都可以请求人民法院追究破坏死者名誉之人的侵权行为法上的责任。[⑤]

从上述有关死者名誉保护的司法实践和学说的总结可以看出：第一，学说所争论的主要不是价值判断问题，而是理论基础的问题，是为司法实践中已经形成的价值判断寻找恰当说法之问题。第二，学说要解决的主要难题是：主体已经死亡，如何能受到保护？本章主要关注的学说是上述第二类主张中的"法益说"("延伸保护说")，关注的理由是：该学说提出"法益"概念解决上述难题的思路受到了域外理论资源的启发，对其分析有助于阐明法学移植的一些特点；另外，该学说是由当代中国两位侵权法权威学者提出的，在学说继受角度看可谓对域外学说高规格的参考借鉴，其"法益说"或"延伸保护说"的理论对司法实务以及 2001 年《精神损害赔偿司法解释》中的相关

[①] 参见王利明主编：《人格权法新论》，吉林人民出版社 1994 年版，第 444—445 页；杨立新、王海英、孙博：《人身权的延伸法律保护》，载《法学研究》1995 年第 2 期，第 21—29 页。之所以未将杨立新等学者提出的"人身权延伸保护说"单独列为一类，是因为该说的实质和"法益说"完全一样，只是起用了"延伸保护"之概念以说明死者的人身法益和其生前权利之间的联系而已。该说以"人身法益"与"权利"的区别为基础，将死者名誉、胎儿利益等都归入前者，其所谓"人身权延伸保护"不是指保护人身权，而是指保护人身法益，因此其主张之实质和"法益说"并无二致。

[②] 参见魏振瀛：《侵害名誉权的认定》，载《中外法学》1990 年第 1 期，第 8—9 页。

[③] 参见张新宝：《名誉权的法律保护》，中国政法大学出版社 1997 年版，第 36—37 页。

[④] 参见郭明瑞：《论名誉权侵害构成的若干问题》，载《烟台大学学报（哲学社会科学版）》1992 年第 4 期，第 3—4 页。

[⑤] 有此见解的，另参见王利明主编：《民法・侵权行为法》，中国人民大学出版社 1993 年版，第 265 页；魏振瀛主编：《民法》，北京大学出版社 2000 年版，第 54 页。

规定的出台都有较大的影响力。这些内容有待下一节详细说明。

在进入下一节之前，先解释一点，即我国大陆侵权行为法学中"法益"概念之使用实为法学移植之结果。在20世纪90年代之前，我国侵权行为法学中极少对受法律保护之利益冠名以"法益"一词①，较常使用的是"合法利益"或"合法权益"。另外，从侵权行为法保护客体不限于权利的角度去使用"法益"一词则完全是90年代之后的事②，且这种使用有明显的对我国台湾地区学者著述的借鉴痕迹。虽然在90年代前期，通过注释交代来源尚不是习惯，但较早使用"法益"一词的文章和著述的学者在其对该词语的使用中还是有注释说明的。③ 从其注释中可以发现，"法益"一词之使用和我国台湾地区两位学者著作中的内容密切相关。两位学者的著作分别是史尚宽的《债法总论》④和王泽鉴的《民法学说与判例研究》（第二册）⑤，他们在论述我国台湾地区侵权行为法的立法模式时所使用的法益一词被借鉴使用。我国台湾地区"民法"借鉴德国民法的立法模式，对一般侵权行为分设三个规定：其一为我国台湾地区"民法"第184条第1项前段："故意过失不法侵害他人权利者，负损害赔偿责任。"其二

---

① 90年代之前我国民法学著作中未出现过"法益"一词，期刊中本书只发现一篇民法学文章使用了"法益"一词，该文章为潘雪奎：《我国民法应当承认精神损害赔偿》，载《现代法学》1986年第4期，第81页。

② "法益"一词可用于揭示：保护权利实际是保护权利背后的利益，如此使用的"法益"一词是为了表明权利和利益的一致性，通常是在探讨权利本质时提出的，不涉及对侵权行为法保护客体问题之阐释。

③ 分别可参见孔祥俊、杨丽：《侵权责任要件研究（上）》，载《政法论坛》1993年第1期，第47页，注释14和注释15，该注释14将其引用的书名误注，应为史尚宽先生的《债法总论》而不是《民法总论》；王利明主编：《人格权法新论》，吉林人民出版社1994年版，第445页注释1。

④ 史尚宽：《债法总论》，中国政法大学出版社2000年版，第112—113页。

⑤ 王泽鉴：《民法学说与判例研究》（第二册），中国政法大学出版社1998年版，第178—200页。由于引用者当时引用的很可能是作内部批判参考用的影印本，且并未注明著作出版印行等情况（此为当时引用我国台湾地区学者著作之常态），本书这里给出的版本并不是引用者所用的版本，而是后出的简体字版，但引用者所引用的内容在简体字版中并未被删节或改变。

为我国台湾地区"民法"第184条第1项后段:"故意以背于善良风俗之方法加损害于他人者亦同。"其三为我国台湾地区"民法"第184条第2项规定:"违反保护他人法律者,推定其有过失。"这种立法模式和《德国民法典》立法模式相同,而与不区分权利和其他利益实行统一保护的《法国民法典》立法模式相反。在这种立法模式下,一般侵权法保护之客体分为两类:权利以及权利之外的法益。权利,为我国台湾地区"民法"第184条第1项前段所保护的客体;权利之外的法益,为我国台湾地区"民法"第184条第1项后段以及第2项所保护的客体。"法益"一词并非我国台湾地区"民法"之用语,而是学者用来解说法条之词语,其所要说明的是:权利以外之利益亦可受法律之保护,是为法益。在死者名誉保护问题上如何能借鉴使用此词语,其推理过程可分析如下:其一,死者名誉应受到保护,这一点不应争论,应作为出发点;其二,死亡人丧失了权利能力因此也就不可能再享有权利,因为权利能力是享受权利之资格;其三,既然死者名誉应受到保护,而保护的又不可能是死者的权利,则这种既受保护又不是权利的东西正符合"法益"概念所指向的内容。①

(三)"法益"概念的意义漂移

本书接下来要说明的是,将死者名誉保护问题和"法益"概念套上边,实为法学移植过程中一种值得探讨的"意义漂移"现象。

首先,在被借鉴的史尚宽和王泽鉴两位学者那里,未见有将死者名誉保护问题和"法益"概念联系起来的阐述,即他们都没有在权利和利益相区分的框架内讨论死者名誉保护问题。不独在侵权行为法中从未涉及死者名誉保护问题,即使在有关民法的其他部分阐述中也少

---

① 较能反映这条思路的一段话,如:"我国民事立法既确认公民的权利能力始于出生终于死亡,自然不承认延伸保护的是权利,但同时又依法予以保护,这种保护的对象当然是法益",见杨立新、王海英、孙博:《人身权的延伸法律保护》,载《法学研究》1995年第2期,第23页。

有涉及死者名誉保护问题。唯一能找到的有关死者名誉保护问题的论述是史尚宽先生著作中有关权利能力终止内容中的一段话："然对于死者之名誉毁损，往往侵害遗族之名誉，应得以为对于遗族名誉之侵害，请求损害赔偿，但此与死者之权利能力无关"[①]。从这段话可以看出，史尚宽先生并没有将死者名誉问题放到权利和利益相区分的框架中去讨论，而是在涉及权利能力之内容中进行讨论。从这段话可以看出，史尚宽先生对死者名誉保护的观点接近于我国大陆的近亲属权利或利益侵害说，既然对死者名誉的保护其实是保护近亲属之名誉，自然无须死亡之人具有权利能力，也就是所谓"此与死者之权利能力无关"之含义。

其次，我国台湾地区侵权行为法的立法模式借鉴自德国法，权利和利益相区别之分析框架也适用于德国法，那么在德国法或法学上是否有将此框架用来分析死者名誉保护之问题的情况呢？答案是也没有。尽管在德国法上也有关于死者身后人格保护之问题，但对此问题之分析也仅仅在权利能力是否终止之框架内讨论[②]，未见有认为此问题涉及权利和利益相区别之理论。另外，我国台湾地区法或德国法中权利和利益相区分的框架要解决的问题是某些未被法律类型化为权利的利益是否保护、如何保护之问题，解决的办法是对权利之外的利益保护程度有所减弱，仅在法律有明确的保护性规定或侵害人故意以背俗之方式侵害此类利益时侵权法才予以救济。因此，之所以我国台湾地区法和德国法上都没有在权利和利益相区分之框架内讨论死者名誉保护之问题，是因为在他们那里，权利和利益相区分之分析框架只涉及保护程度之问题，并不涉及被保护主体（权利能力有无）之问题。

在上述分析的基础上，可将意义漂移现象总结如下：我国大陆部

---

① 史尚宽：《民法总论》，中国政法大学出版社2000年版，第93页。
② 参见〔德〕马克西米利安·福克斯：《侵权行为法》，齐晓琨译，法律出版社2006年版，第67页。

分学者在死者名誉保护问题上借用我国台湾地区法或德国法上的"法益"概念进行分析，也就是借用权利和利益相区分之框架进行分析，但该框架在被借鉴者那里仅用来说明其侵权法对不同对象的保护程度问题，而在借鉴者这里则被转移用来分析侵权法中的被保护主体之问题，由此产生所谓的"意义漂移"，即原初的法益概念经移植后在移植者那里产生了新的意义。

当对权利和利益区分之框架的解读从保护程度之视角向被保护主体之视角转变时，顺着这一转变的内在逻辑，意义漂移的进程向前继续发展。在1994年王利明先生主编的《人格权法新论》中"法益"概念尚只用来分析死者名誉保护之问题，而到1995年杨立新等学者发表《人身权的延伸法律保护》一文时，"法益"概念的运用范围则大大扩展了。此时，"法益"概念不仅用来说明对死者名誉的保护，也用来说明对死者肖像、身体（遗体）、隐私、姓名以及荣誉的保护；不仅用来说明对死者利益（所谓延续法益）的保护，也用来说明对胎儿利益（所谓先期法益）的保护。[1] 这一扩张有其内在理路。当"法益"概念和侵权法中被保护主体联系起来时，其所依赖的理论基础是权利能力不存在时，"主体"[2] 不能再享受权利，但权利之外的利益仍可存在，因其无须以权利能力为前提。而权利能力不存在时的"主体"自然不局限于死者，也包括胎儿；权利能力不存在时的"主体"利益范围也不只是名誉，还可以是隐私、肖像等。将"法益说"扩张至死者名誉保护之外的其他内容形成"延伸保护说"，是上述理论基础内含的扩张力的体现。

---

[1] 参见杨立新、王海英、孙博：《人身权的延伸法律保护》，载《法学研究》1995年第2期，第26—29页。

[2] 为主体二字加上引号是说明此时实际上已经不是民事主体（需要权利能力）。

三、从法学移植到法律移植——司法解释对"法益说"的继受

上文分析认为,"法益"概念在被继受者那里的意义是用来说明法律对"权利"和"权利之外的法益"的保护程度有所不同,而在继受者这里则转变为用来说明法律可以对不具有权利能力之"主体"的利益进行保护。在学者针对死者名誉保护问题提出"法益说"和"延伸保护说"的时候,"法益"概念的上述两层意义是分离的,学者只取无权利能力"主体"的法益虽不是权利也应予以保护这一层意义,并未关注保护程度不同之问题,也就是说,学者并未主张对于死者名誉的保护程度应低于对于生者名誉权的保护程度。当学说继受的成果被 2001 年《精神损害赔偿司法解释》接受时,分离的两层意义又被黏合了起来。

2001 年《精神损害赔偿司法解释》第 3 条规定:

> 自然人死亡后,其近亲属因下列侵权行为遭受精神痛苦,向人民法院起诉请求赔偿精神损害的,人民法院应当依法予以受理:
> (一)以侮辱、诽谤、贬损、丑化或者违反社会公共利益、社会公德的其他方式,侵害死者姓名、肖像、名誉、荣誉;
> (二)非法披露、利用死者隐私,或者以违反社会公共利益、社会公德的其他方式侵害死者隐私;
> (三)非法利用、损害遗体、遗骨,或者以违反社会公共利益、社会公德的其他方式侵害遗体、遗骨。

从上述第 3 条规定可以看出:(1)死者的名誉、肖像等受法律保护,有权提起诉讼的人为死者的近亲属;(2)对其保护与对一般的权

利的保护不同，多了一个要件，即侵害人须"以违反社会公共利益、社会公德"的方式进行了侮辱、诽谤等侵害行为。这样的规定实际是对前述"法益说"和"延伸保护说"的接纳。有学者认为，从上述规定可以看出，《精神损害赔偿司法解释》对于死者名誉等的保护实际采纳的是"近亲属权利保护说"，因为第3条明确规定了只有近亲属才可以提起诉讼。① 但从司法解释制定者提供的解释看，这种解说不是司法解释的本意，符合本意的解说应当是："法律和司法解释保护的，不是死者近亲属的民事权利。现代民法理论认为，自然人生命终止以后，继续存在着某些与该自然人作为民事主体存续期间已经取得和享有的人身权相联系的利益，……在法律不够完备的情况下、以司法解释的形式，确认对自然人的人身权益给予民法的延伸保护，体现了法律对民事主体权益保护的完整性。"② 从此解说可以明显看出，司法解释制定者采纳的是"延伸保护说"，所立基的理论基础是权利和利益相区分的理论框架。佐证这一点的，还有该条对保护死者名誉等的要件构成的规定。第3条的侵权构成要件中都有"违反社会公共利益、社会公德"的规定，这一规定与第1条第1款③规定不同，与第1条第2款④规定相同。第1条第1款之规定保护的是"权利"，而第1条第2款之规定保护的是"利益"。在对人格利益进行保护时，增加了一个构成要件，即"违反社会公共利益、社会公德"。从这样的规定可以看出，司法解释明显采取了权利和利益相区分的框架，这

---

① 参见葛云松：《死者生前人格利益的民法保护》，载《比较法研究》2002年第4期，第30页。

② 最高人民法院民事审判第一庭编著：《最高人民法院〈关于确定民事侵权精神损害赔偿责任若干问题的解释〉的理解与适用》，人民法院出版社2001年版，第42—43页。

③ 该款规定："自然人因下列人格权利遭受非法侵害，向人民法院起诉请求赔偿精神损害的，人民法院应当依法予以受理：（一）生命权、健康权、身体权；（二）姓名权、肖像权、名誉权、荣誉权；（三）人格尊严权、人身自由权。"

④ 该款规定："违反社会公共利益、社会公德侵害他人隐私或者其他人格利益，受害人以侵权为由向人民法院起诉请求赔偿精神损害的，人民法院应当依法予以受理。"

正是"法益说"或"延伸保护说"的核心内容之一。但司法解释与"法益说"或"延伸保护说"相比不同的地方在于，其将权利和利益区分框架中的原初意义结合了进来，即对权利和利益保护的程度有所不同，对利益的保护程度低于对权利的保护。保护程度低一些的体现即为对人格利益（包括死者名誉、隐私等在内）的保护增加了"违反社会公共利益、社会公德"的要件。这一要件的增加系对我国台湾地区法和德国法立法模式的模仿。我国台湾地区"民法"第184条第1项后段以及《德国民法典》第826条对于权利之外的利益设同样的保护规定，都是"故意以背于善良风俗之方法，加损害于他人者应负赔偿责任"。所谓"善良风俗"是大陆法系的通用语，在我国大陆，制定司法解释时，与其相对的词语应为"社会公德"[①]。与我国台湾地区法和德国法相比，略有不同的地方在于，侵害权利以外之利益的构成要件中没有"故意"，且违反社会公共利益亦可构成。

和2004年起施行的《最高人民法院关于审理人身损害赔偿案件适用法律若干问题的解释》（以下简称《人身损害赔偿司法解释》）有关共同侵权的"直接结合"与"间接结合"二个新词的突兀使用相对比可见[②]，法学移植的发展使2001年《精神损害赔偿司法解释》第1条和第3条的规定不再显得突兀。法学移植在有关死者名誉保护等典型情况中的发展成果较完整地被司法解释吸收并加以改造。2001年《精神损害赔偿司法解释》从准立法角度看是呈现新貌，但与法学对比，则可知其为法学移植走向法律移植的结果。

---

① 司法解释制定者对此有说明，参见最高人民法院民事审判第一庭编著：《最高人民法院〈关于确定民事侵权精神损害赔偿责任若干问题的解释〉的理解与适用》，人民法院出版社2001年版，第35页。

② 参见本书第三章的内容。

四、法学移植的弹性与形式理性

"法益"概念源自德国,经我国台湾地区学者转手,形成的是对侵权行为法保护客体的权利和利益相区分的分析框架,其解决的主要是对不同利益保护程度如何区分的问题。但在大陆学者的移植过程中,却被用来解决自然人的权利能力尚不存在或丧失时利益保护之依据的问题。"法益"概念之意义在移植过程中的如此漂移正体现了法学移植的弹性。所谓弹性是指移植者对于所移植内容的接受不是原封不动的,而是有所改造后的接受。这样的弹性从否定和贬义的角度看,不妨称之为误读与曲解,但本书更愿意站在中立的角度,无意肯定或否定之。[①] 值得关注的倒是这种误读发生的原因和可能的后果。

若无现实的刺激,将死者名誉保护和"法益"概念套上边的现象恐难以发生。名誉保护之问题在中国的确是一个惹人关注的问题。从1989年4月的《最高人民法院关于死亡人的名誉权应依法保护的复函》开始,最高人民法院关于名誉保护的解答或解释依次有:《关于审理名誉权案件若干问题的解答》(法发〔1993〕15号),《关于审理名誉权案件若干问题的解释》(法释〔1998〕26号),直至2001年《精神损害赔偿司法解释》。可以看出,自《民法通则》制定以来,几乎每隔几年就有关于名誉权的司法解释出台,实践中名誉权如何处理应该是一个很重要的问题。在人身权案件中,最多的纠纷当属于因身体健康权受侵犯而产生的纠纷,此类物质性人格权受侵害案件在司法实务中归入人身损害赔偿案件。在精神性人格权受侵害案件中,名誉

[①] 有学者看法可供参考:"西学兴起之后,中国人接触此类'关键词'日多。由于汉语的特殊功能,再加上此时此地中国的特殊环境,人们对'关键词'的理解,颇多偏离原义之处。偏离无碍——有时还要'误读'呢!——但要知其所以然",汪丁丁:《经济学的"关键词"》,载《读书》1995年第7期,第71—76页。

权纠纷案件又比其他类型如姓名权、肖像权等纠纷的案件占有更大的分量。[①] 学者对名誉权的关注也要远大于对肖像权等其他精神性人格权的关注。[②] 在名誉权纠纷中,因死者名誉而发生的纠纷对理论提出的挑战最大,在"慎终追远"观念的影响下,死者的名誉不能不保护,但保护又和民法权利能力的基本理论似乎有所冲突。现实对理论提出了强烈的需求,这正是有关死者名誉保护学说纷呈的重要原因,也是在此问题上借鉴并改造域外资源的动力之所在。

借鉴得以发生,弹性得以体现,这些还和所借鉴的是什么相关。在死者名誉保护问题上所借鉴的只是权利和利益相区分的分析框架,更多影响的是判断的形式而非判断的内容。"法益"概念能够被借鉴且能在被借鉴过程中发生"走样"或"误读"和其具有的"分析框架"性质相关。所谓"分析框架"并不预设或只预设很基础的分析结论,重要的在于提供分析的路径。就权利和利益相区分的分析框架来说,只是对法律所保护的利益提供了一个观察视角,即可以将其分为权利和权利之外的法益,所谓权利是被法律(包括习惯法)所类型化了的利益,而权利之外的法益是尚未被法律所类型化的利益。此时并未预设任何结论,没有指示对权利应如何保护或对权利之外的法益应如何保护。若要预设结论,顶多也只是像德国法或我国台湾地区法那

[①] 因为可查询的法院统计收案结案率并不具体到名誉权纠纷案件、肖像权纠纷案件等如此细的分类,所以无法获得准确的结果。勉强的办法是针对中国司法案例数据库收录的案件进行查询(未限定查询的时间范围),查询结果发现,总的人身权纠纷案件总数为5405,各类案件数的比例为,人身损害赔偿案件数:名誉权纠纷案件数:肖像权纠纷案件数:名称权纠纷案件:姓名权纠纷案件数:人身自由权纠纷案件:荣誉权纠纷案件=4839:428:64:40:34:13:8。可见名誉权纠纷案件在精神性人格纠纷案件中的分量是远大于其他类型案件的。查询日期为2008年4月28日。

[②] 对中国知网中期刊全文数据库进行检索,分两个时间段,1980—1995年和1996—2007年。民商法专辑文章中以名誉权为关键词的文章数量分别是165篇和876篇,而以肖像权为关键词的文章数量分别为67篇和199篇。检索时间为2008年4月28日。将姓名权、名称权、人身自由权以及荣誉权等和名誉权比较,相关文献的数量也是远远不及的。具体搜索结果就不列出了,仅以名誉权和肖像权的比较为例说明关注度的不同。

样，认为对权利的保护程度应高于对权利之外的法益的保护程度。即使有这样的预设结论，其预设的结论的层次也是很基础的，只要求对权利和权利之外的法益区别保护，并没有对究竟如何区别保护作出结论，也没有对究竟哪些应算作权利、哪些应算作权利之外的法益作出结论。如果移植的是带有这样预设结论的"法益"概念，尽可以不将被移植者对权利和权利之外的法益如何区别的做法采纳过来，2001年《精神损害赔偿司法解释》第 1 条和第 3 条之规定就没有采纳德国法或我国台湾地区法上对权利之外的法益保护需要侵害人故意的要件之做法。在死者名誉保护问题上的"法益说"和"延伸保护说"也是独辟蹊径地对如何构成权利之外的法益作了新的解说。因此，不妨说，移植所具有的弹性特征正源于分析框架的弹性。

当所借鉴的只是分析框架时，移植者所面临的实质价值判断的约束较小，移植的弹性较大。撇开实质价值判断之部分，分析框架所留存的当为形式理性之部分。此种形式理性和法律移植的关系具有双重性，既有有助于法律移植的一面，也有对法律移植构成阻碍的一面。但对于法学移植来说，其中阻碍的成分较小，对于当代中国更多处于立法论层次讨论问题的民法学来说，阻碍更少。

仍以权利和利益区分的分析框架来看。在德国法和我国台湾地区法上此分析框架预设的结论是侵权行为法不可能对社会中所存在的所有私人利益完全不加区别地保护，有的保护程度高，有的保护程度低。如果不加区别地都提供相同之保护，则个人行动之空间势必遭受压制，形成动辄得咎的局面。如果另一地域之立法者也接受这样的基本价值判断——区别保护，那么剩下的问题是如何将这样的价值判断实现其可操作化。权利和利益相区分的框架只是其中一种，比如法国就不采用这样的分析框架来解决区别保护之问题。原《法国民法典》

第1382条[1]对受害人因他人行为遭受损害时的保护并未设不同之条款，无须区分受害人之损害是因权利还是因权利之外的法益遭受侵害所造成的结果，也因此，法国法的一般侵权行为法之立法模式被称为一般条款模式。[2] 既然不采用权利和利益相区分的分析框架，法国侵权法又是如何实现对利益受损进行甄别筛选以免保护过宽呢？比如在交通事故肇事者造成了因交通堵塞而错失重要交易之商人之损失时，在德国法上，此种损失不是权利受侵害后的经济损失而是纯粹经济损失，因此不能得到赔偿，但在法国法上，由于不采纳权利和权利之外的法益相区分之分析框架，即使不赞同交通肇事者赔偿商人的损失，也不能采取和德国法相同之分析方法。其可以采用的做法是否定交通肇事和错失交易结果之间的因果关系[3]，因为法国司法实践认为可归责的因果关系通常需要是直接的，间接的损失不能要求赔偿。[4] 由上述分析得出的结论是：同样的价值判断有不同的表达形式，对利益受损应当实行有选择性的保护这一价值判断既可以通过权利和利益相区分的框架来分析，也可以通过直接损害与间接损害相区分之框架来分析。此处所言关涉形式理性之"形式"的一面，此一面是对法学移植较有利的一面。因为，当移植者移植了权利和利益划分的分析框架（形式）后，仍可以朝这个框架里注入符合其本土的价值判断（内容），将死者名誉之保护注入这个分析框架中正是其体现。

但既言之为形式理性，它就还有理性的一面。所谓理性，首先即

---

[1] 其内容为："人的任何行为给他人造成损害时，因其过错致该行为发生之人应当赔偿损害。"

[2] 德国侵权法的立法模式虽然也比较概括，但就其区分权利和权利之外的法益分设不同的条款规定而言，其概括程度不及法国法，尚未对一般侵权行为法形成唯一的一般条款。参见王泽鉴：《侵权行为法》（第一册），中国政法大学出版社2001年版，第40—47页。

[3] 参见〔德〕克里斯蒂安·冯·巴尔：《欧洲比较侵权行为法》（下卷），焦美华译，张新宝审校，法律出版社2001年版，第524—525页。

[4] 参见张民安：《现代法国侵权责任制度研究》，法律出版社2003年版，第100页。

应当指体系性、一贯性。[1] 法律的普遍性、可预测性等有赖于这种理性。"同等情况同等对待"既是正义之要求，也是理性之体现。因此，当移植者将一项制度或学说引进时，当2001年《精神损害赔偿司法解释》将人格权利和人格利益区别对待，设置不同之保护要件时，意味着在与人格事项相关之领域对权利之外的法益采取了较低保护之策略，那么在与财产事项相关之领域该如何处理呢？从被借鉴者来说，德国法和我国台湾地区法对权利之外的纯粹经济损失都采取了降低保护程度之策略，保证了其法律制度的合体系性。从借鉴者来说，如果不将对纯粹经济损失降低保护程度之做法借鉴过来，则会面临体系逻辑上不合理之压力。同理，当移植者在移植中弹性运用其所借鉴的概念框架时，改造后的框架也会面临体系协调的压力。当"法益"概念被弹性地运用于指民事权利能力不存在时的"主体"利益时，面临的问题是：如何决定侵权的基准？例如，当认为对死者名誉的保护是对死者利益而不是死者近亲属利益的保护时，侵权构成要件中的"损害"即应以死者来衡量，若要赔偿精神损害，如何能表明死者也有精神痛苦之类的精神损害呢？如果保护死者之"法益"而不以死者的精神痛苦为决定基准，这样的精神损害赔偿法律或法学将期待进一步的逻辑阐释。[2]

总的来说，本书认为，所谓形式理性可以拆解成形式与理性的两面来看，其形式的一面是指法律制度或法学主张可以容纳不同的价值判断作为其内容，具有较强的包容性；其理性的一面是指法律制度或

---

[1] 从这个角度看，本书不认为英美法系的法律制度欠缺形式理性，只不过其形式理性是隐藏的而已，即没有通过像《德国民法典》那样的总分结构体现得那么明显。当美国法学会作各部门法律的重述时，实际是将这种潜藏的理性表达出来。

[2] 2001年《精神损害赔偿司法解释》第3条开头规定，"自然人死亡后，其近亲属因下列侵权行为遭受精神痛苦，向人民法院起诉请求赔偿精神损害的，人民法院应当依法予以受理"，从这个规定可以看出，决定精神痛苦的基准对象不是假想活着的死人，而是死者的近亲属。

法学主张采用某一分析框架或形式时，在体系化的压力下将会影响对其他框架或形式的吸收与解释。就侵权行为法或法学的概念来说，其所具有的形式性十分显著，诸如过错、因果关系、损害等都有十分广阔的包容空间，一般侵权行为的构成要件作为我国当代法学的分析框架或许来自大陆法系之传统，并非固有法或法学（律学）中所有，但这并不妨碍我们在借鉴的同时进行弹性的改造，注入和当代生活相关联的本土的意义。"法益"概念之改造即为一例。但在改造过程中尚需注意形式理性中理性的一面，应就相关之分析框架与改造的部分如何衔接进行思考并予以合理之说明解释。"法益"概念运用于死者名誉保护事项时，即需对侵权行为之决定基准问题作合理之说明，如为什么既然侵犯的是死者而不是近亲属的利益，决定是否有损害（精神痛苦）依然要以近亲属作为决定基准呢？

五、结论

由"法益"概念入手，结合"死者名誉"问题，本章阐述了权利和利益相区分之分析框架如何被借鉴和改造的过程，并就此分析了法学移植中的弹性以及这种弹性得以发生的原因——分析框架的形式性。

在当代侵权行为法学中，除"法益"外，"纯粹经济损失""相当因果关系""知情同意"等诸多法律概念之成为议题皆包含着对域外资源借鉴的努力。[①] 上述这些词语并非法律条文中之用语，而是法学在借鉴域外资源的基础上为解决现实问题所提出的用语，是法学话语之一部分。当代侵权行为法学在对这些概念进行探讨时所借鉴的域外资源并不仅限于某一国或某一地域，"相当因果关系"概念出自大陆

---

① 在本书看来，诸如此类的概念都意味着某种分析框架。

法系,"知情同意"概念出自英美法系。多元继受之所以可能,其和法律概念所具有的形式性特征相关。对于侵权行为法来说,这种形式性特征更为明显,使其体系关联之色彩较弱,便于比较法研究和法学移植。[①] 侵权行为法学体系关联色彩较弱主要体现在,其所使用的分析框架基本上不对外部(如合同法、物权法等领域)产生重大影响,例如,因果关系如何构成,是否采纳可预见说或相当因果关系说,不会对物权债权之划分、法律行为如何定性等问题产生影响。[②] 此种特征或许更便利于当代侵权行为法学对比较法资源的兼收并蓄。

当法学移植主要体现为对分析框架的吸收且有兼收并蓄的特征时,其将为法律移植打下良好的基础。法学移植所能提供给立法者的主要是其分析框架,其分析框架内所容纳的价值判断对于立法者而言并不具有多大的指导力量。[③] 分析框架所具有的包容性为法学移植的弹性改造创造了条件,以便其能更好地将立法者可能具有的价值判断融入其中。从这一点看,法学移植为法律移植创造了条件。从分析框架的角度看待法学移植,从法学移植的角度看待法律移植,这样的法律移植模式既不是被迫的殖民输入,也不是不顾经济、政治等因素的纯粹的无机移植,而是在法学家将民族生活的价值准则借用域外的形式加以表达的基础上,多元吸收并整合的过程。[④]

---

① 参见王泽鉴:《〈中华人民共和国民法通则〉之侵权责任:比较法之分析》,载《民法学说与判例研究》(第六册),中国政法大学出版社 1998 年版,第 279 页。

② 艾伦·沃森所谓罗马法的"体效应"(block effect)有助于其被移植之观点换个角度看正是体系关联弱化的体现,移植者可以移植某一群规范(individual blocks)而无须整体性地移植,如此则移植的便利增加了。例如,可以移植罗马法的契约制度而无须将其有关人格权的制度(人格减等之"恶劣做法")移植过来。参见〔美〕艾伦·沃森:《民法法系的演变及形成》,李静冰、姚新华译,中国法制出版社 2005 年版,第 20—31 页。

③ 从这个意义上看,本书赞成这样的说法:"一个民族的生活创造它的法制,而法学家创造的仅仅是关于法制的理论",苏力:《制度是如何形成的》,北京大学出版社 2007 年版,第 68 页题记。

④ 本书的观点虽然接近艾伦·沃森的观点,但与其不同的是,本书并非否认外部社会因素对移植的影响,而是主张外部因素的影响可以由于分析框架的包容力而加以吸收。

第二章　语词之争、体系之争与适用之争
——以有关侵权法中公平责任的争论为个案*

[**理论提示**]　当在某一主题上缺少可借鉴的域外资源，而司法实践的经验又不能得到很好的总结时，学者之间的争论往往呈现为"语词之争"的局面。这样的争论对实务和学术两方面的价值都较小，也是某种程度"初创法学"的体现。民法教义学走向成熟，需要尽快从"语词之争"走向"体系之争"和"（法律）适用之争"。另外，不包括"适用之争"的"体系之争"，常只是被伪装的"语词之争"，此种"体系之争"中所体现的"理论"意味也常只是虚弱的徒争口舌。

一、问题之提出

围绕《民法通则》第132条所体现的公平责任是否构成一项归责原则等问题，自《民法通则》制定以来，争论持久而热烈。本书无意

---

* 本章部分内容曾以《通说与语词之争——以有关公平责任的争论为个案》为题，发表于《北大法律评论》第12卷第2辑，北京大学出版社2011年版，第383—400页。

加入这一场争论。选中公平责任这一主题，目的是在以这些争论为对象，探寻其在法教义学上所具有的特点，并进而探寻这些特点出现的原因，期盼能对未来的民法学研究有一些借鉴或警示作用。

　　本章的研究对象是学者论述，资料来源主要为中国期刊网中之民商法专辑，以篇名中出现"公平责任""公平原则"或"公平归责"为搜索标准收集相关文献，时间段为1986年《民法通则》颁布实施至2008年，共得文章94篇。[①] 下文的论述即主要以此94篇文章为依据。某些学者的主要观点不是体现在期刊文章而是著作中，这些著作也是本章的考察对象。本章将法教义学上的争论分为"语词之争""体系之争"与"适用之争"三类，并以此为视角观察有关公平责任的学者论述。主要关注的问题是学者们的争论在上述三种争论类型中是如何分布的以及分布的特点和成因，并在此基础上作适当的评价，探寻有无可吸取的经验教训。对于上述三类争论暂不作一般性的界定，留待后文结合对具体的期刊话语的分析作详细的介绍。

二、语词之争

　　《民法通则》制定后，以第132条为核心，学者间就公平责任展开了一场激烈的"语词之争"。本章所谓"语词之争"是指有关如何命名的争论，相关争论者关心的不是将某一规则如何适用到具体的社会生活中，关心的是被适用的规则应该如何命名。《民法通则》第132条规定："当事人对造成损害都没有过错的，可以根据实际情况，由当事人分担民事责任。"此条引发的"语词之争"所关心的问题为：从《民法通则》第132条及其相近的一些规定［如《民法通则》第

[①] 检索时间为2009年2月24日。出于以下原因考虑，本章不再列举检索所得文章的篇目：部分文章和《民法通则》第132条之规定没有什么联系，全部94篇文章都列举出来没有必要，而其他相关文献在本章的分析过程中会一一注明。

109条、第133条以及最高人民法院《关于贯彻执行〈中华人民共和国民法通则〉若干问题的意见(试行)》(以下简称《民通意见》)第156条、第157条、第158条]出发,可否认为公平责任是我国侵权行为法中一项独立的归责原则?为何本书认为有关这一问题的学者争论为一场激烈的"语词之争"?下文将对此作出阐释。

首先,介绍这场争论的正反两方的主要观点:

争论一方认为:公平责任隶属于无过错责任,因而不能成为独立的归责原则。归结起来,论据有三方面:其一,所谓公平责任(如《民法通则》第132条)的适用符合"即使无过错也要负责"的特点,因此公平责任只是无过错责任之一种;其二,所谓原则,应具有普遍性,而规定公平责任的条款很少,且实践中应适用公平责任的情况也有限,因此公平责任只是无过错责任之一种[1];其三,侵权法中的无过错责任原则也体现了作为民法基本原则的公平原则,在该基本原则之外不可认为还有独立的公平责任原则,否则,同时承认无过错责任原则和公平责任原则就是自相矛盾的,好像无过错责任就不公平似的。[2]

争论另一方则认为:公平责任不能隶属于无过错责任,它是一种独立的归责原则。归结起来,论据也有三方面:其一,无过错责任的归责逻辑是"即使无过错也要负责",这意味着,加以责任时无须确定行为人是否有过错,但公平责任与此不同,只有在行为人(或受益

---

[1] 较早反映这种观点的代表性论文,参见房绍坤、武利中:《公平责任原则质疑》,载《西北政法学院学报》1988年第1期,第66—67页。该文作者认为:"'普遍适用'性是侵权归责原则的一个基本特征,如果不具备这个特征,就不能成为侵权责任的归责原则",公平责任只能适用于大量侵权行为中的极少数,而且诸如赔礼道歉等《民法通则》所规定的某些责任形式并不能适用于公平责任,只有赔偿损失一种责任形式可以适用于公平责任,因此,公平责任不能作为独立的归责原则。

[2] 参见袁久强、崔建远:《论我国民法的公平原则》,载《西北政法学院学报》1987年第1期,第12—15页;崔建远、袁久强:《关于"公平责任原则"的考察与评论》,载《当代法学》1990年第3期,第35—38页。

人）与受害人双方都无过错时，公平责任才能适用，因此，公平责任是一种独立的归责原则。[①] 其二，用普遍性作为"原则"的标准或特征不一定妥当，其他特征（如必要性）也可以作为标准。[②] 原则的特性可以有不同，不必强求一律，在同为归责原则的前提下，不妨认为，过错责任是基本，无过错责任是例外，公平责任为补充。[③] 其三，公平责任原则是民法基本原则"公平原则"的直接体现，而"过错责任原则"和"无过错责任原则"是其间接体现。同时认可无过错责任原则和公平责任原则并不自相矛盾。[④]

其次，本书认为上述争论为"语词之争"，理由是：第一，上述争论实际上是在探讨公平责任的上位概念的含义问题。也就是说，当论者在讨论公平责任是否属于无过错责任或公平责任是否属于一种归责"原则"时，其企图辨明的是"无过错责任"以及"原则"两词语的含义。争论双方对公平责任就是指"双方当事人都没有过错时一方应承担的责任"这一点没有产生争议，更多的争执其实不在于"公平责任是什么"的问题，而在于"无过错责任"与"原则"该如何定义的问题。第二，在上述争论中，若论者认为其所争执的上位概念的确定对于所争执的对象具有反馈的效果，那么这种争论就不仅仅是"语词之争"。例如，当论者认为，确立公平责任为独立归责原则与否对于如何解释适用公平责任条款（《民法通则》第132条）会产生不同的反馈效果时，这种争论就不仅仅是"语词之争"。相反，若论者对何谓原则或何谓无过错责任激烈争论，但就如何解释适用公平责任条款并无不同见解时，这种争论就是单纯的"语词之争"。从学者的实

[①] 较早反映这种观点的代表性论文，参见刘士国：《论侵权损害的公平责任原则》，载《法律科学》1989年第2期，第40页。

[②] 同上注，第39页。

[③] 反映该观点的文章，参见蒋颂平：《"公平责任"应是独立的归责原则》，载《人民司法》1989年第7期，第24—25页。

[④] 较早反映这种观点的代表性论文，参见蓝承烈：《论公平责任原则》，载《学习与探索》1987年第3期，第50—55页。

际争论内容来看，并没有人就公平责任认定为原则或不认定为原则会对法律适用在规范上产生怎样的法律效果加以具体的说明。

三、体系之争

在上述争论中，学者都使用"公平责任"一词，这隐含着这样一层意思，即《民法通则》第132条是有关责任承担的规则。但学者米健对此提出异议，认为：所谓"公平责任"实际上根本就不是责任，而是一种负担，《民法通则》第132条的用语"分担责任"是不妥的，准确的用语应为"分担损失"。[①] 严格说来，上述所谓异议并不能真正作为一种论争中的观点，因为，并没有文章针对该异议观点直接进行批评的，只是大部分的文章在自己的行文中依然用"公平责任"一词，因此，不妨说，争论是隐含的。

"责任"与"负担"之间的区分不仅仅有使语词明晰的意图，还有体系划分的意味。米健先生认为：先有责任承担的问题，然后才有损失额分担的问题，"民事责任和损失分担是两个截然不同的概念"[②]；责任只能根据法律规定或法官裁断去确认，不存在分担的问题，能分担或公平分担的只是损失（额）。所谓体系是指各部分各就其位形成协调的整体，各部分所在的位置是决定体系是否协调的重要因素。米健先生主张中具有"体系之争"意味的内容在于：其认为《民法通则》第132条所规定的内容应放在损失额分担的制度框架中讨论，放在责任确定的制度框架中是体系错位。把该条所用"分担责任"的用

[①] 参见米健：《关于"公平"归责原则的思考》，载《中外法学》1997年第1期，第4—10页。另外，该作者对公平责任不是责任原则的观点更早在《再论现代侵权行为法的归责原则》（载《法学论坛》1991年第2期，第22—26页）以及《现代侵权行为法归责原则探索》（载《法学研究》1985年第5期，第26—31页）两文中就有零星的阐释。

[②] 参见米健：《关于"公平"归责原则的思考》，载《中外法学》1997年第1期，第8页。

语纠正为"分担损失"的目的正是要使该条内容回归正位。回归正位即可知《民法通则》第132条根本就不是关于责任分担，而是损失分担的，因此也就不存在所谓的公平归责原则。

需说明的是，米健先生并没有就其具有"体系之争"意味的主张进一步阐述，责任确定和损失分担两类问题如何区别，其区别对于《民法通则》第132条的法律适用有何影响，这些问题都没有得到详细说明，对于米健先生来说，似乎只要把《民法通则》第132条中的"分担责任"的语词改为"分担损失"就能符合其要求了。正因如此，虽然米健先生的文章在其后的法学界得到了较多认可，但其在学术传承上的影响更多的是其"语词之争"的意味，具有"体系之争"意味的内容并未有任何进一步的挖掘。①

四、适用之争

关于《民法通则》第132条的法律适用，两位权威的民法学者在其20世纪90年代著作中所提出的见解具有较大的影响力。一位是王利明，他在赞成独立的公平责任原则的基础上对公平责任条款的适用作出了一些限定，诸如：公平责任只能在不能适用无过错责任或过错推定责任的情形下适用、公平责任只能适用于侵犯财产权案件（实际的意思是指造成财产损失的案件，也就是说，公平责任不包括对精神损害的赔偿）

---

① 例如，黄亚琴、李小华发表于《南昌大学学报（人文社会科学版）》2008年第5期（第46—49页）中的文章题目为《"公平责任"否定论》，其所谓否定，不是指通常所谓的公平责任不应适用，而是说，虽然可以适用，但只是一种"法定补偿"，不是一种责任。作者特地在篇名中为公平责任四字加上引号，其意图说明的不过是：否定的不是公平责任本身，只是"公平责任"的说法。这种否定的思想来源显然可以追溯到前述米健先生的文章。

等。① 另一位是张新宝，他指出《民法通则》第 132 条所规定者实际为损害后果的承担，而不是责任的承担，且其适用范围仅局限于《民通意见》第 157 条所言之"一方是在为对方的利益或者共同的利益进行活动"的情形。②

"适用之争"与"语词之争"往往形成鲜明的对比。例如：当我们就"顾客在餐馆就餐"（"事实"）可否解释为《民通意见》第 157 条之"一方为另一方利益"（"语词"）的活动而争论时，我们也是在为"事实"如何命"名"（即"语词"）而争论，但这种争论有强烈的指向法律适用效果的意旨：若解释的结果是肯定的，那么应适用《民通意见》第 157 条，即顾客和餐馆应分担顾客意外受伤的损失或责任，否则，就不适用《民通意见》第 157 条，即顾客不能要求餐馆分担损失或责任。这样的争论属于"适用之争"，司法实践采纳争论中的何种解释意见将对当事人权利义务关系的格局产生重要影响，而单纯的"语词之争"对法律适用没有影响，例如：不管可否将《民法通则》第 132 条及相关条款之规定视为一种"原则"的体现，法律的适用并不因此而受影响。

自 1997 年以后，期刊中有关公平责任具体适用问题的文章渐渐增多。在适用问题上的争论主要集中于《民法通则》第 132 条③，并

---

① 参见王利明：《侵权行为法归责原则研究》，中国政法大学出版社 1992 年版，第一编第四章"公平责任原则"。王利明先生在该书中关于公平责任的论述在 90 年代的另外两本书中被重复，影响甚大。参见王利明主编：《民法·侵权行为法》，中国人民大学出版社 1993 年版，第 105—108 页；王利明、杨立新编著：《侵权行为法》，法律出版社 1996 年版，第 43—53 页。

② 参见张新宝：《中国侵权行为法》，中国社会科学出版社 1995 年版，第 66—70 页。将张新宝先生的观点与前文所述米健先生的观点进行比较，两者的相同之处在于都提出了对"责任分担"与"损害或损失分担"应予区分的主张，但张新宝先生另外还由此提出了鲜明的法律适用上的主张，即将《民法通则》第 132 条的适用范围限制在"受益"情形。因此，本书将张新宝先生的主张归入其有关"适用之争"的部分。

③ 综观表格中所列的文章，对于可能涉及公平责任适用的下列条款应予适用或如何适用没有争论：《民法通则》第 109 条（救助措施）、第 129 条（紧急避险）和第 133 条（无行为能力或限制行为能力人致人损害）。

在下列三个层次上展开：第一层次，关于是否应废除《民法通则》第132条的争论。明确表示应不予适用该条的有两篇文章[①]，其他文章尽管对公平责任是否作为独立的归责原则以及究竟是分担责任还是分担损失等有不同意见，但都没有明确表示应废止适用《民法通则》第132条。因此，从期刊论文的情况看，保留《民法通则》第132条之适用为通说。第二层次，关于如何防止或限制《民法通则》第132条之滥用的争论。在大部分期刊文章对《民法通则》第132条可以适用没有争议的情况下，接下来的任务便应当是解决如何妥善适用和防止滥用的问题。但是，在如何妥善适用《民法通则》第132条上，争论实际并没有产生，所有相关文章要么是在阐述公平责任适用范围时提及《民法通则》第132条，对其并无仔细分析，要么是重复民法学者王利明的几点意见，即公平责任只能适用于不能适用无过错责任或过错推定责任的场合，且公平责任主要适用于侵犯财产权案件（实际的意思是造成财产损失的案件），受害人不能要求精神损害赔偿等。[②]第三层次，关于适用《民法通则》第132条的不同案件类型的争论。案型主要涉及六方面内容：医疗行为中的损害、学校伤害事故、建筑物致人损害、顾客就餐时发生损害、道路交通事故以及环境损害。

五、三种争论类型在时间上的分布及其特点

从期刊文章来看，自1986年《民法通则》颁布实施至2008年，

[①] 参见陈龙江：《对我国民法上的"公平责任"的质疑》，载《海南大学学报（人文社会科学版）》2005年第4期，第395—400页；邱曼丽、毕艳红：《论公平责任原则的适用空间》，载《北京交通管理干部学院学报》2002年第4期，第36—40页。

[②] 例如，重复王利明关于公平责任与过错责任以及无过错责任区别等观点的文章，参见王新：《公平责任原则的适用探析》，载《唐山师范学院学报》2001年第3期，第50—51页；重复王利明关于公平责任不适用侵犯财产权案件等观点的文章，参见王俊波、陈运生：《论侵权行为法的公平责任原则》，载《松辽学刊（人文社会科学版）》2002年第3期，第65—67页。

有关公平责任的争论大致可以划分为三个阶段：

第一阶段：自1986年《民法通则》制定至90年代初。在此阶段，争论完全是"语词之争"。从上文关于"语词之争"的描述中所引用的文献可以看出，在90年代之前，并无任何学者主张取消《民法通则》第132条所体现的公平责任，学者们只是就其是否为一项"归责原则"进行争论，且争论的结果并未达成共识。另外，有关"原则"问题的争论文章都是在主流的法学核心期刊上，可见自《民法通则》制定后，法学界对其第132条提出的主流问题就是其能否称得上体现了一项"原则"。

第二阶段：自90年代初至1997年米健先生的《关于"公平"归责原则的思考》一文发表。在此阶段，以中国期刊网收录的文章为限，并无一篇题目内容涉及"公平责任""公平归责"或"公平原则"字眼的侵权法文章。① 从期刊文章来看，这一阶段是一段"沉寂期"。② 但是，在此阶段，两位学者的著作对《民法通则》第132条作了深入思考，其观点也对后来的法学界产生了不小的影响。这两位学者即前文提到的王利明和张新宝，他们的著作及相关内容在前文也已有交代，此处不再赘述。

第三阶段：自1997年米健先生的《关于"公平"归责原则的思考》一文发表至2008年。在此阶段，首先，与第一阶段相比，在时间段更长的情形下，法学核心期刊中以"公平责任""公平归责"或

---

① 唯一一篇相关论文是吴汉东、胡泽恩发表在《法律科学》1992年第1期（第43—47页）上的论文——《公平责任原则应为违反经济合同的归责原则》，该论文探讨的是违约问题，因此本书未将其考虑在内。

② 为扩大搜索面，笔者对1986年至1996年的中国期刊网民商法专辑改用"关键词"标准搜索有"公平责任""公平归责"或"公平原则"出现的文章，共得29篇文章。除一篇法院工作人员谈几点如何适用《民法通则》第132条之意见的文章外（肖声：《浅谈如何正确适用〈民法通则〉第132条的规定》，载《人民司法》1991年第1期，第17—18页），并无其他以公平责任为主题的文章。可见，称1991年至1997年《中外法学》第1期米健先生文章发表期间为"沉寂期"，尚属有据。

"公平原则"为题的侵权法文章反而大为减少,只有一篇。① 其次,虽然米健先生的文章提出的区别"分担损失"与"分担责任"的观点得到了之后学术界的一些支持,但其包含的"体系之争"的意味既未被作者自己重视,也没有在后继者中得到挖掘。在第三阶段中,有关"原则"问题的争论一直是期刊文章的重要内容,米健先生的观点只是为"语词之争"中的一方——"原则否认说"(即认为公平责任不是一项原则)的论据库增加了一项新的条目而已。② 再次,在第三阶段,关注公平责任具体适用问题的文章逐渐增多。有关公平责任的法律适用有两类文章:一类是以整个公平责任为主题的文章,大多数都认可《民法通则》第132条可以适用,只是泛泛列举可以适用的情形,且大部分只是沿袭学者王利明在90年代初提出的观点,相互间除就"原则"问题争执外,并无其他争执。③ 另一类是以某类案件为主题的文章,这些文章围绕具体案型(如医疗事故、校园事故等)相互间多有争执。这些对具体案型的争论较少出现在专业的法学期刊上,更常见的是出现在与某一类案型相关的其他专业类期刊上,如在《法律与医学杂志》上有关在医疗事故中对医院可否适用公平责任的文章、《教学与管理》杂志上有关学校是否应负公平责任的文章、《绿色视野》杂志上有关环境污染案件可否适用公平责任的文章,等等。

---

① 徐爱国:《重新解释侵权行为法的公平责任原则》,载《政治与法律》2003年第6期,第33—44页。

② 在米健先生的文章发表后,持反对公平责任是一项独立归责原则见解的文章在传统的公平责任具有补充性等理由上大多增加了一个理由,即公平责任实际是"分担损失",而不是"分担责任"。此类文章,例如,朱明阳:《对公平责任作为一种独立归责原则的质疑》,载《重庆广播电视大学学报》2003年第3期,第18—20页;黄迪:《浅论公平责任原则》,载《法制与社会》2007年第3期,第597—598页。

③ 相比较,张新宝先生关于《民法通则》第132条的适用应仅局限于《民通意见》第157条规定情形的观点并没有得到多数人的认可。

六、对争论类型分布的进一步思考

(一)"语词之争"之成因及利弊

从1986年到2008年这20年时间看,法学期刊上对公平责任的争论主要仍集中于"语词之争"的内容。本书认为,造成这一现象的原因大致有:其一,有关公平责任的规定,尤其是《民法通则》第132条是中国侵权行为法的特色之一,在比较法上欠缺可资借鉴的资源[1],因此,学者难以借鉴比较法上已有的做法对公平责任的具体适用问题进行探讨。其二,对于从1986年到1990年第一阶段中的"语词之争"之现象,可以解释其发生原因为:《民法通则》颁布施行的时间不长,实践中积累的素材尚不多,因此,学者尚无可充分利用之资料对具体适用问题进行研究。其三,在第二、三阶段,实践中积累的有关适用公平责任的案型数量和种类都已经较为丰富,但在专业类法学期刊上对具体案型的探讨依然较少。其中一个重要的原因或许在于:只就某一小类案件进行探讨难以形成有分量的"论"文,字数有可能就上不去,因此,若有探讨之作,也难以出现在专业类法学期刊上。其四,克服上述难题的办法是针对大量的具体案型进行归类总结,形成归总在公平责任这一大类型下的条理化的细致阐释,使一般和特殊结合起来。但这样的归纳总结并条理化之阐释至少在2008年之前尚未见到,专业类法学期刊上的文章要么满足于泛泛地对适用公平责任的构成要件进行列举,并无深入分析[2],要么满足于从法理上

---

[1] 参见王泽鉴:《〈中华人民共和国民法通则〉之侵权责任:比较法的分析》,载《民法学说与判例研究》(第六册),中国政法大学出版社1998年版,第291—292页。

[2] 这个任务早在1992年就由学者王利明完成了,而其后至2005年期刊文献上的分析再也没超出其当初的分析。1992年的分析参见王利明:《侵权行为法归责原则研究》,中国政法大学出版社1992年版,第一编第四章"公平责任原则"。

指出《民法通则》第 132 条之公平责任的规定应予取消，并没有从总结概括司法实践中《民法通则》第 132 条适用的具体情形出发对其进行批评否定的。如此情形的原因应归结为法学和司法实践之间的区隔。

  在探讨完形成"语词之争"的原因后，本书认为，"语词之争"的出现和尚未被终结应是法学处于初创时期的表现，也是学术领域和司法实践等实务领域处于区隔状态的体现。对于实践者来说，不管"公平责任"能否被称为"原则"，也不管究竟应叫"责任分担"还是"损失分担"，只要《民法通则》第 132 条应予适用，那么问题就只是集中在如何妥善适用上。但是，尽管单纯地争论"公平责任"是否可称之为"原则"对于实践用处不大，这种争论仍然有其学术意义，尤其是在相关学术领域处于初创期的时候。在学术初创时期，相关可资借鉴和评析的司法实践的经验积累尚不充分，对具体法律适用问题的分析可能会面临"无米可炊"的局面，由此导致对学术界来说，更容易方便的进路是"就词论词"，而不是"就事论事"。另外，用语的统一、用词的规范对于法律科学的"基础建设"来说，很有必要，对于学术的有序发展和相互沟通与交流也有很大的作用。[①] 但是，我们也应看到"语词之争"对学术发展不利的一面。首先，"语词之争"容易形成自说自话的局面，对错之分难以检验，难以辩驳，交流的平台难以有效建立。例如，若将"原则"的特征定性为普遍性，似乎反对"公平责任"为一项原则的主张占了上风；若将"原则"的特征定性为必要性，似乎赞成"公平责任"为一项原则的主张又占了上风。从有关公平责任的学说发展来看，对于其是否为一项原则的争论早就展开，但始终没有结果，不能取得共识，这也正说明该争论本身的特质，本就是一个难以取得共识的争论。其次，若某一领域的学术争论

  [①] 参见王泽鉴：《雇用人无过失侵权责任的建立》，载《民法学说与判例研究》（第一册），中国政法大学出版社 1998 年版，第 10 页。

过多或过长时间地停留于"语词之争"的局面，既使学术的发展进展缓慢，也使学术与实践的区隔进一步加深。若不联系公平责任是否可以适用以及如何适用，单纯就其是否为一项原则而争论，这种争论即使取得共识，也只是对大家在谈及公平责任时是否用上"原则"一词的共识，也只是对将来的教科书在列举侵权法的基本原则时是否会有"公平责任"一条而取得共识，对于学术的向前发展意义并不大。因为，如果不在关于公平责任的具体适用情形中探讨其是否为一项原则的话，那么这种探讨所能取得的智识进展将终究是有限的。法学过多地探讨公平责任是否为一项原则也会使学术与实践的互动不能有效进行。因为，实践部门真正关心的不是公平责任是否为一项原则，而是公平责任究竟在哪些情况下可以适用，如何适用。不管是否承认公平责任是一项原则，也不论是否承认公平责任是有关"责任分担"还是"损失分担"的规则，大部分学者都肯定了《民法通则》第132条之可适用性，至少肯定了在《民通意见》第157条所规定的情形（即一方为对方或双方利益从事活动过程中受有损失）下，公平责任之可适用性。但是，从1997年至2005年期间，直接并深入探讨何种情形才能作为"一方为对方或双方利益从事活动"的文章几乎没有。作为实践性学科的部门法学若不能有效回应社会实践（并不一定是赞同实践的做法，也不一定就是直接的案例分析），以学理对司法实践进行总结和批判，那么，以法条分析或建构为主要工具的部门法学恐怕只能承受概念法学的负累，却不能担当实证法学的责任。①

---

① 这里，我们借"概念法学"和"实证法学"的对比来揭示法条主义者的两种工作态度：一种沉迷于概念的界定与建构，忽视对实证法素材的回应；另一种则借助于概念法学的方法对司法实践进行总结检讨，对实证法素材进行学术上的处理和体系化的建构。这种"实证法学"并非脱离"概念法学"，而是在"概念法学"的基础上更为务实，以不拘泥于逻辑的圈圈。请参见〔德〕弗朗茨·维亚克尔：《近代私法史》（下），陈爱娥、黄建辉译，上海三联书店2006年版，第415—424页。在该书第419页，作者说道："干练的概念法学从未放弃在归纳与说明的程序中持续导入生活事实"，这句话也足资启发之用。

(二)"适用之争"的主体及影响

对于上述在公平责任领域学术对实践回应不够的评判，或许有异议主张，因为从前文的描述可知，自 1997 年以后，期刊上对于可能适用公平责任条款的诸多具体案型都有讨论，有时，相互之间甚至有针锋相对的观点，可见个别讨论还算比较深入。但是，我们应当看到事物的另一面。这些有关具体案型的研究都不是在专业法学期刊上发表的。较为关心的倒是那些相关领域的专业期刊，如教育领域的期刊关心学校是否可适用公平责任，环境领域的期刊关心环境污染是否可适用公平责任，等等。这些相关领域的期刊关心的不会是公平责任能否称得上是一项原则的问题，而是公平责任适用范围的问题，尤其是公平责任是否可以适用到与其密切相关的领域。这样的关注自在情理之中，因为利益所在。但这种利益所在也正是缺陷所在，其缺陷为客观性的缺陷。相关部门有对该领域情况熟悉的特点，这是知识上的优势，但也可能有维护部门利益之特点，这是价值判断上的劣势。如果认可法学专业期刊是法学学术的主要载体的话，那么，由于法学专业期刊对具体案型争论的沉默，可以说，在有关公平责任具体案型的讨论中专业学术眼光缺失了。尽管对于法学是否为一门科学存有争论，但无论如何，不应忽视法学作为一门学术所应具有的自主性的色彩。[①] 如果法学研究完全沦为现实政治或经济利益的工具，我们自然不可期待其具有自主性的色彩。否则，我们应可期待专业的法学研究以其内在的学术体系为基础较为客观中立地对现实具体问题作出回应，总结归纳实证的法素材，并加以批判性的解说。就此而言，在有关公平责任具体案型的讨论中专业法学期刊的缺失带给我们的是遗憾，是法学研究受"语词之争"影响从而不能深度回应现实问题的

---

① 所谓"自主性"是建立在一门学科的内在体系上的，就法学而言，其自主性建立在以追求公平正义为目标的由本学科人员共享的概念及其逻辑框架之上。

结果。

不过从法学类专业期刊在第三阶段的沉默中也可看出另外一面。在有关原则与否的争论的确产生不了什么新的见解和主张时，法学类期刊保持了沉默。"语词之争"的局面实际是由非法学类期刊维持着、重复着。之所以说"重复"，是因为在 1997 年之后的"语词之争"中并没有出现新的观点，其中所涉及的争论点在 1997 年之前的争论中似乎已经被穷尽了。这种重复反映了在法学研究中法学类期刊对非法学类期刊的喂养[①]，这种重复仍以"语词之争"的类型存在也正是之前法学类期刊中的争论至今尚未取得学术共识之结果，也说明整体上看，法学有关公平责任的争论仍未完全脱离"语词之争"的局面。

七、结论

本章从有关公平责任的争论样式及其分布入手，探讨了当代侵权行为法学从"语词之争"走向"适用之争"的过程。其中有几点结论值得重视：《民法通则》颁布后很长一段时间内（至少到 2008 年为止），（1）整体上看，法学对公平责任问题的探讨尚未完全脱离"语词之争"的局面。（2）"适用之争"虽已发生，但专业法学期刊介入较少。

在相关法律领域中域外资源缺乏的情况下，法学本可以对已积累的实证法素材进行综合、整理以及批判性检讨，但这方面的工作依然

[①] 从此处或许可以看出专业核心期刊的责任和优势所在，即承担着传承和发展学术的使命。如果专业核心期刊上的文章其主题和内容重复率过高，就不能建立学术知识的有序积累，使学术发展的脉络不能清晰可见，并造成浪费。但非专业核心期刊对专业核心期刊的重复和模仿可能是一个专业学术传播和普及的必要手段。这里是附带提出有关期刊和知识再生产的关系的看法。另请参见刘星：《中国法学研究与法学期刊》，载《法制与社会发展》2005 年第 1 期，第 17 页。

缺乏。这些现象之存在或许正是侵权行为法学处于初创时期的表现，对域外资源依赖较重，本土的理论资源缺乏，若对本土的实证法素材进行综合整理，恐怕亦缺少适合的上手的理论工具，而语词使用的确定和统一又的确是一门法学学科处于初创时期十分关心的问题。另外，具体适用问题的探讨由非专业法学期刊进行，法学专业期刊对此处于缺失状态，既反映了法学学科与实践的区隔状态，也反映了法学学科自主性的薄弱。

第三章　价值判断与体系衡量
——从有关共同侵权的学说史说起

[理论提示]　当法学论述仅偏向于价值判断而忽略对体系逻辑问题的考量时，法教义学上的共识难以达成，法教义学对司法实践的约束或推动作用也难以发挥。在价值判断问题上，司法实践者而非学者常应站在更优越的"主位"，当学者仅就价值判断问题百花齐放时，实践部门却可出其不意地发展出新学说，如有关数人侵权的"直接结合和间接结合说"。这一"出其不意"正是法教义学在忽略体系逻辑时对司法实践欠缺约束或推动作用的体现。

一、问题之提出

（一）制定法之沉默与学说发展

我国《民法通则》制定之前，法学界对于共同侵权之构成要件有两种截然对立的观点，一种观点为共同行为说，即认为共同行为而不是意思联络才是共同侵权行为之构成要件①，另一种观点为意思联络说，即认为意思联络是共同侵权行为的必备要件。② 在学说有分歧且实践经验不足的情况下，1986 年制定的《民法通则》回避具体争论，只作出了模糊的抽象规定，即第 130 条："二人以上共同侵权造成他人损害的，应当承担连带责任。"1988 年最高人民法院在《民通意见》第 148 条中对共同侵权人作了补充解释，明确规定教唆、帮助他人实施侵权行为的人为共同侵权人。但除此之外，共同侵权行为之构成是否仅限于数个侵权人之间有意思联络（即共同故意）的场合？这一问题仍悬而未决。在学说无定论的情况下，制定法保持沉默应是立法者明智的选择之一③，这时，立法未规定或未明确规定的事项留待审判实践和法学去发展和细化，在条件成熟时，即审判实践和学说经过发展取得较为稳固和被普遍接受的结论时，立法再予以吸收，这不失为一种良性循环。司法实践的发展除了判例之外，在我国还有一条重要的途径，即通过最高人民法院制定司法解释的方式。司法解释在针对性和灵活性上较具优势，可以适时总结司法实践中的经验，吸取学说发展之成果。从为将来立法提供借鉴之意义上，司法解释所提供的规则也不妨认其为另一种"学说"，若将其和学者所提供之学术见解相比较，对说明各自之"学说"特点应有裨益。本章即从这种比较开始。

（二）司法解释与学说之距离

本章对有关共同侵权学说发展这一问题的分析从 2004 年 5 月施

---

① 参见邓大榜：《共同侵权行为的民事责任初探》，载《现代法学》1982 年第 3 期，第 40—43 页。

② 参见伍再阳：《意思联络是共同侵权行为的必备要件》，载《现代法学》1984 年第 2 期，第 27—29 页。

③ 〔德〕霍尔斯特·海因里希·雅科布斯：《十九世纪德国民法科学与立法》，王娜译，法律出版社 2003 年版，第 166、171 页。

行的《人身损害赔偿司法解释》第 3 条和第 4 条之规定着手。① 第 3 条规定了共同故意、共同过失、直接结合和间接结合的侵权行为四种类型,前三种为共同侵权行为(学说上常称之为狭义的共同侵权行为,或直接称之为共同侵权行为),最后一种为数个单独的侵权行为;第 4 条规定了共同危险行为(学说上常称之为准共同侵权行为)。其中,第 3 条所作的数个侵权行为"直接结合"与"间接结合"之类型划分无论针对既往的学说还是司法实践都显得十分新颖,而第 4 条所规定的"共同危险"侵权行为类型在学说上早有丰富之阐释,在司法实践中则早已被应用。② 上述现象引起我们思考的问题是:为什么有关共同危险行为的适用规则在学说与司法实践中如此一致,以致《人

---

① 其第 3 条第 1 款规定:"二人以上共同故意或者共同过失致人损害,或者虽无共同故意、共同过失,但其侵害行为直接结合发生同一损害后果的,构成共同侵权,应当依照民法通则第一百三十条规定承担连带责任。"第 3 条第 2 款规定:"二人以上没有共同故意或者共同过失,但其分别实施的数个行为间接结合发生同一损害后果的,应当根据过失大小或者原因力比例各自承担相应的赔偿责任。"第 4 条规定:"二人以上共同实施危及他人人身安全的行为并造成损害后果,不能确定实际侵害行为人的,应当依照民法通则第一百三十条规定承担连带责任。共同危险行为人能够证明损害后果不是由其行为造成的,不承担赔偿责任。"

② 为了证实文中所提观点,需要对 2003 年之前的司法实践和学说进行观察。首先,是关于司法实践的部分。借助中国司法案例数据库(更新到 2008 年 2 月 1 日),对 1986—2003 年间民事经济类案例进行条件为全文中有"直接结合"或"间接结合"字样的检索,结果并未发现一件案例;而同时进行条件为全文中有"共同危险"字样的检索,则得到相关案例共 7 件,经查阅案例内容,发现案件内容皆与《人身损害赔偿司法解释》第 4 条所规定的内容相关,处理办法与其一致(即不能确定实际侵害行为人的数个实施危险行为的人,应承担连带责任),只是在尚无明确立法或司法解释的情况下,大部分案例中没说明法律依据,也有的判决直接表明"依据民法原理",如(2000)海南民终字 203 号判决中有:"根据民法原理,当难以查清加害人时,推定所有参与人为造成危险局面的共同危险行为人。"其次,再考察 2003 年之前的学说。以中国知网中的中国期刊全文数据库为检索对象,以"民商法学"专辑为查询范围,以"全文"为检索项,以"间接结合"为检索词,只得 1 篇文章,且显然和共同侵权问题没什么联系;同时再以"直接结合"为检索词,得 20 篇文章,这 20 篇文章同样都没有谈及与共同侵权相关的问题。然而以"共同危险"为检索词,即使将检索项缩减为"关键词"而不是"全文"进行检索,所得文章有 21 篇,且都是和共同侵权有关的文章。这些文章对共同危险行为的规则适用与《人身损害赔偿司法解释》第 4 条的规定是几乎完全一致的,不一致的地方在于有少数学者主张即使某一危险行为人能够证明自己没有造成损害结果,也应当承担一定比例的责任。该少数说的见解参见杨立新:《试论共同危险行为》,载《法学研究》1987 年第 5 期,第 52—55 页;王利明主编:《中国民法案例与学理研究》,法律出版社 1998 年版,第 102 页。

身损害赔偿司法解释》第 4 条之规定只不过是宣布既有的未明言之成规,而有关(狭义的)共同侵权行为之学说与司法实践则难以取得同样的一致,以致《人身损害赔偿司法解释》第 3 条"直接结合"与"间接结合"的类型划分显得如此突兀?如此反差如何形成的呢?一种解释是:在学说共识较明确稳定的情况下,学说被司法实践接受的可能性较大。相反,若学说本身缺乏或难以取得确定的共识时,自然不能期望司法实践会接受学说之见解,因为学说的见解亦不稳定,难以提供可接收的东西。对于司法实践来说,无法等到学说有确定的共识后再作案件之处理,必须作出决断。① 也正因如此,司法实践体现出其创造性的一面,其在案件处理中所积累的经验智慧和规范性见解会反向为法学的发展提供有益的借鉴。那么,"直接结合"与"间接结合"的类型划分是否是既往司法实践所积累的规范性见解呢?显然不是,因为如前所述,以往的判决中并未出现"直接结合"和"间接结合"的说法。从这层意义上说,2004 年《人身损害赔偿司法解释》第 3 条之规定并非既往实践经验之总结,而是另一种"学说",一种具有法律约束力的"学说",体现了司法实践的一种决断,自此以后,司法实践将会统一在"直接结合"与"间接结合"的类型划分之下,而法学中的争论依然会持续。司法实践在学说无定论的前提下出于其所背负的政治责任必须作出决断,对于最高人民法院来说,则是为统一司法之需要行使其法律解释权作出决断。不过,对于本书来说,问题依然存在,为什么最高人民法院所提出的解决方案不是在既有不同学说中择取其一,而是提出了一种既有学说中从不曾出现过的解决方案?其特色即在于"直接结合"与"间接结合"的类型划分。是因为随着社会发展变化,实践中出现了新情况,这些新情况不在以往学说

---

① 这一点反映了法官和学者不同的责任承担,法官背负着更多的政治责任,现实的问题需要解决,不容无限制的争论。

考察的范围中吗?① 显然不是,"直接结合"与"间接结合"的类型划分并不是针对实践中出现的新问题所作的规定,而是针对老问题所采取的新规则。② 或许会有人说,司法解释对(狭义)共同侵权行为的界定其实并没有完全偏离既往学说,是在参考既往学说的基础上提出的"折中说"。这一说法是能够认可的,且学说中也早有人提出"折中说"③,只不过司法解释是一次新的折中。④ 即使如此,原有问题依然不变,即为什么最高人民法院所提出的解决方案不是在既有不同学说中择取其一呢?新增的问题是:折中说是否对司法实践来说有其特有的吸引力,或许在有关共同侵权行为的界定之外的其他领域,当学说争执不下时,司法实践亦容易采取折中说?

(三) 研究视角

本章关注的问题是上述司法解释与学说之距离因何产生,又因何而消失?之前的学说未能阻止司法实践采用与之不同的处理规则,因而产生距离。此种距离之产生,或者因为实践中出现了之前大家都未想到的新情况、新问题;或者是因为学说的说服力不被司法实践所重

---

① 由于司法实践部门直接面对一线生活,生活中出现的新问题有时学者根本未虑及,而实践部门必须处理。这样,由实践所推动的规则发现或发明为学术的发展提供有益之素材和激励。这时,司法实践针对新情况而得出的规范性见解对于既往学说显得"新颖别致"是不难理解的。例如,若以前从未出现过死亡人生前储存之精子被破坏而遗属请求赔偿之案件,如今却出现了,那么实践部门为解决此问题所提出的见解对于既往的学说显得陌生就很容易理解,因为毕竟是新情况。

② 比如,"直接结合"所解决的一个案例类型是"两车相撞致伤第三人"(参见法律出版社法规中心编:《人身损害赔偿司法解释关联精析》,法律出版社 2004 年版,第 64 页),这种案例类型并不是 2004 年《人身损害赔偿司法解释》施行前很少发生的事情,相反是很常见的。

③ 比如学者张新宝的观点通常被认为是折中说,参见张铁薇:《共同侵权行为本质论》,载《求是学刊》2006 年第 2 期,第 97—98 页。

④ 《人身损害赔偿司法解释》起草人之一的陈现杰就认为:"可以认为,《解释》对共同侵权构成要件的规定是从矫正的正义立场上对主观说与客观说的折衷",参见陈现杰:《〈最高人民法院关于审理人身损害赔偿案件适用法律若干问题的解释〉的若干理论与实务问题解析》,载《法律适用》2004 年第 2 期,第 5 页。

视，学说本身论理的力量有限。从现实发展来看，上述司法解释的创造显然不是针对现实中的新情况、新问题。那么，对于距离的解释可能就在于：学说本身论理的力量有限。事实果真如此吗？如何分析学说本身论理的力量呢？本章试图从价值判断和体系衡量的角度谈论学说本身论理的力量。

为了说清楚这一问题，让我们先从概念法学谈起。概念法学之含义可以从两个方面来认识：（1）法学论证和政治、伦理等价值判断因素的隔离；（2）对逻辑性、体系性的追求。这两个方面分别是从外部因素和内部体系的角度对概念法学的定位，将外部的政治、伦理等社会因素排除在法学的考量之外可使法学研究的对象保持一定的自主性与恒定性，而注重体系化的建构则使法学获得规律性的认识，此两者都有助于法学的科学性品质之养成。① 就第一个方面来说，概念法学已经日渐式微，很少再有人会期望法学能和有关政治、伦理等各种外部因素的考量保持完全的隔绝状态，因此，这种意义上的法学之科学性难以维持。② 就第二个方面来说，本书认为，概念法学所强调的体系性和逻辑性思考仍具有相当的重要性，此种意义上的法学之科学性

---

① 有关知识的分类较早是由亚里士多德提出的，他将知识分为三类：科学、实践智慧和技艺。科学与后两者的区别之一在于其客体的预设性和不变性。从这个意义上说，倘若法学从不可改变之原则理念出发，它便是科学，如果法学只是研究随历史变迁的法律秩序，那么它就只是一门技艺（ars）或者实践智慧（prudentia）。参见〔德〕阿图尔·考夫曼、温弗里德·哈斯默尔主编：《当代法哲学和法律理论导论》，郑永流译，法律出版社2002年版，第448—449页。

② 在法学界对"法学是否为一门科学"问题的讨论中，法学难以和有关政治、伦理等各种外部因素的考量保持隔绝这一点几乎已经成为共识，尽管大家对包含这种考量的法学究竟能否成为科学依然有争论。参见郑戈：《法学是一门社会科学吗？——试论"法律科学"的属性及其研究方法》，载《北大法律评论》第1卷第1辑，法律出版社1998年版，第1—30页；黄文艺：《法学是一门什么样的科学？》，载《法制与社会发展》2001年第3期，第31—40页；胡玉鸿：《法学是一门科学吗？》，载《江苏社会科学》2003年第4期，第165—171页；刘星：《法学"科学主义"的困境——法学知识如何成为法律实践的组成部分》，载《法学研究》2004年第3期，第27—38页；林来梵、翟国强：《有关社会科学方法论的反思——来自法学立场的发言》，载《浙江社会科学》2006年第5期，第10—18页。

不可放弃，也不会被放弃。① 既不可放弃对外部因素的考量，又要保持法学自身所具有的体系性，那么，这种体系就不可能是封闭的体系，即纯依概念推演而形成的概念金字塔式的体系，而应为对外部政治、伦理等评价性因素保持开放的体系。如此，则传统的概念法学经过对评价性因素的吸收转变为评价法学，这样的评价法学虽然不会像自然科学那样将对事物的价值判断排斥在外或者企图从绝对不变的永恒性事物出发推演出整个法律，但它保留了概念法学中体系化的视角，将法看作是具有内在体系的事物，其内在体系的构成基础源于法律所昭示的"准则性的价值决定及原则"。简单地说，一方面法学离不开价值判断，另一方面法学也离不开体系逻辑。②

本书认为，就法教义学而言，其"以理服人"的力量主要应体现在对体系逻辑的考察上。价值判断问题上往往难以形成共识，因为绝对不变且普适的价值观并不存在。③ 若要形成共识，价值判断问题上

---

① 本书所称法学是指"法教义学"，或者称法条主义之法学。本书在"法教义学"概念的使用上借鉴德国法学家罗伯特·阿列克西《法律论证理论》一书的相关论述。罗伯特·阿列克西从其理性实践论辩理论出发，将法教义学概念定位于以下五个因素的结合，即构成法教义学的五个条件：(1) 法教义学为各种语句的整体；(2) 这些语句涉及法律规范和司法审判，但并不仅限于描述；(3) 法教义学语句组成某个相互和谐之整体；(4) 法教义学语句在制度化推动的法学之框架内被提出、证立和检验；(5) 法教义学具有规范性内涵。参见〔德〕罗伯特·阿列克西：《法律论证理论——作为法律证立理论的理性论辩理论》，舒国滢译，中国法制出版社2002年版，第310—351页。以阿列克西的理论来对照，如果丧失体系化的考量，法教义学将难以立足。法条主义尽管以体系化、概念化的见解为其基本成果，却并不妨碍其在现实运用中所具有的且应该有的弹性，另外，只要判决仍需以"法律之名"作出，以整体法秩序为依归的具有体系化思维特征之法条主义就难以被放弃。参见刘星：《怎样看待中国法学的"法条主义"》，载《现代法学》2007年第2期，第54—57页。

② 有关法的体系的见解，参见〔德〕卡尔·拉伦茨：《法学方法论》，陈爱娥译，商务印书馆2003年版，第348—362页。

③ 价值判断的特点在于多元性，学者本身所提供的价值判断从法治的角度看并不具有优先性，也不具有论理的力量，除非学说中的价值判断源于对法自身所蕴含的基本价值判断的综合推衍，即从体系化的角度出发而形成。这恐怕也是为什么从社会科学介入法学研究的学者会说，学术论文的目标不在于提供具体的建议，而在于分析事实的缘故吧！参见苏力：《司法解释、公共政策和最高法院——从最高法院有关"奸淫幼女"的司法解释切入》，载《法学》2003年第8期，第28页。

的争议必须有基本的立足点，此基本的立足点只能根源于法秩序本身，为法秩序所蕴含的基本价值观应成为争议各方首肯之对象，否则难免自说自话。① 因此，即使是价值判断问题，若论者不能将其判断融合于法秩序之体系内，则难以"以理服人"，此中之"理"为法理，是法秩序所蕴含或应蕴含的道理。而要达到这样的标准，对价值判断问题作体系化的考量就必不可少。② 体系衡量仿佛束缚的绳子使价值判断的飞鸟得到约束，约束于法秩序的根基上。

欠缺体系化考量之情形不仅会在法学领域发生，亦可于司法实践领域显现。若如此，则自说自话的局面就不仅可呈现于法学内部，亦可发生于法学与司法实践领域之间。其结果是，一方面法学家会抱怨实践部门对其"理论"的漠视，另一方面实践部门所作出的努力在法学家那里也难得到真正的尊重。在有关共同侵权行为的界定这一领域，学说纷呈、学说与司法解释之间亦无统一，这一切和体系化考量之缺乏相关吗？这个问题正是接下来本章将要就有关共同侵权学说史的考察所关注的内容，而关注的视角即为价值判断和体系衡量的关系。

二、有关（狭义）共同侵权学说发展

（一） 2004 年之前的学说发展

自《民法通则》制定至《人身损害赔偿司法解释》之颁布（2003

---

① 参见王轶：《民法价值判断问题的实体性论证规则——以中国民法学的学术实践为背景》，载《中国社会科学》2004 年第 6 期，第 104—116 页。

② 下述一段话或许可供参考："学术性体系的任务在于：将内存于——作为意义整体的——法秩序中的意义脉络显现出来，并予描述。发现主导性的原则及其于规整内涵中的具体化，建构规定功能的概念并将之整理为体系，此均有助于前述任务之达成。"〔德〕卡尔·拉伦茨：《法学方法论》，陈爱娥译，商务印书馆 2003 年版，第 360 页。

年12月），有关狭义共同侵权的学说可谓多姿多彩。[①] 按其时间先后，可大致分为以下几种：

（1）共同过错说——最初的折中。该说认为共同侵权行为与多因一果的侵权行为的区别主要在于数个侵权人之间是否具有共同过错，共同过错包括共同故意与共同过失。该观点较早出现在由当时民法学泰斗佟柔先生主编之《民法原理》一书中[②]，《民法通则》颁布实施后至20世纪90年代中期，各种民法学教科书或《民法通则》解释书之类的书籍大都持此说。[③] 该说实际是对在《民法通则》实施之前的两种学说的折中，因为之前的意思联络说主张数行为人需满足有共同故意（即意思联络）这一主观要件才可以构成共同侵权，之前的客观说主张数行为人之行为只要客观上有关联即可构成共同侵权，完全撇开主观要件之考虑，而共同过错说认为主观要件应考虑，但需修正，即将共同故意之要求改为共同过错之要求，以涵盖共同过失之情形。

（2）认为无过错侵权也可构成共同侵权之主张。该主张认为若持

[①] 以中国知网中的中国期刊全文数据库为检索对象（访问时间为2008年2月1日），以"民法学"专辑为查询范围，以"篇名"或者"关键词"为选择性检索项，以"共同侵权"为检索词，以"从1986年到2003年"为年限，进行查询。查询结果为63条记录，删去和共同侵权问题关系不大的文章（共6篇）以及非法学类杂志上刊登的显属普法性的文章（共3篇）以及有关共同危险行为（即准共同侵权行为）的文章（共14篇），剩余共得40篇文章。这40篇文章大致可分为以下几类：第一类是有关知识产权中涉及的共同侵权问题的文章，共14篇；第二类是有关环境侵害中共同侵权问题的文章，共4篇，外加1篇有关共同侵犯配偶权的文章；占比例最大的第三类文章是有关共同侵权一般理论的文章，共有21篇。和本章讨论有密切联系的正是最后这21篇文章。考虑到中国知网收集的期刊有些不能回溯到1994年之前，另外有些著作（包括以书代刊类的图书）中的文章也会有涉及共同侵权一般理论的内容，这些缺陷都应弥补。本章在附录中将上述21篇文章的目录以及中国知网未收录的有关共同侵权的相关著作或论文之目录一并列出，以供核对。

[②] 佟柔主编：《民法原理》，法律出版社1983年版，第227页。法学期刊中较早出现共同过错说的文章参见张明福：《共同侵权民事责任浅析》，载《法学论坛》1987年第3期，第10页。

[③] 如杨立新：《侵权损害赔偿》，吉林人民出版社1990年版，第135—137页；张俊浩主编：《民法学原理》，中国政法大学出版社1991年版，第849页；王利明、杨立新等：《民法·侵权行为法》，中国人民大学出版社1993年版，第354页。

共同过错说，则过错侵权行为和无过错侵权行为或者数个无过错侵权行为之间就不能构成共同侵权，因此共同过错说有其不妥之处。之所以称上述观点为主张，而不是某某"说"，是因为提出上述观点的文章并未提供分析论证，只是表明结论而已。[①]

（3）相似过错说——新的折中。此说认为构成共同侵权需要共同过错，共同过错是指过错是相同的或相似的。持此说的学者在 2004 年之前似乎仅有一人[②]，但其观点在其他学者总结有关共同侵权的既有学说时大都被引用，并被归类为"折中说"。[③] 之所以称其为"新的折中说"，是因为此观点是在共同过错说（最初的折中）与客观说之间的折中，对共同过错之含义作了限制性的解释，使其只局限于相同或相似的过错之间。

（4）两种类型说。该说认为狭义共同侵权行为有两种类型：在第一种类型中，只要数个行为人有意思联络，即可构成共同侵权行为；在第二种类型中，如果数个行为人造成了同一损害，且各自的加害份额不可分，亦为共同侵权行为。[④] 该学说主要借鉴的是我国台湾地区学者王泽鉴的观点[⑤]，但作了部分改动。依王泽鉴的观点，数人肇致

---

① 参见孟保来：《浅析李×和张×民事责任的类型》，载《河北法学》1992 年第 3 期，第 49 页；牛兴联：《试论侵权行为的构成》，载《中央政法管理干部学院学报》1995 年第 5 期，第 56—57 页。

② 参见张新宝：《中国侵权行为法》，中国社会科学出版社 1998 年版，第 167—168 页。

③ 如张艳、马强：《试论无意思联络的数人侵权》，载《河南省政法管理干部学院学报》2002 年第 5 期，第 34 页。

④ 较早出现此种观点的文献为孔祥俊：《民商法新问题与判解研究》，人民法院出版社 1996 年版，第 255 页。此后的文章有曹险峰、李晶：《论共同侵权行为的归责基础》，载《社会科学战线》2000 年第 1 期，第 267—269 页；刘生亮：《试论无意思联络的共同侵权行为——兼评两个侵权行为法草案的规定》，载《黑龙江省政法管理干部学院学报》2003 年第 3 期，第 21—23 页；著作中含有此种观点的有蓝承烈：《民法专题研究与应用》，群众出版社 2002 年版，第 394—395 页。

⑤ 持此观点的文章引用了王泽鉴的两篇相关文章，分别为《连带侵权债务人内部求偿关系与过失相抵原则之适用》，载《民法学说与判例研究》（第一册），中国政法大学出版社 1998 年版，第 58—59 页；《连带侵权责任与内部求偿关系》，载《民法学说与判例研究》（第三册），中国政法大学出版社 1998 年版，第 307—308 页。

损害，各自加害部分无从确定时，应承担连带责任，但此种做法乃为"补救举证困难而设"，与共同侵权，"性质自有不同"。①

（5）更新的意思联络说。该说与（4）不同之处在于，其将（4）说中第二类型所涵盖的情形排除在狭义的共同侵权行为之外，但认可其可以参照共同危险行为来处理。提出这一学说的文章仅有一篇②，之所以称其为更新的意思联络说，是因为其结论虽然和《民法通则》前所提出的意思联络说一样，但在论证上大大地更新了，试图从体系上分清狭义共同侵权行为与共同危险行为、共同侵权行为人之间的连带责任与数个侵权人之间的不真正连带责任等相互间的异同点。

（二） 2004 年之后的学说发展

2004 年《人身损害赔偿司法解释》出台后，有关共同侵权的文章数量猛增。③ 其中，最引人注目的莫过于两位侵权法权威所写的以"原因力"为题的理论文章。④ 引人注目之处在于：2004 年以前并无

---

① 王泽鉴：《民法学说与判例研究》(第一册)，中国政法大学出版社 1998 年版，第 58 页。
② 程啸：《论意思联络作为共同侵权行为构成要件的意义》，载《法学家》2003 年第 4 期，第 94—102 页。
③ 同样以中国知网中的中国期刊全文数据库为检索对象（访问时间为 2008 年 2 月 1 日），以"民法学"专辑为查询范围，以"篇名"或者"关键词"为选择性检索项，以"共同侵权"为检索词，以"从 2004 年到 2007 年"为年限，进行查询，查询结果为 134 条记录。缩小检索范围，仅在核心期刊的范围内按照上述同样检索条件进行检索，检索结果为 30 条记录。将这两个检索结果和第 53 页脚注①的检索结果（并未限定在核心期刊范围内）进行对比，4 年（2004—2007）内的相关文献数量（134 篇）已远远超过 18 年（1986—2003）中的结果（63 篇），即使消除期刊数量增加和中国知网中部分期刊没有回溯到 1994 年以前这两个因素，本书认为，得出"有关共同侵权的文章数量猛增"这一结论估计也是合适的。这说明《人身损害赔偿司法解释》的制定对有关共同侵权的学说增长起到了正向激励的作用。对 2004 年以后的期刊文献，本章主要是从其对比之前文献有哪些发展的角度来分析的，为了节约分析的篇幅，本章着重分析 2004 年后核心期刊上有关狭义共同侵权的相关文献，挑选过程不再介绍，其目录可参见本章附录。
④ 张新宝、明俊：《侵权法上的原因力理论研究》，载《中国法学》2005 年第 2 期，第 92—103 页；杨立新、梁清：《原因力的因果关系理论基础及其具体应用》，载《法学家》2006 年第 6 期，第 101—110 页。

任何以"原因力"为题的相关民法论文。另外，2004年之后以"原因力"为题的文章，除前述两位权威作者所写的两篇外，尚有两篇文章，都刊载在和电力行业相关的杂志上①，其原因是最高人民法院在其和电力行业密切相关的司法解释（《关于审理触电人身损害赔偿案件若干问题的解释》，法释〔2001〕3号，以下简称《触电损害赔偿司法解释》）中对原因力问题作了明确规定。② 这一现象也值得认真思索，因为该司法解释早在2001年1月10日即已出台，但迟至2004年以后才有以"原因力"为题的文章出现。文章直接以"原因力"为题和仅仅在文章中提到原因力应有所不同，前者反映了试图对该问题作深入思考的动机，尤其是在最权威的法学杂志上由侵权法权威学者所写的长篇理论文章更是这一动机的体现。③ 这些以"原因力"为题的文章都涉及了共同侵权，也都涉及了2004年的《人身损害赔偿司法解释》，可以认为：之所以在2004年后出现对原因力理论进行深入思考的文章和2004年《人身损害赔偿司法解释》第3条与第4条之规定使原因力理论和共同侵权理论之间的潜在关系明朗化有关。有关此点，将在后文第三部分对学说发展的检讨部分再作详细说明。这些有关原因力的文章共同的立足点是：当数人侵权造成他人同一损害时，若不构成共同侵权，则对外应承担按份责任，其份额的决定因素之一便是各自行为对损害结果发生的原因力的大小。

2004年后，文献对狭义共同侵权行为的学说除了对司法解释所

---

① 程景华：《辨析电力侵权的原因力》，载《中国电力企业管理》2005年第11期，第56—58页；范春莹、周植赞：《侵权法"原因力"探析》，载《华北电力大学学报（社会科学版）》2007年第2期，第59—62页。

② 该解释第2条第2款规定："但对因高压电引起的人身损害是由多个原因造成的，按照致害人的行为与损害结果之间的原因力确定各自的责任。致害人的行为是损害结果发生的主要原因，应当承担主要责任；致害人的行为是损害结果发生的非主要原因，则承担相应的责任。"

③ 张新宝、明俊：《侵权法上的原因力理论研究》，载《中国法学》2005年第2期，第92—103页。

言的"直接结合"与"间接结合"究竟如何适用提出自己见解（包括批评意见）外[1]，与2004年之前的学说比较，对狭义共同侵权构成要件或本质的理解新的主张并不多。唯一可算新主张的是又一种"新的折中说"：主张对于一般侵权行为，仍保持共同过错说；而在需要对受害人有更强的保护以致只要求数个行为人之间的行为有客观上的联系达到"行为共同"或"损害结果共同"即应对外承担连带责任时，可以由特别法加以规定。[2] 这一主张实际已经超出对《民法通则》第130条进行解释的范围，而进入立法论建议的范畴。如此折中的目的按照论者自己之解释是企图在"利益之平衡与逻辑之圆满"之间寻找到好的平衡点，既保留传统的"共同过错说"，又适应特殊情况之需要超越共同过错之要求而采用客观说之见解。[3] 此一说不妨称之为"分别要件说"，即在一般法和特别法中共同侵权之构成要件有所不同。

三、有关（狭义）共同侵权学说发展的分析检讨

（一）2004年之前有关（狭义）共同侵权学说发展的分析检讨

对2004年之前有关（狭义）共同侵权学说发展从法教义学理论角度进行评价，可以总结为：学说受价值判断牵引的成分较多，受体

---

[1] 例如，有学者对司法解释中的所谓"间接结合"提出了强烈的批评意见，参见曹险峰：《论"多因一果"的侵权行为——兼论多数人侵权行为体系之构建》，载《法律科学》2007年第5期，第155—163页。

[2] 参见张铁薇：《共同侵权行为本质论》，载《求是学刊》2006年第2期，第96—100页。作者就该主题还有多篇内容近似之文章，这里选取的是其有代表性的一篇文章。本章附录有关2004年后的研究文献目录对该作者的其他文章也就未再列出。

[3] 从论者的论述似可推断，论者认为共同过错说是符合逻辑圆满的，而为了利益平衡的需要，又不得不在某些特殊情况下采用客观说之见解，这些特殊情况应在侵权的特别法中加以规定。参见张铁薇：《共同侵权行为本质论》，载《求是学刊》2006年第2期，第96—100页。

系衡量约束的成分较少，价值判断对体系创新的深度要求没有被认识到。以下详细阐述。

1. 折中说与价值判断

一人受有损害，数人都有肇致损害之行为时，为了保护受害人，需要数行为人之间承担连带责任；若从保护行为人的自由角度看，则应由数行为人各自承担部分责任，即按份责任。因此，是否让数行为人承担连带责任也就涉及在填补受害人损害和保护行为人自由之间进行权衡，这样的权衡免不了包含着价值判断问题。而当价值判断问题是在两个"善"（填补受害人损害、保护行为人自由）之间权衡时，较能达成共识的解决办法难免会是"允执厥中"，尤其是在"两端"争执不下时。《民法通则》制定前，"意思联络说"和"客观说"争执不下，前者被认为偏向保护行为人之自由，而后者被认为过分关注受害人之获偿。"共同过错说"则抛开两端，执其中，将可能构成共同侵权的情形从数行为人之间有意思联络扩大至有共同过错，与"意思联络说"相比，扩大了共同侵权连带责任的适用范围，但这种扩大又没有到"共同行为说"所主张的不考虑主观过错是否共同的地步。该说出现后则一直受到广泛拥护，拥有通说之地位，在本书看来，其和"共同过错说"所具有的折中的性质分不开。

2. 体系衡量之欠缺

在上述的学说发展中，除更新的意思联络说之外，其共有的缺陷在于对体系衡量的忽视。这种忽视并不是指文章不讲条理，也不是说学说自身不能形成一个整体，本章所称体系衡量更多是指某一学说在构建其理论时与相关制度的协调，如果放任不协调情形的存在甚至根本就没注意到不协调情形之存在，那么可以说这种学说构建就欠缺了体系衡量。

首先，在共同侵权学说发展中体系衡量欠缺最集中的体现是其对与一般侵权行为制度不协调情形之忽视。依据一般侵权行为制度（即

《民法通则》第 106 条所建构的制度），若一行为人之行为造成他人损害，且行为人有过错、行为与结果之间有因果关系，则行为人应承担侵权责任。[①] 从《民法通则》制定后共同侵权学说发展的情形来看，大都不采取意思联络说，其主要的理由为采取意思联络说不利于保护受害人，会使无意思联络的数个行为人之过错行为都是同一损害结果之原因时，受害人只能向各行为人分别要求部分赔偿。但既然每个行为人之过错行为都构成同一损害结果发生之原因，那么每个行为人之行为就符合一般侵权行为之构成要件[②]，就都应承担对该损害进行赔偿之责任。[③] 换句话说，受害人拥有向数个无意思联络的行为人要求全部赔偿之权利。因此，采取意思联络说的问题本来应该是无意思联络的数个行为人都对同一损害结果承担赔偿责任，有可能发生受害人双重或多重受偿以致不公平之问题，而不是填补不足之问题。由此可以看出，主张无意思联络的共同过失也可以构成共同侵权之观点所立基之价值判断——意思联络说不利于保护受害人，因此应予摒弃——是在对体系衡量忽视的情形下作出的。若要维持这一价值判断，又不忽视体系衡量，就应当对可能的体系冲突进行化解。化解的

[①] 关于一般侵权行为之构成要件有争论，其中最主要的是违法性是否为独立的构成要件，本章未将违法性列为构成要件之一，采纳的是过错包含违法性的观点。不过，对于本章的论述来说，违法性是否为独立的构成要件问题是一个不相关的问题，即使采纳相反的观点也不影响本章的分析及其结论的成立。

[②] 例如，以最典型的两车相撞致人伤害为例，若两撞车人并无意思联络（并非共同故意）且又都有过错时，所有反对意思联络说之有关共同侵权之学说都会认为此种情形构成共同侵权，而意思联络说则显然不会认为此种构成共同侵权。但问题是：即使持意思联络说，此种情形下，是否受害人就不能向任一撞车人要求全额的赔偿以致得到的保护有不足呢？不一定，意思联络说之主张者完全可以认可此种情形下每一撞车人的全额赔偿责任，只不过不是依据共同侵权连带责任之规定而已，因为每一撞车人的行为都符合一般侵权行为之构成要件，自然应对损害承担赔偿责任。如此，则意思联络说即不存在对受害人保护不力之问题，其问题倒是保护可能太过分之问题，因为受害人可能得到双份赔偿。

[③] 对共同侵权的认识上学者都强调每个人的行为都和损害结果之间具有因果关系，如"各个人的行为尽管对共同的损害结果发生的原因力不会相同，但必须都和损害结果之间存在因果关系"，参见王利明、杨立新编著：《侵权行为法》，法律出版社 1996 年版，第 187 页。

方法必然是认为在数人之行为都和同一损害结果有因果关系但又不构成共同侵权时，该数人无须承担全部损害赔偿责任，而只需各就一部分损害承担分别的赔偿责任。如此处理即意味着第三人之行为（与被告所造成之同一损害结果之间有因果关系时）成为一般侵权行为之免责或减责事由，也就是说，数个造成同一损害结果之行为人之间相互以他人之行为作为自己侵权责任之免责或减责依据。

从以上分析可以看出，若因加强保护受害人之目的而反对意思联络说，从体系衡量的角度看，势必主张第三人之行为（若不构成共同侵权）可以作为一般侵权行为之免责或减责事由。而第三人之行为可以作为一般侵权行为之免责或减责事由这一论断并不是自明的或显然的。如果第三人之行为阻断了被告行为与损害结果之间的因果关系[①]，因为被告行为已经不符合一般侵权行为之构成要件（即欠缺因果关系），则第三人之行为使被告免责应可理解为当然之理。但在第三人之行为没有阻断被告行为与损害结果之间的因果关系，即所谓数行为都和同一损害结果之间有因果关系时，因为被告行为仍符合一般侵权行为之构成要件，若要使其免责或减责，此并非为当然之理，自有详加说明之必要。遗憾的是，在那些反对意思联络说（认为其对保护受害人不力）之文章中皆无有关第三人行为作为免责或减责事由之论述，甚至都没有提及，这正是体系衡量欠缺之表现。

3. 价值判断的体系约束

或许，在反对意思联络说的人看来，第三人之行为可以使被告人免责或减责是不言而喻的。虽然在那些反对意思联络说（认为其对保护受害人不力）之文章中皆无有关第三人行为作为免责或减责事由之论述，但是，我们不妨对包含反对意思联络说主张之著作进行考查，

[①] 如一人骑自行车将行人撞倒在地，随后一人醉酒驾驶汽车失控导致汽车撞坏护栏冲入人行道将已经受伤之行人撞死，此时可认为骑自行车的人对行人的死亡结果不承担责任，因为因果关系被中断，被介入的行为（汽车撞人）所中断。

以探明其在论述一般侵权行为时是否会主张第三人行为应作为免责或减责之理由。结果发现，主张共同过错说或相似过错说之权威学者的确赞成第三人之行为应作为免责或减责事由。[1]

但是，即使认可第三人行为可以使被告人免责或减责，体系逻辑上的协调工作依然不可忽视。若第三人行为阻断了被告人行为与损害结果之间的因果关系时，被告人因其行为不符合侵权行为之构成要件而无须承担责任。这种情况下的第三人行为作为免责或减责事由是无须特别指出的。关键是当第三人行为不能阻断被告人之行为与损害结果之间的因果关系时，应如何处理？如果认为因果关系是全有或全无的，那么既然被告人之行为与损害结果之间的因果关系没有被阻断，在被告人有过错的情形下，自然应当对全部损害承担赔偿责任，如果第三人也有过错，第三人也应当承担全部的赔偿责任。为了不使受害人获得双份赔偿的不当得利，被告人与第三人其中一人赔偿了全部损害的，另一人则免予对受害人再承担责任。如此，则第三人之行为，除了在阻断了被告人行为与损害结果之间的因果关系的情形外，不能成为减轻被告人对受害人所承担赔偿责任的缘由。设若认为因果关系不是全有或全无的，那么即使在被告人行为与损害结果之间的因果关系没有被第三人行为中断的情况下，被告人也只应承担与其行为对损害结果发生的影响力比例相应的部分责任，而不是承担全部责任。如此，则意味着第三人的行为成为减轻被告人责任之事由。通过对因果关系不同理论（以是否赞成因果关系"全有全无"为划分标准）的介绍，本书认为，若要主张第三人行为可以成为被告人减轻责任之事由，就必须认可侵权行为构成要件中的因果关系应作比例化的理解，

---

[1] 参见王利明：《侵权行为法研究》（上卷），中国人民大学出版社2004年版，第637页；张新宝：《中国侵权行为法》，中国社会科学出版社1998年版，第122—123页。

即所谓的原因力理论。[①] 事实上，如前文所述，赞成第三人行为可以为被告人减轻责任之事由的三位重要学者都不约而同地赞成并提倡原因力理论。由以上分析可以得出如下结论：认为应当超越意思联络说以更好地保护受害人利益这一价值判断必须奠基于原因力理论所建立的体系之上。这就是本书所称价值判断的体系约束之含义。2004年之前有关狭义共同侵权学说中共有的这一价值判断若要得到维持和巩固，原因力理论必须被深化，这一工作在2004年之前尚未开始。《民法通则》制定以来，原因力理论即已存在，唯其深化尚须等待。

（二）2004—2008年有关（狭义）共同侵权学说发展的分析检讨

对2004年之后有关（狭义）共同侵权学说发展从法教义学理论角度进行评价，可以总结为：以《人身损害赔偿司法解释》的出台为契机，对有关共同侵权学说中所涉及的体系约束问题开始有更多自觉的考虑，原因力理论的重新阐释和深化即为这种自觉的最重要之表现。而原因力理论实为具有中国特色侵权行为法学之最重要体现。以下详细阐述。

1. 原因力理论与体系创新

第三人行为可以作为免责或减责事由之主张与原因力理论是相辅相成、互为说明的。在本书看来应认为两者都是中国当代法学在侵权行为法领域的体系创新。从比较法上看，大陆法系中并无明确主张第

[①] 原因力理论概括地说就是当数个行为人之行为相结合或某行为与自然事实相结合对受害人造成同一损害结果时，应分清各行为或自然事实对损害结果之发生或扩大所具有的原因力。以和共同侵权较相关的数个行为人之行为造成同一损害结果之情况为例，原因力理论可以从两个角度来理解：其一，仅从数行为人内部责任分担的角度看。若认为数行为人对受害人的全部损害应承担连带赔偿责任，那么原因力理论只能适用于赔偿义务人之间的内部求偿关系。其二，从数行为人对受害人承担责任的角度看。原因力理论认为除了构成共同侵权的情形外，数行为人对外不承担连带责任，各自只按照其行为对损害结果的原因力之比例承担分别的责任。有关原因力理论可参见张新宝：《中国侵权行为法》，中国社会科学出版社1998年版，第122—123页。

三人行为可以作为免责或减责事由之立法例。① 在大陆法系的侵权责任法中，若被告人和第三人对原告所遭受的损害都应承担责任时，是为竞合加害人，他们之间应承担连带责任。② 在德国，无意思联络之竞合加害人对外承担连带责任，适用《德国民法典》第 840 条。③ 在法国，有意思联络的共同侵权人对外承担连带责任，无意思联络的数人造成原告同一损害的对外亦承担连带责任，前者被称为被动连带关系（solidarité passive），后者则被称为整体上负担的债务（obligation in solidum）。④ 在英美法，传统（普通法）上共同加害人（joint tortfeasors）应对受害人遭受的不可分损害承担连带责任（joint and several liability）。⑤

---

① 证实这一点的一个有意思的例子是：在两部由权威学者主持起草的中国民法典侵权行为编草案建议稿中对与所建议条文相似或相关联的其他国家的立法条文也一并作了列举，其中可以发现，两者在抗辩事由一节中都规定了第三人行为，但却并没有列举其他国家相似之条文。唯独列举的一个条文不是立法，是《美国侵权行为法第二次重述》第 485 条，但该条规定的内容恰恰与草案起草者观点相反。参见中国民法典立法研究课题组（负责人：梁慧星）：《中国民法典草案建议稿附理由——侵权行为编·继承编》，法律出版社 2004 年版，第 30—31 页；王利明主编：《中国民法典学者建议稿及立法理由——侵权行为编》，法律出版社 2005 年版，第 56—57 页。

② 在他们看来，"事实上如果一个人被判决承担较低程度的责任仅仅因为另一个也实施了错误行为，这样的判决势必是荒唐的"。参见〔德〕克里斯蒂安·冯·巴尔：《欧洲比较侵权行为法》（上卷），张新宝译，法律出版社 2001 年版，第 73—74 页。

③ 同上注，第 74 页，第 79 页注释[319]。

④ 所谓被动连带关系也就是连带债务，如果是连带债权，则称之为 solidarité active。《法国民法典》中并未规定有意思联络的共同侵权制度，有意思联络的共同侵权制度的法律依据在其刑法典，参见 H. ECOFFET, *Droit Civil*, Fernand Nathan 1975, p. 191. 另外，solidarité 和 obligation in solidum 的不同在于前者依据《法国民法典》第 1202 条的规定必须有明文规定时才能适用，而后者则不然。《法国民法典》并未明确规定有意思联络之数行为人之间的责任具有连带关系（solidarité），明确的规定是《法国刑法典》第 55 条。V. Georges Wiederkehr, *Code Civil*, 103ᵉ édition, Dalloz, 2004, p. 1033。

⑤ See Richard A. Epstein, *Torts*, Aspen Law & Business, 1999, pp. 223-224. 20 世纪 80 年代后期以后，在美国，已有少数州对那些不属于协作（in concert）侵权的造成不可分损害的共同加害人通过立法改变传统做法，使加害人对外承担分别责任（several liability）。See The American Law Institute, *Restatement of the Law（Third），Torts：Apportionment of Liability（2000）*, § B18., REPORTERS' NOTE.

2. 原因力理论之深化与体系衡量

如前所述,2004年后的期刊文章对如何构成狭义共同侵权除"分别要件说"外并未提出新的见解,即使"分别要件说"也只是已有见解的糅合,并未提出新的判断标准。有关狭义共同侵权学说除了对《人身损害赔偿司法解释》的判断标准提供解释性说明之外,其真正的发展在本书看来实际是在外围,也就是说,是对共同侵权所可能涉及的相关制度或理论进行梳理阐释,以使有关共同侵权的学说能建立在一个和谐的体系化的基础之上。原因力理论正是这样的外围。

原因力理论在2004年后文献中的深化体现在以下几个方面:第一,对司法实践中原因力理论的运用进行总结;第二,对"多因一果"现象进行全面分析,不但考虑数人行为造成同一损害结果之情形,也考虑人的行为和自然原因结合造成同一损害结果之情形;第三,联系因果关系的相关理论对如何判别原因力作出分析阐明。[①]

不过,原因力理论的深化在2004—2008年期间从学说文献来看,才只是个开头,远未成熟。原因力理论的不成熟表现在尚未建立在明确的因果关系理论基础之上。试从原因力理论和因果关系理论之间的联系举一例。假设因果关系采纳条件因果关系和相当因果关系的二分法,那么数行为都有原因力究竟是在条件因果关系的意义上说,还是在相当因果关系的意义上说,结果大不相同,也将影响狭义共同侵权学说所解决的问题种类。如果数行为都有原因力是在条件因果关系的意义上说,那么只要某一行为构成损害结果发生之条件即需进行原因力之比较,除非与其他行为一起构成共同侵权,否则,应使其他行为人无须承担全部之责任。如果数行为都有原因力是在相当因果关系的意义上说,那么某一行为构成损害结果发生之条件尚不足以引起原因

---

① 相关文献参见张新宝、明俊:《侵权法上的原因力理论研究》,载《中国法学》2005年第2期,第92—103页;杨立新、梁清:《原因力的因果关系理论基础及其具体应用》,载《法学家》2006年第6期,第101—110页;范春莹、周植赞:《侵权法"原因力"探析》,载《华北电力大学学报(社会科学版)》2007年第2期,第59—62页。

力之比较，只有在该行为与损害结果之发生有相当因果关系时，才可进行原因力之比较，并可能使其他行为人无须承担全部之责任。两种处理方式结果则会大有不同①，对共同侵权连带责任应适用之范围也会有不同之解释②。从这里可以看出体系约束的重要性。从2004—2008年期间的原因力理论的文献来看，相关论述似乎皆未能从体系衡量的角度，将其与一般侵权因果关系的基础理论作充分的联系，并加以阐释论证。

（三）对学说与司法解释距离的解释

在分析完2004年之前和之后的有关狭义共同侵权学说以后，本书试图对前文所述司法解释与学说之间的距离的原因作出解释，那就是：体系衡量的缺乏使得学说论理的力量减弱，其结果是，不但学说之间"明争"不休，学说与司法解释也将形成不停的"暗斗"。

1. 当单纯的价值判断成为论点的主导理由时，纷争难止

当论者主张最大限度地保护受害人时，自然倾向客观说；当论者不赞成这一主张时，其可倾向意思联络说；从调和立场出发，既不能使受害人可请求连带责任赔偿的范围太窄，也不能使其太宽，则主张共同过错说。《人身损害赔偿司法解释》制定者则认为应顺应保护受害人之潮流，因此偏向客观说，但稍作折中，以"直接结合"标准作为限制。可见学说和司法解释制定者都似乎把如何界定狭义共同侵权

---

① 例如，甲致伤乙（非致命伤），乙在医院救治时因医院的过失而死亡，且甲致伤乙之行为与乙之死亡之间并无相当因果关系，仅为死亡之条件（因为若乙不被甲致伤，无须治疗，也就不会发生死亡之结果）。若数行为都有原因力是在条件因果关系的意义上说，那么甲需对乙之死亡承担部分责任（比较甲和医院的过失行为之原因力而定）；若数行为都有原因力是在相当因果关系的意义上说，那么甲无须对乙之死亡承担部分责任，因为甲之行为与死亡结果之间无相当因果关系，无须将其与医院行为进行原因力上之比较。

② 以前注例为例，若狭义共同侵权要求数个行为都和损害结果之间有相当因果关系，那么，甲和医院不构成共同侵权，因为甲的行为和死亡结果之间无相当因果关系；若狭义共同侵权仅要求数个行为都和损害结果之间有条件因果关系（但两者的整体需要和损害结果之间有相当因果关系），那么，甲和医院则构成共同侵权。

只作为一个价值判断问题来处理,而在价值判断问题上各有喜好,谁也难以说服谁应是正常现象。学者的价值判断对于司法实践部门来说不能有很强的说服力应是很正常的事情,因为后者是直接感受事实的,自然更倾向于相信自己于事实刺激下所形成的价值判断。相反,倒是学者主张某一价值判断时经常会引用司法实践来加强自己的论证。[①]

2. 当体系衡量缺乏时,共识难以达成;若没有共识,分歧之真正所在亦会被忽略

对于狭义共同侵权的构成要件的界定不是一个单一制度中的问题,是和相关制度紧密联系的问题,这就是体系衡量的应有之义。2004年之前的文献争论忽视了周边问题的重要性,其结果会使得就单一问题争论得再热烈,其促成共识的效用还是很微弱的,因为还有许多相关的重要分歧根本就被忽略了。[②] 例如,2003年有一篇文章为意思联络说提出了强有力的辩护——即前文所述之"更新的意思联络说",但其辩护基本上可认为被忽略了。[③] 称其辩护为"强有力"是因为其不仅是从价值判断角度,更多地是从体系逻辑的角度对作为通说的共同过错说提出了批评意见,试图从体系上分清狭义共同侵权行为与共同危险行为、共同侵权行为人之间的连带责任与数个侵权人之间的不真正连带责任等相互间的异同点。但文章作者没有注意到,传统的共同过错说在周边问题上与作者持有的见解是十分不同的,因而

[①] 例如共同过错说之主张者很重要的理由就是,司法实践部门一直采用这种做法。其言下之意为,此价值判断不仅是学者自己的独有价值观。否则,学者独有的价值观是欠缺说服力的。参见王利明、杨立新编著:《侵权行为法》,法律出版社1996年版,第188页。

[②] 试举一例说明。若争论"椅子"的特性究竟是什么,会牵涉到相关问题,如"桌子""凳子"和"家具"的特性究竟应如何界定。有时,单单就"椅子"而争论,由于忽略了周边问题,其效果是很微弱的,难以达成共识。

[③] 程啸:《论意思联络作为共同侵权行为构成要件的意义》,载《法学家》2003年第4期,第94—102页。之所以说该文章为意思联络说的辩护基本被忽略了,是因为后来的文献很少对其辩护作出回应。

如果不首先就这些周边问题讨论达成共识,意图在狭义共同侵权的构成要件问题上争论其效果是很微弱的。周边问题之一就是对不真正连带责任的理解。例如,甲被无意思联络的乙和丙分别射出的两颗子弹击中,每颗子弹都是致命的。在该文章作者看来,乙和丙对外承担不真正连带责任,每个人都需负全部损害之赔偿责任,因此,是否认定乙和丙为共同侵权都不影响其对甲所承担的连带责任;而在其他学说之主张者看来,如果不承认乙和丙为共同侵权,那么就可能要按照各自行为的原因力对外承担分别的责任。从此例可以看出,对不真正连带责任的理解关涉到对狭义共同侵权构成要件的认定。如果不就不真正连带责任、原因力理论以及因果关系决定标准等周边问题达成共识,意图在狭义共同侵权的构成要件问题上达成共识是十分困难的。之所以说2004年之前的学说在体系衡量上尚有欠缺,是因为这些周边问题的重要性尚未被认识到。2004年之后对原因力理论的关注可以被认为是对体系衡量欠缺的弥补。只有在不真正连带责任、原因力理论以及因果关系决定标准等周边问题的探讨上进一步深入,达成共识的可能性会更高,即使没有达成共识,分歧之真正所在也会更清晰。若分歧之真正所在清晰了,可行的解决问题的方案也就清晰了。所剩下的问题更多是选择哪一个的问题。[①]

四、结论

本章从2004年《人身损害赔偿司法解释》对狭义共同侵权构成要件的创新主张入手,探讨了学说与司法解释之间的距离及其成因,并认为,当学说对共同侵权构成要件的分析仅侧重于价值判断之视角

[①] 这样说的前提是,理论或规则所要解决的实际生活事实是旧有的而不是全新的。当社会生活发展中出现了新的事实(类型)时,不能期待理论或学说已经提供可行的解决问题之方案。

时，学说难以取得有说服力的效应，其结果是学说之间纷争不断，学说与司法实践之间亦难以取得统一，司法实践中诸如"直接结合说"与"间接结合说"的突袭式创新亦由此而来。从相关文献来看，对狭义共同侵权的分析很少从法社会学或法经济学等视角展开，学说话语几乎都是单纯法教义学或法条主义的进路。在此进路下，本书认为体系衡量的视角具有特别重要之意义，因为学者的价值判断若不能从体系上得到支撑，其价值判断难具有说服力，从法治的角度看是否应当具有效应也是难说的。在狭义共同侵权的构成上，可以作为共识的是反对意思联络说之见解，主张最起码共同过错行为可以构成共同侵权。本书认为，这样的共识或通说在体系上实际是以原因力理论为基础的。原因力理论及其所隐含的第三人行为应作为减免责事由之理论实为具有中国特色的侵权行为法学之理论，在2004年司法解释颁布之前即已存在，在司法解释颁布后，体系衡量应更为深化，深化应表现在对其与相关制度及理论——如不真正连带责任制度、一般侵权的因果关系理论等——之间的关系的考察，以建构一个协调的法教义学体系。如果这样的协调工作能够完成而原因力理论又不必放弃，那么将会在形成具有中国特色的侵权法理论方面作出重要贡献。法学研究中出现纷争本是常态，但尚需研究的是纷争的性质——是更偏向于单纯的价值判断分歧，还是兼顾着体系衡量上的探讨。至少到2008年为止，从期刊文献可以看出，我国民法学在有关狭义共同侵权构成要件问题上的争论有其特点，那就是对体系基础的忽视。由于这种忽视，争执难免仅停留在价值判断阶段而难有真正的进展。

附录：有关狭义共同侵权研究文献之目录

（一）1986—2003年有关狭义共同侵权研究文献之目录（中国知网中国期刊全文数据库之检索结果）

1. 张明福：《共同侵权民事责任浅析》，载《法学论坛》1987年第3期；

2.《如何理解民法通则第一百三十条的规定?》，载《人民司法》1990年第7期；

3. 孟保来：《浅析李×和张×民事责任的类型》，载《河北法学》1992年第3期；

4. 牛兴联：《试论侵权行为的构成》，载《中央政法管理干部学院学报》1995年第5期；

5. 陶广峰：《论侵权行为的几个理论问题》，载《甘肃政法学院学报》1996年第2期；

6. 谭玲：《论共同侵权行为的内容》，载《政法学刊》1997年第4期；

7. 夏德忠：《论共同侵权的主观要件——兼评孙旭东诉青岛鞍山路小学等损害赔偿纠纷案》，载《法学》1999年第9期；

8. 高玉成：《析合同履行过程中的共同侵权》，载《人民司法》1999年第2期；

9. 曹险峰、李晶：《论共同侵权行为的归责基础》，载《社会科学战线》2000年第1期；

10. 王曼丽：《共同侵权中的"共同性"初探》，载《华东经济管理》2001年第4期；

11. 喻伟泉：《论不真正连带债务》，载《浙江省政法管理干部学院学报》2001年第3期；

12. 中国民法典立法研究课题组：《中国民法典·侵权行为编草案建议稿》，载《法学研究》2002年第2期；

13. 张艳、马强：《试论无意思联络的数人侵权》，载《河南省政法管理干部学院学报》2002年第5期；

14. 邵世星：《侵权行为中的连带责任反思》，载《国家检察官学院学报》2002 年第 5 期；

15. 杨立新：《论侵权责任的补充责任》，载《法律适用》2003 年第 6 期；

16. 刘生亮、许炜：《试论无意思联络的共同侵权行为——兼评两个侵权行为法草案的规定》，载《黑龙江省政法管理干部学院学报》2003 年第 3 期；

17. 杨立新：《进展与问题——评人大常委会第一次审议的〈民法典草案〉"侵权责任法"》，载《河南省政法管理干部学院学报》2003 年第 3 期；

18. 王毅、齐向超：《浅谈共同侵权行为》，载《中国律师》2003 年第 8 期；

19. 罗强：《论共同侵权行为的本质》，载《河南司法警官职业学院学报》2003 年第 4 期；

20. 田雨：《论共同侵权的因果关系》，载《山东审判》2003 年第 4 期；

21. 程啸：《论意思联络作为共同侵权行为构成要件的意义》，载《法学家》2003 年第 4 期。

（二）2004—2007 年有关狭义共同侵权研究文献之目录（中国知网中国期刊全文数据库之检索结果）

1. 杜甲华、孙祥和：《交通事故中多人侵权责任的法理分析——兼评"不幸总是落在被击中者头上"》，载《法学》2004 年第 1 期；

2. 张新宝、明俊：《侵权法上的原因力理论研究》，载《中国法学》2005 年第 2 期；

3. 张铁薇：《共同侵权行为本质论》，载《求是学刊》2006 年第 2 期；

4. 赵林青：《浅析无意思联络的数人侵权行为》，载《法学杂志》2006 年第 6 期；

5. 丰莉：《不真正连带债务辨析》，载《特区经济》2006年第11期；

6. 杨立新、梁清：《原因力的因果关系理论基础及其具体应用》，载《法学家》2006年第6期；

7. 伊媛媛：《略论无意思联络的数人环境侵权及其责任》，载《法学评论》2007年第1期；

8. 杨立新：《制定侵权责任法应当着重解决的几个问题》，载《法学杂志》2007年第3期；

9. 曹险峰：《论"多因一果"的侵权行为——兼论多数人侵权行为体系之建构》，载《法律科学》2007年第5期。

下篇

民法教义学中的理论

引 言

　　本书下篇各部分皆非以法学本身为研究客体，而是就民法教义学中某一法律适用问题进行研究，各自独立。但将其放置在一起，注重的并非各个法律适用问题应有怎样妥当的结论，而是就各个法律适用问题研究时应有怎样的方法。每个部分皆是对方法的例示，将其放置在一起，旨在就民法教义学研究中的方法进行理论上的阐明。不过，重点依然是例示，而非在例示基础上形成有关民法教义学研究统一的方法理论，因为极有可能，这种可统一说明的似乎"唯一"的方法理论并不存在。

第一章　规范比较与体系衡量
——以《侵权责任法》第12条和第37条第2款的关系为中心考察安全保障义务人"相应的补充责任"[*]

[理论提示]　与社会科学进路的法学研究相比，法教义学的特点之一在于对实证法体系的把握。就不同法条的"同中寻异"或"异中求同"，体现的正是这种体系把握。就数人行为相结合（缺一不可）而导致同一损害后果的情形，《侵权责任法》第12条和第37条第2款，就数人间侵权责任的承担，分别规定的是按份责任和有顺序的连带责任。此为"同中有异"。因此，法教义学需要就为何会有"此异"作出适当的解释，以促成体系的和谐，实现同等事物同等对待的衡平，并进一步以此解释就未决问题的法律适用提出合适的指引。更关键的是，在解释"此异"时，仍不妨从既有实证法的其他规范出发，以达成建立在实证法基础上体现法教义学体系把握特点的体系和谐的图景。既有文献和司法实践对"此异"的解释多着眼于建立在作为或不作为区分基础上的所谓"原因力"理论，并无说服力，欠缺其他法律规范的支撑说明，不能很好地体现法教义学体系把握的特点。解释

---

[*] 本章内容修改自孙维飞：《论安全保障义务人相应的补充责任——以〈侵权责任法〉第12条和第37条第2款的关系为中心》，载《东方法学》2014年第3期，第34—45页。

"此异"的钥匙藏在《侵权责任法》第 26 条、第 27 条有关受害人过错的规定中,解释的结果是"此异"建立在故意和过失区分的基础上。由此解释就未决的"追偿权"问题,也能提供更为合适的指引。

[附加说明] 本章写作时《侵权责任法》实施不久,追偿权问题因为争议在《侵权责任法》中被搁置了,2020 年颁布的《民法典》第 1198 条第 2 款明确了追偿权,安全保障义务人的责任则仍为"相应的补充责任"。《侵权责任法》第 12 条和第 37 条第 2 款的关系问题,在《民法典》颁布后,成为《民法典》第 1172 条和第 1198 条第 2 款的关系问题,仍属于未决问题。《侵权责任法》第 26 条和第 27 条则被《民法典》第 1173 条和第 1174 条继承。这里并未对文章涉及法条进行更新处理,意在表明此处希望关注的重点不是追偿权问题的结论,而是得到结论的过程和方法。另外,关于本章涉及的故意和过失相抵的制度问题后续已有更深入的研究。①

一、问题的提出

数人就同一损害结果承担侵权责任时,以该数人与受害人的外部关系为观察视角,数人承担责任的形态分别有连带责任、补充责任与按份责任。所谓连带责任是指数个侵权人中的每一个人就同一损害结果不分先后顺序地承担完全的赔偿责任(本章仅讨论赔偿责任),受害人若自一个或数个侵权人处获得全部赔偿时,其他侵权人的赔偿责任消灭;补充责任则是指数个侵权人中的每一个人就同一损害结果有先后顺序地承担完全的赔偿责任,受害人若自一个或数个侵权人处获

---

① 参见董春华:《论比较过错制度在故意侵权中的适用》,载《现代法学》2017 年第 6 期,第 61—75 页;李鼎中:《全责、免责还是损害分配:故意侵权案件中过失相抵的适用》,载《交大法学》2023 年第 1 期,第 160—176 页。

得全部赔偿，其他侵权人的赔偿责任消灭；按份责任则是指数个侵权人中的每一个人仅就同一损害结果承担部分的赔偿责任。[①] 上述界定中的"同一损害"无须限定为受害人遭受损害的全部。就受害人所遭受损害的一部分（如《侵权责任法》第 36 条第 2 款中所谓的"损害的扩大部分"），若数个侵权行为皆与其有因果关系，亦可构成此处所谓的"同一损害"。

数人侵权补充责任形态之规定主要集中在《侵权责任法》第 37 条第 2 款，《侵权责任法》颁布之前，主要集中在 2004 年《人身损害赔偿司法解释》第 6 条第 2 款。这些规定涉及的即是所谓安全保障义务人的补充责任，是为本章论述的主题。既有关于安全保障义务人补充责任形态的论述主要有三项内容：第一项是有关补充责任的比较法研究，关注的是补充责任的中国特色及其功能和意义；第二项是对安全保障义务性质和内容的阐述；第三项则是对补充责任形态的阐述。[②] 联系上述三项内容，下面说明本章研究的侧重点与问题。

就上述第一项内容，本章首先将在对既有关于补充责任的比较法研究的评析基础上去追问补充责任的中国特色究竟何在的问题，由此，亦为从立法论上评判补充责任形态的价值提供些许意见。就上述第二项内容，本章赞同有学者所作的如下论述："安全保障义务性质如何、内容怎样，应根据具体案件加以判断，它既可能源于法律的明确规定，也可能来源于合同的约定，或是基于诚实信用原则而产生。"[③] 有关安全保障义务的法理基础、性质、内容以及与侵权责任构成要件的关系等，学者在比较法的基础上多有阐述，非本书关注的

[①] 由于本章对责任形态的划分是以受害人和侵权人的外部关系为视角，因此，未将不真正连带责任作为单独的一个形态，由此亦无须涉及关于连带责任和不真正连带责任的诸多无益争论。

[②] 为节省篇幅起见，由于下文会在相关处提示既有研究文献的出处，因此，此处略过对该出处的说明。

[③] 程啸：《侵权责任法》，法律出版社 2012 年版，第 347 页。

对象。① 就上述第三项内容（对补充责任形态的阐述）来说，其通常包括两部分内容：一部分内容是对补充责任形态的操作上的描述，例如，第三人全部赔偿，则补充责任人无须赔偿，第三人赔偿不足或无法赔偿的，则补充责任人补充赔偿；另一部分内容则是关于补充责任与连带责任或不真正连带的关系的描述，有的主张补充责任属于不真正连带责任[②]，有的则主张补充责任不宜称为不真正连带责任[③]，两种主张都会提出补充责任与连带责任的若干不同点，最主要的不同点是连带责任适用于共同侵权，而补充责任人和第三人并非共同侵权。[④] 上述对补充责任形态之阐述明确了补充责任之操作规则及其与共同侵权人连带责任之不同，几无争论，本书亦不再赘言。至于是否应称补充责任为不真正连带责任，由于此问题更多牵涉语词之争，无甚研究价值，就此更无须添舌。就上述第二、三项内容，本书将关注既有研究中涉及的与解释论相关的三个问题：(1) 与《人身损害赔偿司法解释》第 6 条第 2 款相比，《侵权责任法》第 37 条第 2 款欠缺有关追偿的规定，那么，《侵权责任法》实施后，安全保障义务人承担责任后是否仍有权向第三人追偿？是否真如某些学者所言：安全保障义务人"是在为自己而非第三人的过错承担责任，当然不应享有追偿

[①] 关于安全保障义务的诸多论述，参见张新宝、唐青林：《经营者对服务场所的安全保障义务》，载《法学研究》2003 年第 3 期，第 79—82 页；熊进光：《侵权行为法上的安全注意义务研究》，法律出版社 2007 年版；李昊：《交易安全义务论——德国侵权行为法结构变迁的一种解读》，北京大学出版社 2008 年版；杨垠红：《侵权法上作为义务——安全保障义务之研究》，法律出版社 2008 年版；周友军：《交往安全义务理论研究》，中国人民大学出版社 2008 年版。

[②] 参见杨立新：《论侵权责任的补充责任》，载《法律适用》2003 年第 6 期，第 16—20 页。

[③] 参见张新宝：《我国侵权责任法中的补充责任》，载《法学杂志》2010 年第 6 期，第 1—5 页；李中原：《论民法上的补充债务》，载《法学》2010 年第 3 期，第 78—91 页。

[④] 参见杨立新：《论侵权责任的补充责任》，载《法律适用》2003 年第 6 期，第 17 页；张新宝：《我国侵权责任法中的补充责任》，载《法学杂志》2010 年第 6 期，第 2 页。

权"?① （2）既然《侵权责任法》第12条就数人分别实施侵权行为规定了按份责任的责任形态，那么第三人和安全保障义务人的行为相结合造成损害之发生时，为何《侵权责任法》第37条第2款却另作规定，使第三人对外需就全部损害承担责任？是否真如某些学者所言，是因为安全保障义务人实施的是不作为侵权，而第三人实施的是作为侵权或直接侵权？② （3）《人身损害赔偿司法解释》第6条第2款和《侵权责任法》第37条第2款中皆对补充赔偿责任加以"相应的"限定语，对此该作何理解？依据又是什么？在本书看来，因为欠缺对《侵权责任法》第12条和第37条第2款之关系的体系观照，或者虽有观照，却未能提出恰当之见解，就上述和数人侵权补充责任之法律适用密切相关的三个解释论上的问题，既有的研究皆未能指出正确的研究方向，需重新研判。本书将结合对《侵权责任法》第26条、第27条有关受害人过错规定的分析，以《侵权责任法》第12条和第37条第2款的关系为中心，为上述问题提供以体系和谐为指导的连贯的解释。

二、被低估更被高估的数人侵权补充责任形态之中国特色

以《人身损害赔偿司法解释》第6条第2款和《侵权责任法》第37条第2款为代表的数人侵权中的补充责任形态，是为中国特色之体现。就此中国特色，学者的研究一方面有低估，误以为比较法上关于数个侵权人内部分担顺序的规定和我国的补充责任相似；另一方面

---

① 程啸：《侵权责任法》，法律出版社2012年版，第347页；另请参见杨立新：《多数人侵权行为及责任理论的新发展》，载《法学》2012年第7期，第49页。

② 参见梁慧星：《共同危险行为与原因竞合——〈侵权责任法〉第10条、第12条解读》，载《法学论坛》2010年第2期，第6页；周友军：《侵权法学》，中国人民大学出版社2011年版，第197页；王竹：《侵权责任法疑难问题专题研究》，中国人民大学出版社2012年版，第182—183页。

有高估,忽视补充责任形态和连带责任形态的基本相似性,无根据地赞美补充责任形态之功能。

先讨论前一方面。数人侵权的补充责任形态之成为中国特色有一体现,即对其进行研究者甚少认为能找到比较法上之类似规定。不过,也有部分学者不约而同地都将《瑞士债法典》第51条之规定引为有关补充责任(或补充债务)之规定。该条规定分两款,第1款规定:"数人基于不同的法律原因(如非法行为、合同、法律规定)对同一损害承担责任的,准用有关共同致害人之间追偿的规定";第2款规定:"原则上,首先由因其非法行为造成损害的一方当事人赔偿,最后由无过错也无合同债务而仅依据法律规定承担责任的当事人赔偿。"以此规定为依据,有学者认为:"从范围上看,这一规则涵盖了我国法律实践中扩张到侵权领域的"《人身损害赔偿司法解释》第6条第2款和《侵权责任法》第37第2款条中的"补充债务实践形态"[①];另有学者则认为瑞士法上由上述《瑞士债法典》第51条规定的"对于不真正连带责任适用按照顺位进行赔偿和追偿的做法,为我国侵权法上补充责任的设计提供了启示"[②]。在本书看来,两位学者犯了一个共同的错误,即误将瑞士法上关于不真正连带债务人内部分摊或追偿之顺序的规定和我国侵权责任法上第三人与补充责任人依顺序赔偿的规定相混淆。简单地说,就是混淆瑞士法上的内部追偿的顺序和我国法上外部赔偿的顺序。《瑞士债务法》第51条明确规定其调整的事项是"有关数人之间(内部)求偿的决定"(die Bestimmung über den Rückgriff unter Personen),其第1款所规定的"准用"只是准用有关共同致害人之间的内部求偿(die Beteiligten Rückgriff gegeneinander)的规定——即由法官裁量决定求偿与否以及求偿的

[①] 李中原:《论民法上的补充债务》,载《法学》2010年第3期,第86页。本书关于《瑞士债法典》第51条的译文引自该文(第86页),稍作改动。

[②] 王竹:《补充责任在〈侵权责任法〉上的确立与扩展适用——兼评〈侵权责任法草案(二审稿)〉第14条及相关条文》,载《法学》2009年第9期,第91页。

额度（《瑞士债法典》第 50 条第 2 款）；其第 2 款中所谓"首先"和"最后"的含义是指在内部求偿关系上承担终局责任的顺序。也就是说，内部关系上"首先"应由"因其非法行为造成损害的一方当事人"承担终局责任，若无这样的人存在，"最后"才可由"无过错也无合同债务而仅依据法律规定承担责任的当事人"承担终局责任。[①]与《瑞士债务法》第 51 条相比，我国《人身损害赔偿司法解释》第 6 条第 2 款和《侵权责任法》第 37 条第 2 款中的补充责任形态是指在受害人的外部关系上第三人与补充责任人应依顺序进行赔偿，两者差别甚大，不可引为同类。因此，视《瑞士债务法》第 51 条规定为与我国补充责任形态相类似之规定，低估了我国补充责任形态之中国特色。

　　再讨论另一方面。更普遍地，补充责任形态之中国特色被高估了，主要是高估了它和并无中国特色的连带责任在对当事人利益状态影响上之区别。在本书看来，补充责任形态和连带责任形态在对当事人利益状态的影响上差别不大，主要是程序性费用的负担上的不同分配。不妨用个设例来观察连带责任形态和补充责任形态之分别。设甲乙二人应对受害人丙的 1 万元损害承担连带赔偿责任，或者乙仅就 1 万元损害承担补充赔偿责任，两种情况下终局责任人皆为甲。[②] 不论在连带责任或补充责任形态下，若甲乙皆欠缺支付能力，则丙最终承

---

　　① Von Tuhr/Peter, Allgemeiner Teil des Schweizerischen Obligationenrechts, Band 1, 3. Auflage, Schulthess Polygraphischer Verlag, 1979, S. 464ff. 该书于第 468 页注释 [19] 中指出《瑞士债法典》第 51 条第 2 款用词不合日常惯例："第 51 条第 2 款的原文似乎不合乎日常生活中的语言惯用法。一项债务可在求偿关系中最终由某个债务人（清偿而）消灭，就此，人们习惯说他'最后'（in letzter Linie）负责；然而，该款条文却称这种结果为'首先'（in erster Linie）负责。"在本书看来，或许这正是我国学者对该款内容发生误解的原因之一。

　　② 此处设例是全额补充责任形态，部分额度的补充责任形态其逻辑结构并无不同。比如，若情是乙仅需就 1 万元损害中的 4000 元损害额度承担补充责任，说明甲应单独就 6000 元损害额度负责，那么重新设例时，将此 6000 元撤开，不妨为：就剩余的 4000 元额度的损害，甲乙二人或者承担连带责任，或者乙仅承担补充责任。

受甲乙支付不能的风险；若仅甲欠缺支付能力，其支付不能的风险最终皆由乙承担；若仅乙欠缺支付能力，则丙可自甲处获得赔偿。就此而言，两种责任形态实无不同。不同之处在于程序性费用的负担。首先，由于终局责任人为甲①，因此对甲来说，其利益状态不会因连带责任形态和（乙承担）补充责任的形态的不同而不同。其次，若甲欠缺支付能力，补充责任形态下，丙必然被"折腾"一次，即不得不先向甲请求赔偿和强制执行（由此而负担程序性费用）②，而由于甲无支付能力，丙最终还是只能向乙请求赔偿；此时，连带责任形态下，丙有可能因选择乙请求赔偿而免于此种折腾。在甲欠缺支付能力的情形下，不论丙是否免于此种折腾，乙的处境不会变化。也就是说，只要甲欠缺支付能力，对乙来说，承担连带责任抑或补充责任，利益状态是相同的，可能被折腾的是丙。最后，只有在甲有支付能力的情形下，对乙的利益状态来说，连带责任形态下，乙可能免于负担向甲追偿的程序性费用（当丙直接请求甲赔偿时），而补充责任形态下，乙必然免于负担向甲追偿的程序性费用（因为甲有支付能力，而丙又必须先向甲请求赔偿）。经过上述分析可知，由于补充责任人需承担终局责任人支付不能的风险，因此，即使将补充责任人的责任设置为连带责任，其利益状态也不会有多大的改变。只在终局责任人有支付能力时稍有不同，即补充责任人因无须向终局责任人追偿而免于支出追偿的程序性费用。不过，此种费用即使在连带责任形态下也不是必然会支出的。由于在本书看来，补充责任形态和连带责任形态对当事人的利益状态的影响并无多大差别，其所发挥的功能与连带责任形态不

---

① 为论述方便起见，此处假定终局责任人为甲。即使终局责任人为甲和乙（甲乙内部各承担一部分责任），下文分析的结论（即连带责任和补充责任，两种责任形态实无不同，不同之处在于程序性费用的负担）亦不会发生改变。

② 此费用的大小和补充责任形态下对受害人向补充责任人请求赔偿时前提条件设置的松紧度有关。设例中假定的前提条件是受害人丙必须在得不到第三人甲的赔偿且强制执行无果时才可向补充责任人乙请求赔偿。前提条件对受害人设置得越松，则补充责任形态和连带责任形态的差别越小。

会有多大不同，因此，学者对补充责任形态种种不恰当的赞美都是高估了此种责任形态的中国特色。①

由于忽视补充责任形态和连带责任形态之相同性，既有研究也就常忽视了在本书看来亟须研究的问题：既然《侵权责任法》第 12 条就数人分别实施侵权行为规定了按份责任的责任形态，该如何解释第 37 条第 2 款使同样分别实施侵权行为的第三人和安全保障义务人对外承担类似连带责任的责任？本书认为，只有抛开安全保障义务人承担补充责任的特点，紧扣其和连带责任的类似性，才能在和《侵权责任法》第 12 条比较的基础上恰当地建立有关《侵权责任法》第 37 条第 2 款的解释论。下文将对此详细阐述。

三、追偿权问题

《人身损害赔偿司法解释》第 6 条第 2 款规定，因第三人侵权导致损害结果发生的，由实施侵权行为的第三人承担赔偿责任。安全保障义务人有过错的，应当在其能够防止或者制止损害的范围内承担相应的补充赔偿责任。安全保障义务人承担责任后，可以向第三人追偿。就此规定，有学者提出质疑，认为"按照补充责任人仅在未尽到注意义务的范围承担过错责任的逻辑，补充责任人与侵权人承担的是

---

① 例如，有学者认为"作为多数人债务的一种非典型形式"，补充责任形态"发挥着日益显著的作用"，参见李中原：《论民法上的补充债务》，载《法学》2010 年第 3 期，第 78 页；也有学者认为补充责任形态的制度优势包括"实现了对侵权责任扩张的限制与当事人利益的平衡"，参见王竹：《补充责任在〈侵权责任法〉上的确立与扩展适用——兼评〈侵权责任法草案（二审稿）〉第 14 条及相关条文》，载《法学》2009 年第 9 期，第 88 页。还有学者认为补充责任形态"解决了连带责任和按份责任的适用困境"，"有利于发挥法律促进社会和谐的功能"，参见张新宝：《我国侵权责任法中的补充责任》，载《法学杂志》2010 年第 6 期，第 2—3 页。在本书看来，诸如此类的对补充责任形态的溢美之词都是难以得到证据支持的。

按份责任,相互间不存在追偿的问题"。① 也有学者认为安全保障义务人和第三人皆因过错对受害人承担责任,不存在谁承担终局责任的问题,因此,不应该规定安全保障义务人有追偿权。② 2009 年颁布的《侵权责任法》第 37 条第 2 款中不知何故未再就安全保障义务人向第三人追偿作出规定,就此,有学者只是指出"这导致了解释上的争议",却未能提出解决的方案和理由③;也有学者认为"《侵权责任法》实际上是否定了安全保障义务人对第三人的追偿权",因为"既然安全保障义务人没有尽到安全保障义务,就说明他有过错,他是在为自己而非第三人的过错承担责任,当然不应享有追偿权"。④ 下文就安全保障义务人的追偿权问题依次阐明。

首先,本书认为,即使安全保障义务人只承担"相应的"部分赔偿责任,只要其承担的是补充责任,则其不可能与第三人对外承担按份责任,而只能是类似部分连带责任的责任(所谓类似,是指就部分损害对外有顺序地连带负责)。假设受害人损失为 1000 元,安全保障义务人"相应的"赔偿责任为 200 元,安全保障义务人和第三人承担按份责任(数个侵权人对外皆只承担部分责任),则意味着第三人对外的赔偿责任为 800 元,也就意味着第三人对外也只是承担"相应的"部分责任。此时自可规定安全保障义务人承担责任后,对第三人无追偿权,其理由不妨是上述学者所谓的其非为第三人过错而是为自

---

① 代晨:《论侵权补充责任之重构》,载梁慧星主编:《民商法论丛》第 42 卷,法律出版社 2009 年版,第 265 页。
② 杨垠红:《安全保障义务人补充责任之检讨》,载《法治论丛》2008 年第 2 期,第 58 页。
③ 王利明、周友军、高圣平:《侵权责任法疑难问题研究》,中国法制出版社 2012 年版,第 338 页。
④ 程啸:《侵权责任法》,法律出版社 2012 年版,第 347 页。另请参见杨立新:《多数人侵权行为及责任理论的新发展》,载《法学》2012 年第 7 期,第 49 页;全国人大常委会法制工作委员会民法室编:《侵权责任法立法背景与观点全集》,法律出版社 2010 年版,第 643 页。

己过错负责。但是，此时，若规定安全保障义务人承担补充责任（即受害人必须先向第三人请求赔偿，无果时才能向安全保障义务人请求赔偿）就失去了任何可能的合理依据，因为既然受害人的 1000 元损失由安全保障义务人和第三人各自对其分摊 200 元和 800 元，有何正当理由规定其必须依顺序地请求赔偿？可见，由于按份责任下，数个侵权人对外皆只承担部分责任，因此，按份责任和补充责任是不可调和的，安全保障义务人承担的责任不可能既是补充责任，又是按份责任。按份责任意味着第三人对外无须就全部损害承担赔偿责任（受害人过失忽略不论），这就意味着剩余部分的损害赔偿自始即不可能由受害人从第三人处得到满足，则安全保障义务人就此剩余部分的损害赔偿责任承担后顺位的补充责任之任何理由即不能成立。总之，即使安全保障义务人因自己之过错承担"相应的"部分赔偿责任，因为其责任为补充责任，所以解释论上必须认定第三人对外就全部损害承担赔偿责任。由此，安全保障义务人和第三人对外就前者应承担责任的"相应的"部分损害构成有（对外清偿）顺序的连带责任。

其次，明了安全保障义务人承担补充责任的前提下，第三人对外需就全部损害承担赔偿责任，接下来，可将第三人对内（和安全保障义务人的内部关系）的责任分为两种情形：一种，第三人对内亦需就全部损害承担责任，即第三人不享有向安全保障义务人的追偿权；另一种，第三人对内只需就部分损害承担责任，即第三人享有向安全保障义务人的追偿权。先讨论第一种情形，即第三人对内亦需就全部损害承担责任。在此种情形下，如果不将《侵权责任法》第 37 条第 2 款解释为安全保障义务人对第三人有追偿权，将意味着鼓励第三人尽可能以隐匿躲藏、转移财产等手段（迫使受害人向安全保障义务人请求赔偿）逃避责任，因为在安全保障义务人没有追偿权的前提下，只要其向受害人承担了哪怕是"相应的"部分损害的赔偿责任，就该部分损害的赔偿责任，第三人即逃避成功。因此，只从衡平的角度看，也应当认为安全保障义务人有对第三人的追偿权，以抑制第三人逃避责任的动力。既然如此，前述"既然安全保障义务人没有尽到安全保障义务，就说明他有过错，他是在为自己而非第三人的过错承担责任，当然不应享有追偿权"的见解为何会产生呢？在本书看来，此见解是因未能领会安全保障义务的过错在与受害人的关系上和在与侵权之第三人关系上的不同结构而发生的误解。例如，第三人故意加害于受害人，而安全保障义务人过失未尽到安全保障义务的，安全保障义务人在与受害人的关系上因其有过失自需负责；但是，在与故意侵权之第三人的关系上其虽有过失，但由于第三人为故意侵权，不妨由该第三人承担终局责任，即安全保障义务人对其有追偿权。安全保障义务人为自己的过错对受害人负责只是表明其对外并非承担替代责任而已，以此推论其在内部关系上无追偿权，实属不合理的谬误推论。① 至于为何本书会认为第三人故意侵权，而安全保障义务人仅有过失时，第三人应承担终局责任，就此相关问题，后文第四部分将有进一步的说明。再讨论第二种情形，即第三人对内只需就部分损害承担责任。此情形意味着安全保障义务人需承担部分的终局责任，既然如此，若其对外亦只需承担"相应的"部分责任，则其承担责任后自无向第三人追偿的权利。总结上述两种情形可得如下结论：如果安全保障义务人对外只需承担"相应的"部分责任，则其是否对第三人有追偿权取决于第三人对内是否应承担全部的责任，由此也就取决于（对外需承担全部责任的）第三人内部对安全保障义务人是否有追偿权（广义，此处主要是指部分追偿）。

最后，司法解释或立法从来没有规定过内部第三人向安全保障义

---

① 在此不妨另举一简明的例子加以说明。例如，保管人保管不善（有过错）致使所保管的标的物被第三人盗窃得手并最终灭失，保管人因自己的过错对外（向寄存人）承担损害赔偿责任，但不妨对内（向盗窃的第三人）进行追偿。寄存人可以向保管人主张其保管不善而要求赔偿，但保管人向盗窃的第三人追偿时，后者显然不能向保管人主张其保管不善而要求减少被追偿的份额。简单地说，就是保管人的保管不善在与寄存人的外部关系中构成过错，但在与盗窃的第三人的内部关系中不构成过错。此种情况，不妨称之为过错的相对性结构。这意味着评价过错（之有无或所引起的责任）需注意在谁和谁的关系结构中评价。

务人的追偿权，就《人身损害赔偿司法解释》第 6 条第 2 款或《侵权责任法》第 37 条第 2 款的解释论来说，亦似乎未见主张第三人有追偿权之学说。在此前提下，应认为安全保障义务人有追偿权。但是，若从解释论上看，不妨认为某些情形下对外承担全部责任的第三人内部对安全保障义务人有追偿权，那么，此类情形下，安全保障义务人若对外只需承担"相应的"部分责任，则在内部对第三人无追偿权。这一解释论上的可能思路，后文第四部分将进一步阐明。

总之，不论是解释论，还是立法论，由于补充责任和按份责任不能同时成立，只要规定安全保障义务人对外承担的是补充责任，而不是与第三人一起同时对外承担按份责任，则意味着第三人对外需就全部损害承担责任。由此也意味着：若规定（某些情形下）第三人对安全保障义务人无追偿权，则必须认为（某些情形下）安全保障义务人对第三人有追偿权，否则逻辑不通；若规定（某些情形下）安全保障义务人对第三人无追偿权，则必须认为（某些情形下）第三人对安全保障义务人有追偿权，否则逻辑亦不通。[①]

四、第三人为何对外须就全部损害承担责任的问题

我国《侵权责任法》上，数人侵权之按份责任形态规定于其第

[①] 立法论上有反对安全保障义务人有追偿权的观点，并认为安全保障义务人对外应承担按份责任，而非补充责任，如杨垠红：《安全保障义务人补充责任之检讨》，载《法治论丛》2008 年第 2 期，第 56—60 页。此种在按份责任的前提下主张安全保障义务人无追偿权的观点自无逻辑问题。也有学者主张第三人对外责任"承担的数额超过其应承担份额的，有权向补充责任人追偿"，并同时认为安全保障义务人在某些情形下对第三人无追偿权，如代晨：《论侵权补充责任之重构》，载梁慧星主编：《民商法论丛》第 42 卷，法律出版社 2009 年版，第 283 页。此种观点在认可某些情形安全保障义务人无追偿权的同时，认可第三人对安全保障义务人的追偿权，亦能说得通。唯有学者认为《侵权责任法》应当规定补充责任人对第三人"就其过错行为产生的直接损害部分不享有追偿权"，却未见其主张《侵权责任法》应当规定（某些情形下）第三人对安全保障义务人的追偿权，参见杨立新：《中国侵权责任法应当如何规定侵权责任形态》，载《法律适用》2008 年第 8 期，第 6 页。此种见解逻辑不太通顺。

12 条,而其第 37 条第 2 款所规定的是补充责任的形态。前文关于补充责任与按份责任之对立,其实质就是《侵权责任法》第 37 条第 2 款与第 12 条之对立。不过,前文是以补充责任和按份责任在法律后果上之对立为基础,揭示并解决《侵权责任法》第 37 条第 2 款所涉及的追偿权问题。补充责任和按份责任在法律后果上之对立,核心就在于:在补充责任形态下第三人对外需就全部损害承担赔偿责任,而在按份责任形态下数个侵权人皆只需就全部损害承担部分赔偿责任。下文将追问补充责任形态下第三人对外需就全部损害承担赔偿责任的原因,弄清楚这个原因也就弄清楚了补充责任和按份责任在构成要件上对立之所在,从而才能真正弄清楚《侵权责任法》第 37 条第 2 款适用的前提。就此而论,第三人为何对外需就全部损害承担责任的问题实为《侵权责任法》第 37 条第 2 款之解释论上最为重要的问题。

本书认为,在第三人侵权且安全保障义务人未尽到其义务时,假使安全保障义务人尽到了义务,损害仍不免发生的,则意味着安全保障义务人的行为和损害之间无因果关系;假使安全保障义务人尽到了义务,部分损害仍不免发生的(换句话说,即损害不会扩大),则意味着安全保障义务人的行为和该部分损害之间无因果关系。此为判断事实因果关系的"如果不"标准的应用。就此而论,《人身损害赔偿司法解释》第 6 条第 2 款规定,第三人侵权时安全保障义务人有过错的,"应当在其能够防止或者制止损害的范围内"承担责任,此为侵权责任之因果关系构成要件之要求,为显明之理,无须多议。由此可知,在第三人侵权且安全保障义务人未尽到其义务时,若安全保障义务人亦需对受害人承担责任,则意味着损害或部分损害之发生是第三人行为和安全保障义务人行为相结合造成的结果,因此抛开共同侵权不论,两者属于"分别实施侵权行为造成同一损害",若安全保障义务人尽到义务,则全部损害即不会发生,"同一损害"为全部损害;若安全保障义务人尽到义务,则部分损害即不会发生,"同一损害"

为该部分损害。既然如此,第三人和安全保障义务人原本可依据《侵权责任法》第 12 条就"同一损害"承担按份责任,为何《侵权责任法》第 37 条第 2 款却规定了第三人对外需承担全部损害赔偿的责任?[①] 并未有任何学者直面此《侵权责任法》第 37 条第 2 款之解释论中最为重要的问题。部分学者注意到了《侵权责任法》第 12 条和第 37 条第 2 款的关系,虽未直面上述问题,但不妨从其关于两者关系的描述中得到些端倪。例如,有学者认为:《侵权责任法》第 12 条所谓"行为","仅指'积极行为'('作为'),而不包括'消极行为'('不作为')",而第 37 条第 2 款中的"未尽安全保障义务的行为"属于不作为,因此,不在第 12 条的调整范围之列[②];也有学者认为:"在不作为侵权人与直接侵权人同时存在的时候,此时,不应当适用《侵权责任法》第 12 条的规定"。[③] 从上述见解可间接探知其意味是:由于安全保障义务人的侵权行为是不作为,而第三人的侵权行为是作为,当数人分别实施的作为的行为与不作为的行为造成同一损害时,实施作为行为的人应就全部损害承担责任,因此,不适用《侵权责任法》中按份责任的规定,而是应适用《侵权责任法》第 37 条第 2 款等其他规定。另外,数人分别实施的皆属作为的行为而造成同一损害时,仍可适用《侵权责任法》第 12 条,这意味着真正导致《侵权责任法》第 12 条不能适用的是安全保障义务人实施的行为所具有的不作为的性质。本书认为,此种见解忽视了从第三人行为的性质入手去理解《侵权责任法》第 37 条第 2 款之法律适用及其与《侵权责任法》第 12 条之关系。如此忽视亦是我国学者就《侵权责任法》第 37 条第

---

① 如前所述,若第三人对外无须承担全部损害的赔偿责任,即无规定安全保障义务人承担补充责任的任何理由,径直适用《侵权责任法》第 12 条即可,由此并可知,《侵权责任法》第 37 条第 2 款适用的前提是第三人对外需就全部损害承担赔偿责任。

② 参见梁慧星:《共同危险行为与原因竞合——〈侵权责任法〉第 10 条、第 12 条解读》,载《法学论坛》2010 年第 2 期,第 6 页。

③ 参见周友军:《侵权法学》,中国人民大学出版社 2011 年版,第 197 页。

2 款以及之前的《人身损害赔偿司法解释》第 6 条第 2 款之解释论上普遍失误之所在。下文就此作进一步说明。

首先,若无作为义务,不作为不构成侵权,自无可议;若存在作为义务,不作为应与作为同等对待,单纯因某侵权人的行为属不作为而造成法律适用上之差别,缺乏合理的根据。消极不作为之区别于积极作为,是因为"法律须禁止因积极行为而侵害他人,但原则上不能强迫应帮助他人,而使危难相济的善行成为法律上的义务"。① 一旦法律上的作为义务成立,则侵权人的不作为所具有的(被法律评价的)危害性或可非难性需结合具体案情作具体考察,并不能一概而论地单纯因某行为的不作为性质而将其与其他作为性质的行为区别对待。因此,即使安全保障义务人"未尽安全保障义务"的行为皆为不作为,使得《侵权责任法》第 12 条不能适用之理由亦不应当单纯是其行为的不作为性质。更何况具有作为义务的人构成侵权并不一定实施的都是不作为的行为,例如,父母有保护孩子的作为义务,父母因过错不给孩子喂食(不作为),自然未尽保护义务;父母因过错给孩子喂了有毒的食物(作为),也是未尽保护义务。另外,由于安全保障义务人的不作为行为与第三人的作为行为相结合而使损害发生时,安全保障义务人的不作为的行为通常只是一种间接侵害的行为,而第三人的作为行为是直接侵害的行为。因此,有学者认为:"补充责任人只是为损害的发生提供了消极的条件,直接侵害行为具有全部的原因力,直接责任人承担全部的最终责任。"② 在本书看来,认为直接侵害行为和间接侵害行为结合导致损害发生时,直接侵害行为对结果之发生具有全部的原因力,此种见解盲目武断地运用"原因力"概念去解释问题,其实质是用"倒推"的手法回避了问题。所谓"倒推"

---

① 王泽鉴:《侵权行为》,北京大学出版社 2009 年版,第 90 页。
② 王竹:《侵权责任法疑难问题专题研究》,中国人民大学出版社 2012 年版,第 182—183 页。

是指这样的推理：第三人需终局承担全部责任（意味着此种见解赞成安全保障义务人对第三人的追偿权），由此可推出第三人对结果之发生具有全部的原因力。除了这种"倒推"的依据外，此种见解的主张者不可能提供任何合理的关于直接侵害行为具有全部原因力的理由，因为既然安全保障义务人为损害的发生提供了条件（哪怕是消极的条件），在认定安全保障义务人构成侵权的前提下，又如何能认为第三人所实施的直接侵害行为具有全部的原因力？如果在侵权法中需区分直接侵害与间接侵害，那么也只是意味着间接侵害行为的违法性不能像直接侵害行为的违法性那样径直从侵害结果之发生而推定，而应以间接侵害行为人违反了诸如安全保障义务等为依据。[①] 对于间接侵害行为，问题及难题在于安全保障义务及其强度的认定。一旦认定行为人违反了安全保障义务，那么，其间接侵害行为就可与直接侵害行为一样被同等评价（为不法行为），至于其对损害结果之发生所发挥作用的大小，以及危害性的程度等，即使通常比直接侵害行为要弱一些，但也不可一概而论，更不应武断地无限定地认为"直接侵害行为具有全部的原因力"。

其次，使《侵权责任法》第12条不能适用之理由应当着眼于第三人行为的性质。在本书看来，从体系和谐的角度言，结合对《侵权责任法》第26条、第27条规定之分析，较妥当的解释论上的见解是：当第三人行为具有"故意"的性质时，《侵权责任法》第37条第2款（而不是第12条）才可适用。如前文所述，《侵权责任法》第37条第2款规定安全保障义务人对外承担的是补充责任，这意味着第三人对外需就全部损害承担责任（而不是部分赔偿责任）。因此，一定是第三人的行为具有某些特征使得适用《侵权责任法》第12条让其对受害人只承担部分责任在价值判断上有所不妥，因而有必要适用《侵权责任法》第37条第2款使其对外就全部损害承担责任。在本书

[①] 参见张金海：《侵权行为违法性研究》，法律出版社2012年版，第145页。

看来，以"故意"作为这样的特征，与正义无违，能致事理之平。例如，在与安全保障义务有关的较为著名的案件"吴成礼等五人诉官渡建行、五华保安公司人身损害赔偿纠纷案"① 中，第三人实施抢劫行为并故意致受害人死亡，安全保障义务人未能尽到安全保障义务。若安全保障义务人即使尽到义务，受害人死亡结果仍不免发生的，则其行为和受害人死亡结果之间无因果关系，只有第三人的行为和死亡结果之间有因果关系，因此第三人自然应就死亡结果造成的全部损害承担责任；但是若安全保障义务人尽到义务，受害人死亡结果可免于发生的，则安全保障义务人的行为和受害人死亡结果之间有因果关系，因此，其和第三人属于"分别实施侵权行为造成同一损害"，若依《侵权责任法》第12条，两者承担按份责任，故意致受害人死亡的第三人对受害人无须承担全部责任，有违正义。从这个视角出发，《侵权责任法》第37条第2款的解释论应以其与第12条的关系为立足点，当第三人故意致损害结果之发生时，不适用《侵权责任法》第12条，而是适用《侵权责任法》第37条第2款——即安全保障义务人承担相应的补充责任，第三人需对外就全部损害承担责任，以维护正义。若故意造成损害，应就损害结果承担全部的责任，这一观念可从我国侵权责任法的其他规定中探得踪迹，并非无端假设。例如，《侵权责任法》第27条规定："损害是因受害人故意造成的，行为人不承担责任。"如一人故意于深夜躺倒在路中间以求自伤，另一电动车驾驶人车速过快，避让不及而将其撞伤。假如电动车车速未过快，此次事故可以避免，也就是说，电动车驾驶人的行为和损害结果之间有因果关系；同时假如没有受害人躺倒于路中间以求自伤的行为，损害结果也不会发生，也就是说，受害人的行为和损害结果之间也有因果关系。虽然损害结果之发生是由于加害人和受害人行为相结合而造成的，但是，由于受害人为故意造成损害，因此，依《侵权责任法》

---

① 《最高人民法院公报》2004年第12期。

第27条之规定,有过失的电动车驾驶人不承担责任。①若驾驶人亦为故意造成损害,在本书看来,由于双方皆为故意造成损害,不应适用《侵权责任法》第27条,应适用第26条过错相抵的规定,减轻而不是免除驾驶人的责任。再比如,《人身损害赔偿司法解释》第2条第1款第2句规定:"但侵权人因故意或者重大过失致人损害,受害人只有一般过失的,不减轻赔偿义务人的赔偿责任。"可是这样的内容在《侵权责任法》第26条关于过错相抵的规定中并未出现,第26条仅规定:"被侵权人对损害的发生也有过错的,可以减轻侵权人的责任。"在本书看来,在第27条规定了受害人故意造成损害之发生时免除(过失)侵权人之责任的前提下,没有任何理由对侵权人优待,也应当认为侵权人故意造成损害之发生时免除仅因过失造成损害发生之受害人的责任,即不减轻侵权人的赔偿责任。况且这样做,也符合公平和公共政策的要求。②例如,一人因醉酒于深夜躺倒在路中间,另一电动车驾驶人故意从其手上骑过,致其手部受伤,电动车的驾驶人赔偿责任不应减轻。由此再进一步即可认为,当侵权人故意导致损害结果之发生时,第三人的过失行为亦不可被作为抗辩事由援引以减

---

① 有观点认为,只有在加害人无过错时才可适用《侵权责任法》第27条,参见程啸:《侵权责任法》,法律出版社2012年版,第227页。在本书看来,如此理解并不妥当,它使《侵权责任法》第27条之规定就一般侵权行为无存在之必要,因为若加害人无过错,不论受害人为故意还是过失造成损害,加害人自不必负责。不过,就第27条之解释适用,某些情形下,亦应有所限制。在受害人故意时,若加害人具有防止其故意造成自身损害的义务,或者加害人对受害人故意行为之发生具有过错,则加害人过错违反义务时不可免除责任。比如监狱管理者有防止重罪犯人自杀之义务,若有过错,就犯人的自杀不可完全免责。参见欧洲侵权法小组著:《欧洲侵权法原则:文本与评注》,于敏、谢鸿飞译,法律出版社2009年版,第190页。另外,本书所述加害人和受害人同为故意的情形,亦应构成限制。

② 参见欧洲侵权法小组编著:《欧洲侵权法原则:文本与评注》,于敏、谢鸿飞译,法律出版社2009年版,第191页。英美普通法传统上采用助成过失规则(the rule of contributory negligence),即受害人对损害发生有过失时得不到赔偿(而不是赔偿额减少),此规则显然不利于受害人。但是即便如此,该规则对于侵权人实施故意侵权的情形也并不适用。参见 William L. Prosser, "Comparative Negligence", 41 *California Law Review* 1, 1953, p. 5.

轻其责任，即不能适用《侵权责任法》第 12 条。例如，接着前例，若第三人有照顾醉酒之人的义务，但疏于照顾以致其于深夜躺倒在路中间，对于故意造成损害之电动车驾驶人来说，其不可援引《侵权责任法》第 12 条主张其与第三人分别实施侵权行为造成同一损害以承担按份责任，因为如此即意味着其对受害人的赔偿责任被减轻，不合事理之平。对于故意造成损害的侵权人来说，如果受害人的过失不能减轻其责任，亦无正当的理由认为其他侵权人的过失可使其责任减轻。

再次，如果前述见解可得支持，即一人故意导致损害结果，而另一人分别实施的过失行为也导致同一损害结果时，对于故意侵权人来说，《侵权责任法》第 12 条不应适用，那么，不妨将《侵权责任法》第 37 条第 2 款的规定解释为对第 12 条之修正，其所适用的正是第三人故意侵权而安全保障义务人因过失而未尽安全保障义务的情形，在此情形下，第三人对外就全部损害承担责任，不因安全保障义务人的过失而减轻责任。如此，则《侵权责任法》第 12 条和第 37 条第 2 款在法律适用上的分界标准既不应当是作为与不作为，也不应当是直接侵害与间接侵害，而应当是故意与过失。① 以第三人侵权所具有的故意致害的特征来决定第三人应对受害人承担全部损害的赔偿责任而不是按份责任下的部分责任，此种做法自比较法上看亦有根据。欧洲法上就数人分别实施侵权行为造成同一损害的情形实行连带责任的规定，第三人侵权不论其为故意或过失，需对受害人就全部损害承担责任，因此，欧洲法上并无类似我国《侵权责任法》第 12 条之规定，

---

① 已有一位学者虽未详细论证，但明确提出了上述分界标准，参见郭明瑞：《补充责任、相应的补充责任与责任人的追偿权》，载《烟台大学学报（哲学社会科学版）》2011 年第 1 期，第 15 页。有学者虽主张故意侵权"具有独特而不可替代的意义"，但并未就此认识到故意侵权对《侵权责任法》第 12 条和第 37 条第 2 款之解释论上的影响，参见叶名怡：《侵权法上故意与过失的区分及其意义》，载《法律科学》2010 年第 4 期，第 87—98 页。

不在借鉴范围。① 可借鉴的是对数人分别实施侵权造成同一损害实行按份责任的美国部分州的做法。例如，美国佛罗里达州立法虽然规定了数人侵权的按份责任，但同时明确规定按份责任不适用于针对故意侵权的诉讼。② 不允许对故意侵权人和过失侵权人的过错进行比较以至于故意侵权人仅承担部分责任，这种做法是美国大部分州的做法，其中的理由之一为：故意侵权和过失侵权相比，是种类的不同（difference in kind），而非程度的不同（difference in degree），不适宜进行比较。③ 故意侵权所具有的道德上的可非难性使得法院不愿（通过对故意侵权人实行按份责任）冲淡社会对故意侵权的责难。④

最后，依本书上述见解，从其与《侵权责任法》第12条的关系出发，应认为《侵权责任法》第37条第2款仅适用于第三人故意侵权的情形，若第三人为过失侵权（假定安全保障义务人亦为过失侵权），则应适用《侵权责任法》第12条。但是，司法实践中却有不少有关安全保障义务的案件的判决认定过失侵权的第三人应对受害人就全部损害承担责任，就此应如何对待，需进一步的研究。试举一例说明。例如，在"王某诉某动物园违反安全保障义务责任纠纷案"⑤中，原告在一动物园因游客众多拥挤而站立不稳并被作为隔离栏的绳索绊倒，法院适用了《侵权责任法》第37条，并认为：

> 本案中，原告摔倒的直接原因系因事发时人多拥挤，受案外

---

① 关于《侵权责任法》第12条（至少与欧洲法相比）是为中国特色之体现，请参见孙维飞：《单独侵权视角下的共同侵权制度探析》，载《华东政法大学学报》2010年第3期，第22—24、27页。

② Fla. Stat Ann. § 768.81 (4).

③ See Ellen M. Bublick, "The End Game of Tort Reform: Comparative Apportionment and Intentional Torts", 78 *Notre Dame Law Review* 355, 2003, pp. 372-376.

④ See Reginald R. White, "Comparative Responsibility Sometimes: The Louisiana Approach to Comparative Apportionment and Intentional Torts", 70 *Tulane Law Review* 1501, 1996, p. 1520.

⑤ (2012) 长民一（民）初字第12号。

人的不当身体接触致身体失去平衡，故与原告发生不当身体接触的案外第三人应当对原告的损害后果承担全部的侵权损害赔偿责任。被告在明知事发当日系节假日，人多拥挤的情况下，一是未能适时作出游园提示，二是未能在人多拥挤的黑叶猴笼舍前安排专门的工作人员进行秩序维持及疏导，三是选用存有安全隐患的绳索作为隔离栏却未设置警示标志，故对本次事故的发生亦存有一定的过错。原告因无法知晓案外第三人的身份信息而放弃在本案中对其侵权责任的主张，但不能因此而将案外第三人的责任转嫁于被告承担。因此，综合本案具体情况，本院酌定被告对原告的合理损失承担40%的补充赔偿责任。

就此案而言，在《侵权责任法》第12条就数人分别实施侵权造成同一损害应承担按份责任的前提下，并无合适的理由认为第三人应就全部损害承担责任。法官的思路可能是：既然动物园属于违反安全保障义务，那么自然应适用《侵权责任法》第37条（第2款），而一旦适用第37条第2款，必须认定第三人对受害人就全部损害承担责任，否则无法对应第37条第2款对安全保障义务人承担补充责任的明确规定。于此，本书认为，折中的解决办法是：在第三人过失和安全保障义务人的过失相结合造成同一损害的情形下，仍不适用《侵权责任法》第12条，而是适用《侵权责任法》第37条，由第三人对受害人就全部损害承担赔偿责任，安全保障义务人承担相应的部分补充赔偿责任，并且，应当认定：就此情形，安全保障义务人对第三人无追偿权，而第三人若赔偿了受害人的全部损害，可向安全保障义务人追偿，请求其分担相应份额的责任。就此案而言，即意味着被告动物园就其承担的40%的补充赔偿责任无权向第三人追偿。如此折中的解决办法或解释论并未超出《侵权责任法》第37条第2款的可能文义范围，因为与《人身损害赔偿司法解释》第6条第2款不同，该款并未规定安全保障义务人的追偿权。

总结前文所述，假定安全保障义务人过失违反安全保障义务，本书更赞同的做法是：若第三人为故意侵权，应适用《侵权责任法》第37条第2款，第三人对受害人就全部损害承担赔偿责任，安全保障义务人承担相应的补充赔偿责任，安全保障义务人承担责任后对第三人有追偿权；若第三人为过失侵权，应适用《侵权责任法》第12条，安全保障义务人与第三人对外承担按份责任，内部无追偿权。若需基本维持实践中的既有做法，本书则支持如下处理：若第三人为故意侵权，处理同上；若第三人为过失侵权，仍适用《侵权责任法》第37条第2款，但安全保障义务人无追偿权，第三人对受害人承担了全部损害的赔偿责任后，对安全保障义务人有追偿权，请求其分担相应份额的责任。至于为何《侵权责任法》第37条第2款中"相应的"补充责任是部分赔偿责任等问题，下文继续阐明。

五、"相应的"补充责任及其与追偿权的关系问题

　　明了《侵权责任法》第37条第2款具有在数个侵权中存在故意侵权的情形下修正《侵权责任法》第12条之功能，就能较清晰地理解其中"相应的补充责任"的含义及其缘由。假设安全保障义务人只是过失违反安全保障义务，且其违反安全保障义务的行为（包括但不限于不作为）和第三人的侵权行为相结合导致受害人损害或损害之扩大时，即使没有《侵权责任法》第37条第2款之规定，依据《侵权责任法》第12条之规定，安全保障义务人也无须就损害或扩大的损害之全部承担赔偿责任。若适用《侵权责任法》第37条第2款，安全保障义务人的责任并未被加重，仍只是就损害或扩大的损害之部分承担赔偿责任。因此，从维护《侵权责任法》第37条第2款与第12条之间的体系和谐的角度看，《侵权责任法》第37条第2款中"相应的"含义应指对受害人的部分的损害赔偿责任。当安全保障义务人未

尽义务致使损害发生时，为该损害的部分赔偿责任；当安全保障义务人未尽义务致使损害扩大时，该损害的扩大部分为第三人和安全保障义务人所造成的同一损害，参照《侵权责任法》第 12 条的法理，所谓"相应的"补充责任应指损害扩大额的部分赔偿责任。但是，如果安全保障义务人为故意侵权时，不应适用《侵权责任法》第 12 条，因为其承担部分责任的依据丧失；也不应适用《侵权责任法》第 37 条第 2 款，因为即使可将第 37 条第 2 款中"相应的"含义扩张至涵盖全部的损害赔偿责任的情形（即"相应的"份额为 100%），伦理上也很难接受故意导致损害的人承担补充责任。①

在补充责任情形下，安全保障义务人对外仅承担"相应的"赔偿责任（即部分责任），第三人对外仍需就全部损害（或全部的损害扩大额）承担责任。如果安全保障义务人和第三人对外都只是承担"相应的"部分赔偿责任，则如前所述，安全保障义务人承担补充责任的合理依据即会丧失。这反映的是补充责任和按份责任在法律后果上的对立。此时，按份责任是指安全保障义务人和第三人皆只承担部分责任。若仅安全保障义务人对外承担部分责任（即所谓的"相应的"责任），那么，此种"相应的补充责任"和按份责任形态在法律后果上也有可沟通之处。因为，仅就此"相应的补充责任"人来说，其所承

---

① 安全保障义务人故意侵权在现实案例中虽少见，但在法律适用上如何处理颇费思量。本书就此问题尚不能提出成熟之见解，提出尝试性的见解如下：此时，当第三人亦为故意侵权（且未与安全保障义务人构成共同侵权）时，不妨类推适用《侵权责任法》第 11 条，由安全保障义务人和第三人对外承担连带责任；当第三人为过失侵权时，可同时类推适用《侵权责任法》第 11 条和第 12 条，安全保障义务人对受害人承担全部损害的赔偿责任，第三人对受害人承担部分损害的赔偿责任，第三人承担责任后，对安全保障义务人有追偿权。以上尝试性见解的关键在于对《侵权责任法》第 11 条之类推适用。当一侵权人故意导致损害之发生（仅有意识地为某行为尚不构成此处之故意导致损害之发生）时，其通常有追求损害发生之意愿，因此，虽然客观上该侵权人的行为与其他侵权人的行为相结合导致损害之发生，但不妨将此种追求损害发生之意愿评价为"单独足以"导致损害发生之情形。以此故意侵权人的主观意愿上的"单独足以"为依据，类推适用原本仅应适用于客观上"单独足以"情形的《侵权责任法》第 11 条。

担的责任份额与按份责任形态下并无不同，对其适用《侵权责任法》第 37 条第 2 款，与适用第 12 条相比，增加的只是该责任人对外的责任顺位（后顺位）。

最后尚需解释的问题是：既然依前文所述，从《侵权责任法》第 27 条的规定以及第 26 条的解释论中可以得出如下结论，即当侵权人和受害人一方为故意造成损害，另一方为过失造成损害时，过失一方不就损害之发生承担责任，那么，为何在数人侵权中安全保障义务人为过失侵权而第三人为故意侵权时，安全保障义务人仍需就受害人的损害承担"相应的"部分赔偿责任？本书给出的答案是：此时，仅有过失之安全保障义务人不就损害之发生承担责任体现在终局责任中，即安全保障义务人对故意侵权之第三人有追偿权。当受害人请求安全保障义务人承担责任时，并非一方故意另一方过失之结构，此种结构只有在安全保障义务人和故意侵权之第三人的内部求偿关系中才体现出来。就现行法律的适用而言，因为《侵权责任法》第 37 条第 2 款对安全保障义务人和第三人之间的求偿关系并未作出规定，本书认为，仅有过失之安全保障义务人对外承担责任后在内部关系中可类推适用《侵权责任法》第 26 条和第 27 条有关过失相抵之规定，向实施故意侵权的第三人行使追偿权。[①]

六、结语

本章着眼于《侵权责任法》第 12 条所规定的数人侵权的按份责任形态与第 37 条第 2 款所规定的数人侵权的补充责任形态的关系，就《侵权责任法》第 37 条第 2 款有关安全保障义务人补充责任之规

[①] 有关内部求偿关系可类推适用过失相抵相关规定的正当性，参见王泽鉴：《连带侵权债务人内部求偿关系与过失相抵原则之适用》，载《民法学说与判例研究》（第一册），中国政法大学出版社 1998 年版，第 56—70 页。

定的解释论中若干重要问题，提出了以下见解：(1) 由于按份责任和补充责任形态在法律后果上之对立，因此，以安全保障义务人就自己的过错负责为由否定其对第三人有追偿权的见解是不妥当的；(2) 从探讨按份责任和补充责任在构成要件上的对立入手，并结合对《侵权责任法》第 26 条、第 27 条规定的分析和参照，本书认为，《侵权责任法》第 37 条第 2 款应仅适用于第三人故意侵权的场合，既有的将其适用场合或理由定位于安全保障义务人属不作为侵权或间接侵害而第三人属作为侵权或直接侵害的见解是不妥当的；(3) "相应的"补充责任反映了《侵权责任法》第 37 条第 2 款之补充责任形态和《侵权责任法》第 12 条之按份责任形态的可沟通之处，其实质是在对外（对受害人）的责任份额上仅对数个侵权人（安全保障义务人与第三人）中之一人（安全保障义务人）实行按份责任。所谓"相应的"补充责任是指安全保障义务人就和其过失违反义务的行为有因果关系的损害或损害的扩大额承担部分赔偿责任。安全保障义务人承担责任后可类推适用《侵权责任法》第 26 条和第 27 条之规定向故意侵权的第三人行使追偿权。

　　就第三人和安全保障义务人皆为过失侵权的情形，本书主张应适用《侵权责任法》第 12 条。但是，为维护司法实践的连续性，本书亦能接受折中的处理，即就此情形仍适用《侵权责任法》第 37 条第 2 款，但从与《侵权责任法》第 12 条相比较的体系和谐的角度言，此时安全保障义务人应就部分损害承担终局的赔偿责任，因此，第三人赔偿了受害人的全部损害后，有权向安全保障义务人行使追偿权，请求其分担"相应的"部分责任。

　　另外，本书认为，由于既有关于安全保障义务人补充责任之比较法研究中的某些谬误，该补充责任之形态的中国特色被低估了。但本书同时认为，由于在对受害人的关系上补充责任和连带责任的类似性，其中国特色更被严重高估了，种种关于安全保障义务人补充责任形态的溢美之词在本书看来都难以证立。从立法论上看，在对受害人的关系上取消此种补充责任形态，改为连带责任（若一侵权人仅就损害的部分额度承担连带责任，对其可称之为"相应的"连带责任），从而放弃此中国特色，恐亦无大碍。最后，顺便指出，倘使将《侵权责任法》第37条第2款改为"……管理人或者组织者未尽到安全保障义务人的，承担相应的连带责任"，本书前述解释论上的结论也几乎都是可以成立的，根源即在于：相应的补充责任和相应的连带责任实质是类似的，责任顺位上的差别只是枝节而已。

第二章　规范综合与价值判断
——以针对向婚外同居者遗赠的公序良俗原则法律适用为例*

[理论提示]　假定现行实证法构成一个和谐连贯的体系，法教义学体系把握中的"异中求同"，意在发掘不同规范所体现的共同精神，并进一步由此共同精神实现对未决法律适用问题的解决。泸州情妇遗赠案中的遗赠是否违反公序良俗原则的问题引发了学者热烈的讨论，是价值判断上的疑难话题。既有文献就此问题的讨论大多从法律和伦理、法律和传统的关系等角度出发进行论证，而着眼于教义学的体系把握的特点，则不妨综合现行实证法中的不同法律规范，探索其中的共同精神，以此就公序良俗原则在向婚外同居者遗赠案型中的法律适用提供说明。此构成体系衡量下的价值判断。

一、问题之提出

二十多年前轰动一时的泸州遗赠案，法院判决将身后财产遗赠给

＊ 本章内容修改自孙维飞：《遗赠、婚外同居与公序良俗》，载《交大法学》2024年第1期，第29—38页。

婚外同居者的遗嘱因违反公序良俗（或社会公共利益）而无效①，引发多方争议②。诸多争议，如《民法通则》《婚姻法》和《继承法》的关系如何，公序良俗原则与具体规则的关系如何，与该案解决其实无甚关联。③ 民事法律行为若违背公序良俗（或社会公共利益）则无效，乃法条明文规定④，亦是法律行为内容管制的基本要求，在不否认法条效力的前提下，并无争论余地。《民法典》颁布后，应如何处理类似遗赠案，如何于此类案型中适用其第153条第2款，是本章关注的主题。其主要方法是"寻找立法者在既有法律框架内确立的关于婚姻、情感、家庭责任等的价值判断"⑤，分析《民法典》后相关条文的不变与变，结合比较法，追踪继承制度在立法上所体现的中国特色，并进而对向婚外同居者遗赠的法律行为的效力问题给出粗略的回答。考虑到涉及婚姻家庭继承的宪法条文的极度概括性，本书并不企图在宪法相关条文的指引下通过"基于宪法的解释"方法进行分析以给出答案。⑥ 另外，围绕向婚外同居者遗赠的法律行为的效力问题，各种解释方法和法理思想都已经在文献中呈现⑦，本书仅希望提供一

---

① 黄欣诉蒋伦芳追索财物案，四川省泸州市纳溪区人民法院（2001）纳溪民初字第561号民事判决书；泸州市中级人民法院（2001）泸民终字第621号民事判决书。
② 参见刘亚林：《张学英诉蒋伦芳交付遗赠财产案观点综述》，载《人民司法》2002年第7期，第61—63页。
③ 参见贺剑：《认真对待案例评析：一个法教义学的立场》，载《比较法研究》2015年第2期，第181—182页。
④ 《民法通则》第58条、《民法总则》第153条第2款、《民法典》第153条第2款。
⑤ 黄卉：《论法学通说》，载《北大法律评论》第12卷第2辑，北京大学出版社2011年版，第356页。
⑥ 此种研究参见李想：《论宪法视角下公序良俗原则的适用——以"遗赠非法同居人案"为例》，载《中国法律评论》2022年第5期，第119—133页。
⑦ 参见郑永流：《道德立场与法律技术——中德情妇遗嘱案的比较和评析》，载《中国法学》2008年第4期，第179—189页；何海波：《何以合法？——对"二奶继承案"的追问》，载《中外法学》2009年第3期，第438—456页；黄伟文：《道德争议案件与司法的合法性——对"泸州遗赠案"的反思》，载《西部法学评论》2011年第5期，第9—15页；石毕凡：《"泸州遗赠案"的利益衡量方法透视》，载《河南社会科学》2016年第4期，第18—24页；王琳：《道德立场与法律技术关系的法哲学分析——"技术中立说"与"技术修饰说"之批判与重构》，载《交大法学》2017年第2期，第91—106页。

种分析路径和结论以供评判，并不在意在解释方法和法理思想上的深入论证。

婚外同居严重违背夫妻忠实义务，应属于违背公序良俗的行为，此点似乎未见争论，亦作为本章的前提。由于婚外同居为事实行为，而向婚外同居者遗赠为法律行为，且该法律行为的内容并不包含请求或允诺婚外同居的"权利"或"义务"，因此，从概念逻辑上看，不能由婚外同居行为为背俗直接推出向婚外同居者遗赠的法律行为背俗的观点。争论是在价值观上，其重点为继承制度中遗嘱自由与（夫妻）身份伦理维护等价值考量。继承制度中身份伦理维护在比较法上有特留份制度，本章即从此处说起。

二、未规定特留份——有利或不利的论据？

罗马法上即有"基于伦理感，对于遗嘱自由之限制"的义务分（亦即特留分或特留份）制度。[1] 以我国台湾地区"民法"为例，其第 1187 条规定："遗嘱人于不违反关于特留分规定之范围内，得以遗嘱自由处分遗产。"得主张特留份权利之人依其第 1223 条之规定为法定继承人，特留份比例为法定继承份额的一定比例。此种以法定继承人身份即可享有不得被遗嘱剥夺的一定比例遗产分配权利的特留份制度，在有关泸州遗赠案的讨论中多被提及。[2] 本书由此思考的问题是：假如一国立法中并未规定特留份制度，那么针对认定婚外同居者遗赠法律行为背俗无效的结论来说，这种"未规定"的制度事实究竟是不利还是有利的论据？作为有利论据的可能逻辑是：正因为立法上

---

[1] 史尚宽：《继承法论》，中国政法大学出版社 2000 年版，第 606—607 页。
[2] 参见吴国平：《遗嘱自由及其限制探究》，载《海峡法学》2010 年第 3 期，第 41—42 页；杨立新、和丽军：《对我国继承法特留份制度的再思考》，载《国家检察官学院学报》2013 年第 4 期，第 151 页。

未规定特留份制度，认定婚外同居者遗赠法律行为有效则不能有力地维护夫妻身份伦理，所以，有必要将该种法律行为认定为背俗无效从而加强夫妻身份伦理的维护。作为不利论据的可能逻辑是：正因为立法上未规定特留份制度，可见对夫妻身份伦理的维护在配偶遗产分配上的强制性程度并不强，所以，从立法价值观上看，将该种法律行为认定为背俗无效的正当性尚不够充分。本书更赞成作为不利论据的逻辑，理由是：若采前一种逻辑，其价值观更偏向是法外价值观[①]，尽管是经由"公序良俗"这一管道输入；而采后一种逻辑，则其价值观更偏向是法内价值观，是从现行实证法体系得出的价值观。后一种逻辑可更好地防止司法者以自身主观的价值观代替法条所透露出的客观的价值观，从而伤及法治。[②] 采后一种逻辑时，并不意味着从未规定特留份制度这一事实立刻就可推出向婚外同居者遗赠法律行为有效，只是意味着主张无效者由此而论证负担更重，并意味着鼓励司法者积极挖掘现行实证法所透露出的价值观，尽力做到依法而来的更中立的评判。

我国1985年实施的《继承法》并未规定特留份制度，直至《民法典》制定，其间学者多有呼吁继承法修订应加入特留份制度，尤其是前述泸州遗赠案发生后，呼吁声更盛。[③] 但是，最终出台的《民法典》并未规定特留份制度，即立法者依然不肯认可仅依身份强制获取一定遗产份额的权利。由此，中国继承制度的这一特色依然保留着，并未改变。从比较法上看，欧陆民法中大多规定了特留份制度，英美

[①] 例如，主张必须采用法外价值观考量的文章，参见郑永流：《道德立场与法律技术——中德情妇遗嘱案的比较和评析》，载《中国法学》2008年第4期，第187页。

[②] 由此，道德习俗中的价值观经由"公序良俗"概念管道进入法律，在司法适用上应有一定的谦抑性。参见于飞：《〈民法典〉公序良俗概括条款司法适用的谦抑性》，载《中国法律评论》2022年第4期，第53—54页。

[③] 参见李贝：《民法典继承编引入"特留份"制度的合理性追问——兼论现有"必留份"制度之完善》，载《法学家》2019年第3期，第85页。

普通法则少有规定。① 但即使在不涉及特留份时，以美国法为例，其继承法中的推定"不当影响"（undue influence）制度依然有较强的注重身份关系而非实际关系（actual relationship）的特点。在此制度下，一个照顾被继承人的人若并非被继承人近亲属，其被遗嘱指定为受益人时，由于照顾人与被继承人之间的关系相比于近亲属之间的关系是非自然的，其对被继承人的照顾和情感付出会被认为具有对被继承人施加不当影响的可能性，此种可能性下制作的遗嘱因而被推定为受到不当影响。而不当影响下的遗嘱是可撤销的。由此可见，此种继承制度仍有更注重身份（status），而非需要（need）、功过（desert）或情感（affection）的特点，以至于有学者称其为家模式（the family paradigm）。② 从比较法上看，不论是特留份制度还是推定不当影响制度都反映了遗产继承时在维护身份伦理上的强度。此种强度在中国的继承法中并未有体现。

特留份思想或许反映了伦理或道德的观念，但此种观念是否在法律上得到认可尚需从实证法角度进行考察。与此类似，伦理道德中对婚外同居需进行制裁等观念在实证法中是否以及如何体现也应进行考察。由于公序良俗中的价值观探寻无须仅局限于《民法典》，判断向婚外同居者遗赠的法律行为是否因违反公序良俗而无效时，对包括公法规范在内的实证法整体的考察也都是相关的，有助于评估法律在维护身份伦理上的强度，可构成判断无效时相对有利或不利的证据。首先，我国法上并无通奸罪。传统中国一直存有对通奸可予刑事处罚的

---

① See Andrew De La Rosa, "Succession and Forced Heirship Disputes", In Steven Kempster, Morven McMillan, & Alison Meek eds., *International Trust Disputes*, Oxford University Press, 2010, pp. 47-48. 在美国法上，死者之配偶（子女不在其内）可获得不可剥夺的法定继承的一定份额，英国制定法则规定了有需要的近亲属等可申请法院判决"合理的财物供给"的制度，对遗嘱自由进行限制。参见〔美〕劳伦斯·M. 弗里德曼：《遗嘱、信托与继承法的社会史》，沈朝晖译，法律出版社 2017 年版，第 47—58 页。

② See Frances H. Foster. "The Family Paradigm of Inheritance Law", 80 *North Carolina Law Review* 199, 2001, p. 240.

做法，比较法上通奸罪也并不罕见。① 但是，新中国成立后一段时间，尽管有通奸罪司法判例，但规定通奸罪的刑法草案并未颁行。1979 年《刑法》颁布后，通奸罪处罚彻底不复存在。② 尽管偶有呼吁增设通奸罪③，但历次刑法修正皆未增设。其次，在我国，不同于卖淫嫖娼，针对通奸或婚外同居并无治安管理处罚。卖淫嫖娼抵触的是性伦理，通奸或婚外同居抵触的是夫妻身份伦理。性伦理上禁止性与金钱的交换④，夫妻身份伦理上则要求夫妻履行忠实义务。《治安管理处罚法》（2012 年修正）第 66 条以及早先的《治安管理处罚条例》（1986 年通过、1994 年修正）第 30 条都有针对卖淫嫖娼的治安管理处罚规定，但并无针对通奸或婚外同居的治安管理处罚规定。从上述观察可以看出，与禁止卖淫嫖娼的性伦理维护不同，在维护夫妻身份伦理上并无针对通奸或婚外同居的刑罚或治安管理处罚，仅在婚外同居达到重婚的情形才可能抵触刑法从而构成犯罪。⑤ 由此，若一个人违反夫妻身份伦理而与别人通奸或同居，未达到重婚程度时，由于并未发生性和金钱的交换，公法上对其并无处罚后果。而若发生性和金钱的交换，则会引发治安管理处罚的后果。也就是说，比较卖淫嫖娼和婚外同居，从公法角度看，维护身份伦理的强度不如维护性伦理的强度。

上述实证法中的身份伦理维护强度的事实体现了实证法的价值判

---

① 参见侯学宾、曲颢：《忠诚协议制度化的法经济学考察》，载《法治社会》2022 年第 4 期，第 81 页。

② 参见张训：《家事犯罪理论的初步构设——基于家庭安全的需要》，载《河南财经政法大学学报》2019 年第 4 期，第 103 页。

③ 参见师宗正：《我国刑法应当增设通奸罪》，载《甘肃政法学院学报》1990 年第 3 期，第 37—39 页。

④ 在禁止卖淫嫖娼的性伦理视角下，此种交换将人当作手段而非目的，有违人的尊严，是不当的肉体的商品化。参见郑戈：《以法律实施道德的可能性及其局限——比较法视野下卖淫嫖娼的法律规制》，载《中国法律评论》2017 年第 1 期，第 128 页。

⑤ 个别观点主张仅稳定同居一段时间即可构成重婚，参见赖传祥：《论重婚的若干基础性法律问题》，载《云南大学学报（法学版）》2002 年第 3 期，第 86 页。

断,应作为处理向婚外同居者遗赠法律行为效力问题的参考。尽管从上述规定中无法推出向婚外同居者遗赠法律行为有效的结论,但是从上述实证法规定可以看出婚外同居行为在法律上并未受到较"严苛"的待遇,为主张向婚外同居者遗赠法律行为无效施加了较大的论证负担。从比较法角度,从卖淫嫖娼和婚外同居比较角度,上述所考察的制度事实对认定向婚外同居者遗赠法律行为无效应构成更不利的论据。

不过,针对向婚外同居者遗赠法律行为效力的问题,尚需更有针对性地考察继承的根据及其与身份的关联。

三、继承——不劳而获?

改革开放后,民事领域率先有了《婚姻法》(1980年通过),继承法却面临着争议,核心即为继承制度的正当性。在社会主义国家,继承制度正当性遇到的问题即为继承人继承遗产所具有的"不劳而获"的特性。反对继承制度的人认为:"保护遗产继承权,会给继承人带来寄生思想,它和社会主义按劳分配的原则不符。"[1] 也有主张为了缓解继承制度中的"不劳而获"特性,应征收遗产税,以增添继承人"生产建设的积极力量"。[2] 支持继承制度者则从社会主义继承制度不同于资本主义继承制度的经济基础入手,强调"在私有制社会里,一切形式的继承权,都是建立在生产资料私有制基础上。而社会主义的继承制度,其物质基础则是社会主义的生产资料公有制。"[3]

---

[1] 黄子鸿:《关于继承问题的一些不同看法》,载《法学》1982年第4期,第52页。

[2] 参见伍再阳:《我国应当对公民的遗产继承实行征税》,载《法学杂志》1984年第4期,第28页。另外,在历史上,马克思和无政府主义者巴枯宁就废除继承权问题有过激烈的争论,参见覃天云:《学习马克思关于继承权著述的体会》,载《法学杂志》1983年第5期,第24—25页;冀凤丽:《浅议马克思主义的继承权思想》,载《社会科学》1989年第9期,第8—9页。

[3] 王遂起:《简论马克思主义的继承观》,载《北京政法学院学报》1983年第1期,第50页。

强调遗产的来源并非剥削所得①，强调在国情还不能使得一切生产资料和生活资料都公有化的社会发展现状下，继承制度是与保护公民个人的生产资料和生活资料所有权相伴生的。②就此可作进一步的申述。保护公民个人的生产资料和生活资料所有权的一个重要途径即为遗嘱自由。例如，一个人拥有房屋所有权不同于一个人拥有房屋居住权：前者中房屋所有权人享有通过遗嘱进行死因处分的权利，若无遗嘱，房屋所有权亦可依据法定继承而被继承；而后者中居住权因死亡而消灭，不发生继承的问题。由此可见，取消继承权实际上会使得所有的权利都变成因死亡而消灭的权利，从而根本上看也就取消了所有权；限制遗嘱自由实质上是对个人财产所有权的限制。③

1985年《继承法》通过并施行，其对扶养和需要而非身份的强调，在学者解释上具有缓解继承"不劳而获"特性之作用。首先，学者解释强调继承制度中"权利与义务相一致"原则。"只有在继承中贯彻权利与义务相一致的原则，才有利于鼓励人们发扬团结互助的共产主义道德精神，抵制极端个人主义、不劳而获的剥削阶级思想。"④《继承法》第10条规定了法定继承人限于被继承人的配偶、子女、父母、兄弟姐妹、祖父母和外祖父母。为什么作此规定，"仅用亲属关系来解释，是很难令人满意的"。应当注意到这些法定继承人是依据法律对被继承人"除了存在亲属关系之外，都相互负有法定的抚养、赡养或扶养义务"⑤。另外，依据《继承法》第12条、第13条和第

---

① 参见张佩霖：《试论我国财产继承制度的性质和存在的必要性》，载《政法论坛》1985年第1期，第17—18页。

② 参见郭道晖：《马克思主义对继承权的态度》，载《法学》1985年第7期，第4页。

③ 有学者认为："古今中外继承权制度，其设立的用意，最主要的，大概就是保证遗产在亲属圈之内的正常传承"，"血缘关系的存在，就是她们得到遗产的最大理由"，参见范忠信：《遗产赠与的伦理与法理——杭州"小保姆受遗赠案"的几点分析》，载《河南省政法管理干部学院学报》2002年第1期，第18—19页。此种看法的缺陷在于轻视了承认继承权和遗嘱自由制度与认可和保护私人财产所有权之间的紧密关联。

④ 单云涛：《略论我国民事继承中权利与义务相一致的原则》，载《中国政法大学学报》1984年第4期，第66—67页。

⑤ 郑立、曹守晔：《我国继承法权利与义务相一致原则》，载《法学杂志》1988年第6期，第4—5页。

14条，虽有亲属关系但未尽扶养义务的可以少分或不分遗产，而虽无亲属关系但尽了扶养义务的则可以适当分得遗产，丧偶儿媳或女婿尽了主要赡养义务的则可直接作为第一顺序法定继承人。这些规定在解释上都可认为是继承法中权利与义务相一致原则的体现。[1] 其次，《继承法》第19条的必留份制度以及第14条的继承人以外依赖被继承人扶养的有需要者可适当分得遗产制度，都体现了保护有需要者的养老育幼原则[2]，从而也有减轻社会负担的一面[3]。"没有独立维持生活能力的老、幼、病、残等人"，获得帮助，不能说成是"不劳而获"。[4]

总结上文所述可以看出，承认继承权和遗嘱自由制度是认可和保护私人财产所有权的必然结果。另外，尽管我国《继承法》在缓解不劳而获思想基础上所具有的较为注重扶养和需要而非一味倚重身份的做法可能与本土的家文化传统或习惯观念不太吻合[5]，但在2020年通过的《民法典》中，上述做法或特性被保留了下来。[6] 从比较法上看，这些也正是中国继承法的主要特色之所在[7]，其注重扶养而非单

---

[1] 也有学者认为为了防止认为权利义务是量上对等的，宜称其为"权利义务不可分"原则，参见刘铁鹰：《"权利义务不可分"是我国继承制度的一项基本原则》，载《中国政法大学学报》1984年第4期，第69—70页。

[2] 参见王家桢：《一部符合中国国情的继承法》，载《西北政法学院学报》1985年第3期，第33页。

[3] 参见刘春茂：《划清两种遗产继承权的界限》，载《法学》1984年第6期，第35页。

[4] 参见张佩霖：《试论我国财产继承制度的性质和存在的必要性》，载《政法论坛》1985年第1期，第18页。

[5] 参见李平：《论法定继承顺位的立法策略与实践中的家文化坚守》，载《法制与社会发展》2020年第1期，第120页。

[6] 《民法典》第1129—1131条基本重复了《继承法》第12—14条的规定，但是，在第1128条第2款中对代位继承人的范围进行了扩张，规定了对被继承人并不会有一定条件下赡养义务的侄子女或外甥子女的代位继承权。不过，这一扩张虽然具有增加遗产在有亲属关系人之间传承的倾向，但尚不至于改变第1129—1131条规定所体现的我国继承法注重扶养和需要的基本特性。另外，与《继承法》第14条相比，《民法典》第1131条对继承人以外的依靠被继承人扶养的人适当分得遗产，取消了"缺乏劳动能力又没有生活来源"的限制，放宽了无特定身份关系之人因为需要而继承财产的可能性，从另一面看，对有特定身份的法定继承人继承遗产也会有一定的抑制作用。而认为这种抑制作用，与警惕不劳而获思想有一定联系，并不过分。参见张兴军：《继承人以外的人可以分给适当遗产的理解与适用——〈民法典〉第1131条的解读》，载《中国公证》2022年第5期，第55页。

[7] See Thomas E. Simmons, "A Chinese Inheritance", 30 *Quinnipiac Probate Law Journal* 124, 2017, pp. 124-148.

纯依赖身份的特性也有被认为属于美国法应予借鉴之处。① 在向婚外同居者遗赠情形下，夫妻基于身份相互强制获得遗产的正当性越强，则该遗赠无效的可能性越高。而从现行实证法角度审视基于身份获得遗产的正当性，不可忽视由 1985 年《继承法》开启而在 2020 年《民法典》中得到保留的实证法所体现的价值观，即通过对扶养和需要的强调，从而缓解继承中所含有的不劳而获的特性。例如，在泸州遗赠案中，生存配偶并非基于其对死者生前的扶养或在死者死后其生存需要而主张遗嘱无效从而分得遗产。若其仅从身份出发强制获得违反遗嘱规定的遗产份额，则缺乏实证法价值观的支撑。正因为夫妻基于身份相互强制获得遗产的正当性在实证法整体价值观的视角上看尚不足，从而主张向婚外同居者遗赠无效的正当性亦不足。②

不论未规定特留份或者对基于身份不劳而获的警惕，都侧重于有身份一方（遗赠方配偶）的权利及其正当性。事情的另一面是有身份另一方（遗赠方）的义务及其限度，与向婚外同居者遗赠相关的，尤其是该义务在夫妻财产关系中的限度。接下来即考察实证法就此所作的规定。

四、赠与、遗赠与夫妻财产关系

（一）法律如何防止家产外流？

在夫妻财产关系中，若实行共同财产制，则一方向婚外同居者为

---

① See Frances H. Foster, "Linking Support and Inheritance: A New Model from China", 1999 *Wisconsin Law Review* 1199, 1999, p. 1257. Frances H. Foster, "Towards a Behavior-Based Model of Inheritance: The Chinese Experiment", 32 *University of California at Davis Law Review* 77, 1998, pp. 124-126.

② 不过，需说明的是，缓解"不劳而获"的特性并不意味着完全排斥，在被继承人未立有遗嘱时，法定继承人基于其身份，在和扶养和需要没有任何关联的情况下亦可能继承遗产。完全排斥意味着生前赠与也可能被禁止，从而使得个人所有权自由受到限制。因此，在被继承人立有遗嘱时，依身份违反遗嘱"强制"获得遗产的正当性才是本章着力的主题。

生前赠与时，可面临两项限制：一是用共同财产赠与时，转移财产在处分权上的限制；二是赠与合同可能面临不得违背公序良俗的限制。司法实践中就处分权限制，多数法院的做法是不考虑处分的共同财产是金钱还是其他形态财产，认定处分行为因未经配偶同意而全部无效①，并不接受对共同财产中一半份额有处分权的说法。② 仅从处分权限制的角度，法院即可支持赠与财产的全部返还。不过，法院往往还会同时强调赠与合同所具有的违背公序良俗的特点。③ 不同于遗赠，向婚外同居者为生前赠与时，该赠与和同居关系之维持常被认定为有联系。有这种联系时，虽然不一定谈得上是性交易，但认其为违背公序良俗，亦可接受。④ 不过，赠与合同违背公序良俗时，依赠与而转移的财产在赠与人要求返还时有被认为不法原因给付无须返还的可能，因此，赠与人配偶主张返还所赠与的共同财产时，从法理上看，还是须依赖处分权限制制度。处分权限制已经足以对抗经由向婚外同居者生前赠与方式减少夫妻共同财产的可能性。⑤

---

① 参见吴晓芳：《夫妻一方擅自将共同财产赠与他人纠纷的处理》，载《人民司法·应用》2013年第13期，第110页。2018年度江苏法院婚姻家庭十大典型案例之四：朱某与陆某赠与合同纠纷案——丈夫出轨赠与"第三者"财物法院判决赠与无效；2021年安徽省亳州市中级人民法院发布6个民法典适用典型案例之五：戴某某与平某某赠与合同纠纷案——配偶将财产赠与小三，违背公序良俗，赠与无效，应当全部返还。

② 在个别案件中，法院仅支持赠与金钱后向赠与人配偶返还一半财产，例如：张维、陈莹等赠与合同纠纷案，湖南省长沙市中级人民法院（2021）湘01民终13203号民事判决书。不过，在赠与人配偶起诉时，若已经离婚的，有法院支持返还一半，例如：陈颖、徐玉林赠与合同纠纷案，福建省福州市中级人民法院（2020）闽01民终4555号民事判决书；也有法院支持返还全部，例如：吴海欧、刘敏等不当得利纠纷案，广东省深圳市中级人民法院（2021）粤03民终3809号民事判决书。

③ 例如：郑某、颜某等赠与合同纠纷案，四川省眉山市中级人民法院（2021）川14民终1166号民事判决书。

④ 认其为违背公序良俗，即意味着对通过赠与而达到有利于维持婚外同居关系之目的的否定评价。这种目的在法官判决中会径直加以认定，应是采生活常理，不再额外解释。例如：范俊、段素萍等赠与合同纠纷案，江西省吉安市中级人民法院（2021）赣08民终2323号民事判决书。

⑤ 从公序良俗角度看，不能排除生活中可能存在和维持婚外同居关系目的无关之赠与，如何识别判断，是个难题。考虑到处分权限制已经足以使得向婚外同居者生前赠与中的处分行为无效，本书不再就上述识别判断问题进行阐述。

遗赠转移财产的，于遗赠人死亡时发生效力。因此，不会产生经由遗赠减少夫妻共同财产的可能性。另外，由于遗赠人死亡时遗赠才生效，即同居关系结束时才生效，且立遗嘱人随时可以撤回遗嘱，因此，向婚外同居者为遗赠时，遗赠与同居关系之维持缺乏紧密的联系。假如遗赠人并非单纯的遗赠，而是生前和婚外同居者订立遗赠扶养协议，由于遗赠扶养协议的有偿性①，此时，即使照料本身谈不上背俗，但婚外同居者用照料换取财产遗赠的行为可认为背俗②，从而应认为与婚外同居者订立的遗赠扶养协议因背俗而无效。③ 另外，遗赠扶养协议相比于遗嘱所具有的约束效力④，也为认定与婚外同居者订立的遗赠扶养协议因背俗而无效增加了论证依据。

从防止"家产外流"和抑制与已婚者同居的角度看，司法实践中从处分权限制角度对同居关系中生前赠与导致财产转移的无效化处理可发挥一定的作用。⑤ 而在夫妻一方死亡时，共同财产需要解体，此时配偶财产利益保护的重点是死者与生存配偶之间财产关系上的划

---

① 参见缪宇：《遗赠扶养协议中的利益失衡及其矫治》，载《环球法律评论》2020年第5期，第90页。

② 此时，引发背俗的并非"照料换取财产遗赠"，而是"婚外同居者的照料换取财产遗赠"。因为此时不妨将照料视为同居整体的组成部分，从而形成同居与财产遗赠之间的交换，并引发背俗。不过，是否有极端情况，照料不可视为同居整体的组成部分，从而无法认定为同居与财产遗赠之间的交换，尚待进一步的研究。

③ 翟某某诉徐某某等遗赠案，北京市第一中级人民法院民事判决书，（2017）京01民终第983号。不过，法院并未基于不法原因给付否定遗赠扶养协议无效时婚外同居者就照料所支出费用的返还请求权。

④ 参见王葆莳：《继承协议中处分行为的约束力及其限制——兼评我国民法典继承编的立法构建》，载《上海政法学院学报》2019年第6期，第104页。

⑤ 参见李贝：《民法典继承编引入"特留份"制度的合理性追问——兼论现有"必留份"制度之完善》，载《法学家》2019年第3期，第86页。另外，2025年2月1日起施行的《最高人民法院关于适用〈中华人民共和国民法典〉婚姻家庭编的解释（二）》（法释〔2025〕1号）第7条第1款规定："夫妻一方为重婚、与他人同居以及其他违反夫妻忠实义务等目的，将夫妻共同财产赠与他人或者以明显不合理的价格处分夫妻共同财产，另一方主张该民事法律行为违背公序良俗无效的，人民法院应予支持并依照民法典第一百五十七条规定处理。"此规定实际上合并了处分权限制和赠与背俗两个根据。不过，此款法律适用并未针对死因处分行为。

分，防止财产不当流入死者遗产，以保障生存配偶的合法权利。接下来就此加以阐述。

（二）死亡与离婚——区别对待？

就现行实证法看，死亡引发的夫妻共同财产分割与离婚引发的夫妻共同财产分割被区别对待。《民法典》实施前，较早依据《最高人民法院关于人民法院审理离婚案件处理财产分割问题的若干具体意见》（法发〔1993〕32号）规定的离婚分割夫妻共同财产的原则为"坚持男女平等，保护妇女、儿童的合法权益，照顾无过错方，尊重当事人意愿，有利生产、方便生活的原则"，而在1985年通过的《继承法》中就死亡引发的夫妻共同财产分割，则实行"一半"规则，即"应当先将共同所有的财产的一半分出为配偶所有，其余的为被继承人的遗产"（第26条）。2001年修正的《婚姻法》去掉了离婚财产分割中的"照顾无过错方"原则（第39条），但在第46条中增加了无过错方可请求"离婚损害赔偿"制度。2020年通过的《民法典》第1087条恢复了离婚财产分割中的"照顾无过错方"原则，同时第1091条也保留了"离婚损害赔偿"制度。就死亡时的夫妻共同财产分割，则依然延续一直以来的"一半"规则（第1153条）。由此可见，死亡引发的夫妻共同财产分割与离婚引发的夫妻共同财产分割，从法条文义看被区别对待，前者不适用"照顾无过错方"原则，而后者则适用。

除了财产分割上的区别对待，死亡引发的婚姻消灭与离婚引发的婚姻消灭，在财产关系上尚有以下不同：《民法典》中"离婚经济补偿"（第1088条）、"离婚经济帮助"（第1090条）和"离婚损害赔偿"（第1091条）制度在婚姻因夫妻一方死亡而消灭时无法直接适用。向婚外同居者遗赠涉及的是配偶一方死亡时的婚姻消灭，上述三项制度的适用必要性或可能性或值探讨。首先，离婚经济帮助强调离婚后一方生活困难；在向婚外同居者遗赠情形，若一方死亡后生存配偶生活困难，《民法典》第1159条的"必留份"制度有可能适用，因此，离婚经济帮助制度在配偶一方死亡时的适用或类推适用必要性不大。其次，离婚损害赔偿强调因婚外同居等过错导致离婚；而死亡时婚姻消灭，与婚外同居的过错无关，因此，离婚损害赔偿制度在配偶一方死亡时的适用或类推适用可能性不大。最后，需考察的是离婚经济补偿制度在一方死亡时的适用或类推适用的可能性与必要性。

2001年修正的《婚姻法》第40条规定了"一方因抚育子女、照料老人、协助另一方工作等付出较多义务的"可要求离婚经济补偿的制度。但不久就有学者指出其不足：将适用条件限定为夫妻实行约定分别财产制。①《民法典》通过后，第1090条弥补了这一不足，离婚经济补偿制度亦适用于夫妻共同财产制的情形。作此弥补的一个重要理由是：夫妻一方因家务投入而付出了放弃自身发展（挣钱）能力的机会成本。② 也就是说，假如夫妻一方将投入家务劳动的精力用来挣钱，一方面可挣到更多的钱，另一方面也发展了自身能力，包括干中学等带来的工作经验的积累。在夫妻共同财产制下，夫妻关系存续期间未能挣到更多的钱，或许可以通过夫妻共同财产得到弥补。但错过自身能力发展的机会，无法仅通过夫妻共同财产得到弥补。③ 由此可

---

① 参见巫昌祯、夏吟兰：《〈民法典·婚姻家庭编〉之我见》，载《政法论坛》2003年第1期，第33—34页。

② 参见汪洋：《共同财产制下离婚经济补偿的价值基础、教义构造与体系协调》，载《妇女研究论丛》2021年第5期，第75—76页。

③ 从经济分析视角看，以放弃自身发展能力的代价（机会成本）投入家务劳动中，此种就自身的人力资本投资一定程度上也具有"专用性投资"（specific investment）的特点，即专用于夫妻关系中。若夫妻关系不能维持，则此种专用性投资即有落空之损失。因此，离婚经济补偿也具有保护此种专用性投资的特点。See Lloyd R. Cohen, "Marriage: the Long-term Contract", In Antony W. Dnes & Robert Rowthorn eds., *The Law and Economics of Marriage and Divorce*, Cambridge University Press, 2004, pp. 10-33.

见，夫妻共同财产制并不意味着无须离婚经济补偿制度，甚至也可说，其只是家庭维持所需要的成本在双方之间应有的分担而已。①

向婚外同居者遗赠涉及死亡引发的婚姻消灭，在此情形下，假如不认定遗赠因背俗而无效，在死者一方与生存配偶之间的财产关系的法律调整上或许仍可将一方婚外同居这一因素纳入考量。就分割财产中"照顾无过错方"原则的运用，由于《民法典》第1153条明确限定为"一半"规则，突破较难。但是，《民法典》第1088条离婚经济补偿制度不妨类推适用到死亡导致的财产分割情形，因为家庭维持所需要的成本分担并无理由在一方死亡时即不再必要，尤其考虑到死亡一方将遗产遗赠给第三人时更是如此。尽管司法实践中尚未见此种类推适用，本书作此主张意在提醒婚外同居事涉夫妻关系，不妨在实证法有关夫妻关系调整的规定中寻找如何处理的办法。② 由此视角出发，亦可斟酌就婚外同居对夫妻身份法益之侵害，适用《民法典》第1165条第1款之一般侵权责任之规定。就其与第1091条离婚损害赔偿制度之价值观上的协调，可说明的有两点：其一，第1091条之规定意在限制婚内精神损害赔偿之规定，因此，其赔偿责任以离婚为条件，避免婚姻关系继续与损害赔偿请求同时存在。在婚外同居配偶死

---

① 有学者反对限制于分别财产制前提的离婚经济补偿制度，主张废除离婚经济补偿制度，通过完善夫妻共同财产制来实现离婚经济补偿制度之目的，比如，分割夫妻共同财产时考虑各自的就业能力等。这种主张与将离婚经济补偿扩张到夫妻共同财产制情形下有相通之处。参见宋豫：《试论我国离婚经济补偿制度的存废》，载《现代法学》2008年第5期，第111页。

② 不过，也有一审判决无视所谓"一半"规则，采取与离婚财产分割相同的准则进行死亡时的财产分割，从而在有婚外同居过错的遗赠人死亡引发夫妻共同财产分割时，考虑死者的过错以及"照顾女方原则"，将超过一半的夫妻共同财产分割为死者配偶财产，剩余少于一半的夫妻共同财产则分割为死者遗产，并同时认可了向婚外同居者遗赠法律行为的有效性。是否可以以及如何突破明文规定的"一半"规则值得再斟酌，但寻求在夫妻关系中解决的做法值得称赞，遗憾的是，二审判决依然执着于否定遗赠效力的做法。参见杨某与陈某1等遗赠纠纷上诉案，广东省深圳市中级人民法院（2019）粤03民终21725号民事判决书。

亡的情形，此种同时存在的局面不会出现。因此，适用《民法典》第1165条第1款之一般侵权责任之规定不至于造成价值观上的不协调。另外，婚外同居配偶死亡不应影响以其遗产（继承人）就其婚姻关系中的过错行为负责。其二，第1091条之规定将引发赔偿情形限制在重婚或同居等范围，适用第1165条第1款时，为了保持价值观上的协调，亦可有此限制。①

五、总括的分析与结论

泸州遗赠案后，从北大法宝案例数据库看，涉及向婚外同居者遗赠法律行为是否有效问题的判决并不多（不到10例）②，其中，仍有数起认定有效的判决。③ 因此，并不能认为司法实践中就向婚外同居

---

① 关于如何协调《民法典》第1091条和第1165条第1款的论述，亦参见李杰：《论〈民法典〉夫妻间损害赔偿之体系构造》，载《时代法学》2023年第3期，第82—98页。另外，关于离婚损害赔偿制度的争论，参见雷春红：《新中国六十周年离婚法学论争纪实与评述》，载《河北法学》2010年第3期，第128—129页。另外，在夫妻一方死亡时，若夫妻关系存续期间存在的事项引发分割财产或赔偿的争议时，《民法典》实施后，若有遗产管理人，不妨以遗产管理人作为争议诉讼的一方当事人。

② 法院认定婚外同居未能得到证明，以及遗赠时配偶已死亡的，不在其内。另有学者搜集案例得到的结果数量也类似，参见李贝：《民法典继承编引入"特留份"制度的合理性追问——兼论现有"必留份"制度之完善》，载《法学家》2019年第3期，第86页。

③ 如"虽遗赠人孔某丁长期与原告非法同居，有违公共秩序和社会公德，但就此认定遗嘱无效无相关法律规定，故应按照遗赠法律关系来处理本案。"参见张某甲与张某乙、孔某甲、孔某乙、孔某丙遗赠纠纷案，河北省张家口市桥西区人民法院民事判决书，（2016）冀0703民初691号。此案二审虽然撤销了一审判决，但是以未能及时表示接受遗赠为理由，并未否定遗赠的效力，参见张某乙、孔某乙遗赠纠纷案，河北省张家口市中级人民法院（2016）冀07民终1857号民事判决书。另外，如"刘某某自愿照顾张某的晚年生活，尤其在张某患病期间更是尽了主要照顾和扶助义务，其行为是一种社会扶助行为，并不违背公序良俗。故原审认定该遗赠无效错误，并判决驳回刘某某的诉讼请求不当，本院予以纠正"。此处显然有侧重照料的特点，参见刘某某与王某某、张某甲、张某乙、张某丙、张某丁遗赠纠纷案，黑龙江省哈尔滨市中级人民法院民事判决书，（2015）哈民二民终字第767号。再比如"同居关系违反公序良俗，将自己的财产遗赠给同居人的行为是否必然违反公序良俗？本院认为，不然"。参见林某与李某、李革遗嘱继承纠纷案，湖南省长沙市开福区人民法院（2014）开民一初字第04582号民事判决书。

者遗赠法律行为效力问题已经形成稳固的价值观[1]，在《民法典》实施后继续思考此一问题或有必要。向婚外同居者遗赠法律行为是否有效，涉及的是公序良俗对遗嘱自由的限制问题。本章重点不在于对公序良俗进行概念界定或内涵阐释，而是探寻《民法典》实施后实证法在身份伦理与继承制度上所体现的价值观，以为公序良俗在向婚外同居者遗赠领域的运用提供一点说明和论证。由于价值观分歧很难有压倒性的解决方案，本章更多只是铺陈论据，其引向论点的力度相对有限。

由于我国《民法典》最终并未采纳特留份制度，在刑法或行政法上，对婚外同居也并不像对性交易那样进行处罚，因此，从实证法所体现的价值观上看，法律并未给予身份伦理的保护以很强的力度。《民法典》继承制度延续了《继承法》，自比较法角度看其重要特色在于注重扶养或需要，解释上有缓解"不劳而获"思想的作用。在向婚外同居者遗赠情形，生存配偶非基于扶养或需要而主张违反遗嘱意思的继承，在我国法律并未给予身份伦理的保护以很强力度的背景下，又有主张"不劳而获"的嫌疑，可不予支持。

生存配偶承担家务照顾家庭的付出因为死者遗赠他人而可能得不到补偿，婚外同居严重违反夫妻忠实义务，就这些情形，可考虑在有关夫妻关系的法律中解决。因此，有必要将离婚经济补偿制度类推适用至一方死亡而导致婚姻消灭的情形，也可考虑如何利用《民法典》第1165条第1款来处理一方死亡而非离婚情形下违反夫妻忠实义务的责任。甚至，因死亡分割夫妻共同财产时的"一半"规则是否有变

---

[1] 这一点上不同于婚姻关系存续期间向婚外同居者赠与。

通的余地也可考量。① 由于婚外同居违背的是夫妻忠实义务,对夫妻伦理的维护在有关夫妻关系的法律中解决更有针对性,并无必要为了维护夫妻伦理而主张向婚外同居者遗赠的法律行为无效。

总之,本书认为:向婚外同居者遗赠法律行为,若不涉及金钱和婚外同居的交换——如与婚外同居者订立遗赠扶养协议,不应以违反公序良俗为由认定其无效。婚外同居者违反夫妻忠实义务可在夫妻关系的法律规定中寻求解决之道。

---

① 一方死亡而引发夫妻财产分割,在配偶有特留份权利时,不妨简化财产分割,生存配偶的权益保障可以在继承上体现。如此,则夫妻共同财产离婚分割和死亡时分割区别对待有其便利性。德国即偏向此种做法。依德国民法,实行增益共有制情况下离婚时需进行增益补偿,而一方死亡导致增益共有制终结时,"立法者为了避免复杂繁琐的增益计算,设计了'继承法上的处理方法',以代替增益补偿"。参见〔德〕迪特尔·施瓦布:《德国家庭法》,王葆莳译,法律出版社2010年版,第164页。我国法并未规定特留份制度,简化死亡时夫妻财产分割的理由不容易成立,因此,期待未来法官突破文义限制,细化死亡时的财产分割,有其正当性。

第三章　原则与规则：教义学上的拐杖及其舍弃
——以性行为后果分担为例论《民法典》第1186条之法律适用[*]

[理论提示]　我国民法中的公平责任条款（《民法典》第1186条）仅提示了"内容空泛"的原则，但依此而作出的判决，若具有较强一致性，则为"内容空泛"的原则充实了内容。若就此，仍依据原有的内容空泛的原则而加以说明，则未能实现"范畴下降"，内容如何充实不能得到很好的理解。这是依赖内容空泛的原则作为拐杖，从而可以懈怠，可以省去教义学规则层面进行解释的结果。改变这种研究现状，就需要法教义学者从既有规则体系出发，发掘充实了的内容在规则层面的意味，从而做到更清晰化，为更有理有力的法律适用提供帮助。

---

[*] 本章修改自孙维飞：《教义学上的拐杖及其舍弃——以性行为后果分担为例论〈民法典〉第1186条之法律适用》，载《交大法学》2023年第4期，第17—28页。

一、问题之提出

侵权法中公平责任一般规定之立法,始于 1987 年实施的《民法通则》,其第 132 条规定:"当事人对造成损害都没有过错的,可以根据实际情况,由当事人分担民事责任。"2010 年实施的《侵权责任法》跟随旧章,于第 24 条规定:"受害人和行为人对损害的发生都没有过错的,可以根据实际情况,由双方分担损失。"——与《民法通则》第 132 条相比,仅有对法律适用无实质影响的用语上的变化,即将"分担民事责任"改为"分担损失"。2021 年实施的《民法典》第 1186 条规定:"受害人和行为人对损害的发生都没有过错的,依照法律的规定由双方分担损失。"该条将《侵权责任法》第 24 条中的"可以根据实际情况"改为"依照法律的规定"。如此改动后,问题是:《民法典》第 1186 条的规定究竟属于跟随旧章,还是要另起新篇?回答这一问题,关键在于该条中"法律的规定"应该如何理解。结合既有文献看,该条中"法律的规定",其含义有三种可能:第一种是指《民法典》总则编的原则,如第 6 条公平原则的规定[①];第二种是指涉及损害赔偿范围等法律后果的其他法律规定;第三种则是指具备构成要件和法律后果的其他法律规定。前两种理解下,"依照法律的规定"几个字是多余的,因为总则编的原则性规定在侵权责任编相关条文的法律适用时应当被"依照",以及确定损害赔偿范围等法律后果的内容时应当"依照"法律的规定,不言自明。在最后一种理解下,

---

[①] 比如,有见解认为:"《民法典》第 6 条对公平原则仍有明确规定,这对于侵权责任编调整的有关事项当然具有一般适用和补充适用的效力。以公平原则为指引和遵循,人民法院在法律没有规定适用无过错责任原则和过错推定责任原则的情形下,双方当事人均没有过错,但如果不分担损失会显失公平的案件中,人民法院就可以根据案件实际情况适用本条规定。"最高人民法院民法典贯彻实施工作领导小组主编:《中华人民共和国民法典侵权责任编理解与适用》,人民法院出版社 2020 年版,第 208 页。

该条规定本身是多余的，因为该条规定此时最多是个"指引"[①]，但由于并无任何方向性的提示，所谓"指引"其实并不存在，法官并不会因为该条规定之存在，而在检索适用规范的道路上节省任何精力。另外，在最后一种理解下，也不会产生所谓法律适用"双重要件"——既需满足第1186条的一般规定，又需符合其他法律条款中的具体规定——的问题，因为此时所依照的法律规定需已经具备了可供法律适用的构成要件和法律后果，由此，按该规定处理即可，无须再涉及第1186条。[②] 总之，在前两种理解下，"依照法律的规定"几个字是多余的，《民法典》第1186条对《侵权责任法》第24条所作出的修改并无价值，仍属于跟随旧章；在最后一种理解下，该条规定本身是多余的，相当于删除旧章，要另起新篇。不过，不论是否另起新篇，《民法典》所承继的可能被归结为公平责任的特殊规定，如《民法典》第182条第2款、第183条、第1190条第1款后半句和第1254条第1款第2句的后半句，仍将继续适用，不受影响。受影响的是既往仅依据《民法通则》第132条或《侵权责任法》第24条的一般规定而支持适用公平责任的案型。在《民法典》未通过立法将其整理纳入的情况下[③]，这些案型并无特别的公平责任的法律规定支撑，《民法典》实施后如何处理成为问题。这些案型从其在既往司法实践中得到依公平责任的判决的一致性强弱来观察，可能分为较强和较弱两

[①] 以所谓"指引性规定"理解本条，参见张新宝：《侵权责任编：在承继中完善和创新》，载《中国法学》2020年第4期，第114页。

[②] 从学理和实务中总结出"双重条件"并加以辩驳的文章，参见孙大伟：《公平责任"依法"适用之解释论——以〈民法典〉第1186条为中心》，载《政治与法律》2021年第8期，第99—108页。另外，该文所持见解即属于第二种理解，只是似乎并不认为"依照法律的规定"几个字其实是多余的。

[③] 立法上所谓"整理纳入"的典型情形，是高空抛物时的公平责任承担。在2010年《侵权责任法》实施前，司法实践中即常见依据《民法通则》第132条公平责任一般规定判决公平责任的情形，《侵权责任法》第87条认可了上述司法实践，使其中规范变为制定法条文。《民法典》第1254条延续了《侵权责任法》第87条之做法。

类。对《民法典》第1186条之解释适用，若跟随旧章，则全部案型仍在公平责任的一般规定下处理；若另起新篇，则无公平责任的一般规定可供适用。在后者情形下，至少就这些案型中"一致性较强"且属于支持公平责任的部分，若在《民法典》实施后一律不应再支持，则会在司法实践领域引发法律价值观的重大变化，若仍有支持的可能，则需探寻支持的新路径；即使就那些"一致性较弱"的部分，若未能深入观察思考其脱离公平责任一般规定有无支持的正当性和根据，仅以不能软化侵权归责原则或侵权法体系为由而不再支持①，则仍嫌轻率。

就《民法典》第1186条公平责任条款的法律适用，涉及上述"一致性"较强的支持公平责任的案型时，支持在司法实践领域引发法律价值观的重大变化实为一种可能，但此种可能不在本章的考量范围之内。假定不支持在此问题上引发法律价值观的重大变化②，那么，在增补针对性法律规定之立法论措施外，剩下的选择，只有两种：或者跟随旧章；或者另起新篇，并就既往仅依据《民法通则》第132条或《侵权责任法》第24条的一般规定支持公平责任的案型，探寻脱离第1186条的新的支持路径。既往经由《民法通则》第132条或《侵权责任法》第24条的一般规定支持公平责任的一种案型，涉及自愿性行为后因流产手术等而产生损失时的纠纷，该种案型符合前述"一致性较强"的特点，下文以此案型为例，以另起新篇为视角，探究其在《民法典》实施后的法律适用问题，并以此观照一种

---

① 首先，导致侵权归责原则或侵权法体系软化的，是公平责任的一般规定，在另起新篇的视角下，该一般规定相当于被废止，因此，若经由新路径在特定案型中支持公平责任的判决，不见得会发生所谓软化的效果；其次，认为不能使侵权归责原则或侵权法体系被软化的观点也不见得正当。有关应防止公平责任一般规定软化侵权归责原则体系的文章，参见郑晓剑：《公平责任、损失分担与民法典的科学性——〈民法典〉第1186条之"来龙"与"去脉"》，载《法学评论》2022年第1期，第90—104页。

② 本章观点偏向于为保护民众稳定正当的法律预期，对于此类案型，缺乏充分的移风易俗等实质性理由时，不应支持引发价值观上的重大变化。

"一致性较弱"案型("体育运动受伤"案型)的处理。其目的在于以上述跟随旧章和另起新篇的选择问题为起点,着眼于另起新篇的意味,并由此探讨法教义学成长和公平责任一般规定之间应有的关系。

二、自愿性行为、手术与公平责任

(一)司法实践中的"性行为后果"案型

在北大法宝数据库"司法案例"栏中以全文含有"自愿发生性行为"和"《侵权责任法》第二十四条"(或者"《民法通则》第一百三十二条")为检索条件,检得案例共 21 件,皆涉及恋爱双方自愿发生性行为后女方因流产或宫外孕等做手术而支出医药费或遭受其他损失请求男方承担公平责任的情形(本章称其为"性行为后果"案型)。在上述所有案例中,法官皆认可依据《民法通则》第 132 条或《侵权责任法》第 24 条公平责任的一般规定支持女方的诉请。[①] 为探寻《民法典》施行后法院如何处理此类"性行为后果"案型,以全文含有"自愿发生性行为"和"《民法典》第一千一百八十六条"为检索条件,检得适用《民法典》审理的案件,共有 4 例属于"性行为后果"案型,法官皆认可仅依据《民法典》第 1186 条之规定(结合公平原则)支持女方的诉请。如有法官认为:"本案中,原、被告自愿

[①] 检索时间:2022 年 7 月 30 日。本章涉及案例检索时,检索数据库和检索时间皆相同,不再另作说明。考虑到所有案例中法官皆认可依据《民法通则》第 132 条或《侵权责任法》第 24 条公平责任的一般规定支持女方的诉请(包括因男方已经自愿补偿法院不再支持的情况),阅者可自行检索验证,为节省篇幅,除后文论述所及外,就不再一一列举案例名称或案号。个别案例有重复,也不再一一注明。另外,之所以会以"自愿发生性行为"为检索词,是因为法官常以自愿发生性行为并无过错为由肯定公平责任一般规定的适用条件符合,如"原、被告双方自愿发生性行为,导致原告宫外孕后非双方故意或过失造成,因此双方均不存在过错,故应由原、被告双方适当分担因此给原告造成的损失"。参见江苏省连云港市连云区人民法院民事判决书,(2017)苏 0703 民初 416 号。

发生性行为导致原告孙某某怀孕……因此双方均没有过错，对于终止妊娠的结果应当根据公平原则分担损失，由原、被告各自分担50％为宜。……综上，依据《中华人民共和国民法典》第一千一百八十六条、《最高人民法院关于适用〈中华人民共和国民事诉讼法〉的解释》第九十条之规定，判决如下：……"① 由此可见，上述与"性行为后果"案型相关的司法实践所体现的是典型的跟随旧章的做法。

从前述对"性行为后果"案型的观察可以看出，司法实践对其处理上，有着较为稳固的价值观，即应当由自愿发生性行为的男女双方分担因女方流产等手术所带来的损失。② 假如在《民法典》实施后，并无理由针对该价值观改弦更张，又不采用跟随旧章的做法，那么，就必须另起新篇，在第1186条之外找到可供适用或类推适用的法律规定。取另起新篇的路径，针对"性行为后果"案型，本章在此尝试提出主张：就自愿发生性行为所带来的流产或宫外孕手术费用等损失，应类推适用《最高人民法院关于个人合伙成员在从事经营活动中不慎死亡其他成员应否承担民事责任问题的批复》(〔1987〕民他字第

---

① 辽宁省抚顺市望花区人民法院民事判决书，(2021) 辽0404民初3171号。另外3起案例的判决与该案思路相同，分别是：贵州省凤冈县人民法院民事判决书，(2021) 黔0327民初3758号；贵州省贵阳市云岩区人民法院民事判决书，(2021) 黔0103民初5510号；贵州省贵阳市中级人民法院民事判决书，(2021) 黔01民终9775号。后面两个案子分别是同一个案件的一审和二审。

② 为了增加确实性，本章仅以全文含有"自愿发生性行为"为检索条件，共检得民事案例44件，涉及"性行为后果"案型的，除一个案例外，皆与支持公平责任不相违背。例如，其中有涉及男方隐瞒已经结婚与女方发生性行为被法院认定为有过错的情形〔如河南省平顶山市中级人民法院民事判决书，(2021) 豫04民终1192号〕，法院未提及公平责任，自然在情理之中。该除外情形的一例，涉及男女双方一夜情式的婚外性行为，法官以违反公序良俗为由，认为因婚外性行为而导致的损害赔偿纠纷不属于人民法院民事诉讼的受案范围，驳回了诉请，参见江苏省徐州市中级人民法院民事裁定书，(2018) 苏03民终232号。该案一审参见江苏省睢宁县人民法院民事裁定书，(2017) 苏0324民初2820号。

57号,以下简称"《个人合伙分担损失批复》")之规定①,由男女双方分担,或者适用《民法典》第979条有关无因管理之规定,由男方适当补偿女方所遭受的损失。甚至也可以考虑类推适用《民法典》第302条中有关共同共有人共同负担"管理费用以及其他负担"之规定。之所以说"尝试",是因为抛开公平责任一般规定,在教义学上处理该案型,面临着显著的困难。所谓"提出主张",也仅是迷雾中的摸索。下面先就前述批复内容,阐述其在《民法典》实施后所处的民法体系上的位置和应有的解释。

(二)《个人合伙分担损失批复》的体系定位

《民法典》实施前,从司法实践看,该批复的内容在民法体系上的位置属于对《民法通则》第132条之解释适用②,涉及侵权法公平责任一般规定适用的一种典型情形——个人合伙人在执行合伙事务中遭受损失。1988年颁布实施的《最高人民法院关于贯彻执行〈中华人民共和国民法通则〉若干问题的意见(试行)》[法(办)发〔1988〕6号,以下简称"《民通意见》"]第157条规定:"当事人对造成损害均无过错,但一方是在为对方的利益或者共同的利益进行活动的过程中受到损害的,可以责令对方或者受益人给予一定的经济补偿。"此条规定符合批复的精神③,司法实践中法官同时述及或引

---

① 该批复内容有:"贾国满在兄弟二人合伙经营的汽车运输活动中,不慎被车挤死,对这次事故的发生,贾国仁没有过错,不应负赔偿责任。但贾国满为合伙人的共同利益,在经营运输活动中,不慎被车挤死,其兄作为合伙经营的受益人之一,给予死者家属适当的经济补偿,既合情理,也符合有关法律规定的精神。至于具体补偿多少,请根据实际情况酌定。"

② 例如:河南省伊川县人民法院民事判决书,(2009)伊三民初字第164号。另参见窦海阳:《侵权法中公平分担损失规则的司法适用》,载《法商研究》2016年第5期,第126页。

③ 以公平责任理解个人合伙人之间分担损失的审理法官的见解,参见陆保刚:《临时性农村施工队的属性及责任承担——河南焦作中院判决侯勤柱诉李有良身体权、健康权纠纷案》,载《人民法院报》2013年10月17日,第6版。

用两者的案例也为数不少。① 与《民法典》同时实施的《最高人民法院关于废止部分司法解释及相关规范性文件的决定》（法释〔2020〕16号）废止了1988年的《民通意见》，但1987年的《个人合伙分担损失批复》并未被废止。因此，若以另起新篇的视角看待《民法典》第1186条，则要么认为由于公平责任的一般规定无法适用，从而并非构成"法律的规定"的《个人合伙分担损失批复》也不能再适用，合伙人执行合伙事务的损失其他合伙人不再需要分担；要么认为《个人合伙分担损失批复》所解释适用的不再是公平责任的一般规定，而应是《民法典》新规定的第二十七章"合伙合同"的相关规定（或其他法律规定）。若学者不在后一主张上进行思考（不见得赞同），径直以防止过错责任的软化等理由，赞同前一主张，则既不尊重体现了稳固价值观的此领域的司法实践，也是教义学上的懈怠。② 本书尝试就后一主张作些思考。

我国《民法典》并未就合伙人执行合伙事务时的费用和损失承担问题作出规定，由此首先产生的问题是，合伙人在执行合伙事务时支出费用的，该如何请求合伙偿还或其他合伙人予以补偿？有认为就此应适用《民法典》第971条之规定，可由合伙预先支付或事后偿还，因为"尽管本条没有规定，但无疑是本条应有之义"③。此主张的可疑之处在于，如何可以从"不得请求报酬"的规定中看出其包括"可以请求费用"这一"应有之义"？其次，因执行合伙事务而遭受的损失如何处理？有释义书在有关《民法典》第971条之理解与适用中提出："合伙人在执行合伙事务过程中，因不可归责于自己的事由，身

---

① 例如：贵州省黄平县人民法院民事判决书，（2015）黄民初字第202号；山东省东营市东营区人民法院民事判决书，（2016）鲁0502民初1132号。
② 至少在合伙人损失分担问题上有此"教义学懈怠"者，参见张新宝：《"公平责任"的再定位》，载《法商研究》2021年第5期，第12页。
③ 谢鸿飞、朱广新主编：《民法典评注：合同编（典型合同与准合同）》，中国法制出版社2020年版，第506页。

体或财产受到损害,除向侵权人主张损害赔偿外,也有权请求从合伙财产中给予补偿。"[1] 不过,该释义书并未就此进行任何论证。我国台湾地区"民法"有关合伙契约的第 680 条规定:"第五百三十七条至第五百四十六条关于委任之规定,于合伙人之执行合伙事务准用之。"同时,其第 546 条第 3 款规定:"受任人处理委任事务,因非可归责于自己之事由,致受损害者,得向委任人请求赔偿。"与之对照,和我国台湾地区"民法"第 546 条第 3 款类似,《民法典》第 930 条规定:"受托人处理委托事务时,因不可归责于自己的事由受到损失的,可以向委托人请求赔偿损失。"但是《民法典》有关合伙合同的规定中并无类似我国台湾地区"民法"第 680 条之"准用"规范。在无此"准用"规范的情况下,不妨经由合理的论证认为"类推适用"或许是一条可行的路径,但前述释义书并未在教义学上就此有任何的说明。2006 年修订通过的《合伙企业法》第 28 条第 1 款规定:"由一个或者数个合伙人执行合伙事务的,执行事务合伙人应当定期向其他合伙人报告事务执行情况以及合伙企业的经营和财务状况,其执行合伙事务所产生的收益归合伙企业,所产生的费用和亏损由合伙企业承担。"在合伙企业的情形下,就执行合伙事务而遭受损失应如何处理,既有文献甚少有论述。本书认为与执行合伙事务相关的人身或财产损失是合伙经营所发生的成本,如何构成"相关"或许可以争议,但具有相关性时,人身或财产损失应构成合伙经营的成本,不应有争议。因此,可行的处理路径是:或者将此条"亏损"扩张解释为包含损失在内[2],

---

[1] 最高人民法院民法典贯彻实施工作领导小组主编:《中华人民共和国民法典合同编理解与适用(四)》,人民法院出版社 2020 年版,第 2749 页。

[2] 如此解释的理由在于:一方面,亏损与盈利(而非收益)相对,且主体应指合伙企业而非合伙人,如何分担,《合伙企业法》第 33 条已经有规定;另一方面,第 28 条规定在《合伙企业法》第二章"普通合伙企业"第三节"合伙事务执行"中,同时涉及"收益、费用和亏损",将此处之亏损解释为包括损失,颇为协调。

或者类推适用此条针对"费用"的规定。① 在阐述了合伙企业情形下费用和损失分担的问题后②，需探讨在不构成合伙企业的情形下，合伙人的费用和损失分担问题。就此，可适用《民法典》的相关规定，但是如前述，相关规定阙如。在《民法典》第971条仅否定了执行合伙事务的报酬请求权的前提下，就非合伙企业的个人合伙情形，不妨类推适用《合伙企业法》第28条第1款之规定，解决合伙人执行合伙事务时的费用和损失分担问题。③ 至此，回过头看1987年的《个人合伙分担损失批复》，应将其纳入《民法典》合伙合同相关法律适用的解释框架中，不再作为侵权法公平责任一般规定的细化解释。由此，体系上脱离了侵权法公平责任一般规定的背景，在法律适用上就疑难话题或许会有新的思考视角。例如，《个人合伙分担损失批复》认为其他合伙人就执行合伙过程中的合伙人损失，虽然没有过错，但作出适当经济补偿，"符合法律规定的精神"。若此法律规定是指公平责任一般规定，则补偿需另加条件：受害人对损害的发生没有过错。实践中并非如此，执行事务的合伙人常常自己对其损失的发生也有过错，而有法官依然依据针对双方无过错情形的公平责任规定（如《民通意见》第157条）判决了适当补偿，且细加解释，却未发现其矛盾。④ 假如将合伙人执行合伙事务的损失分担问题放在《民法典》合

---

① 将合伙作为"他人"，执行合伙事务自更宽的视角看属于完成他人事务。关于完成他人事务中费用与损失承担问题，较详细的比较法介绍，参见冯德淦：《论无因管理中管理人遭受损害的救济》，载《财经法学》2021年第6期，第72—76页。同属于完成他人事务，损失承担问题的解决方案可能并不一致，另参见易军：《论中国法上"无因管理制度"与"委托合同制度"的体系关联》，载《法学评论》2020年第6期，第47页。

② 费用和损失分担的问题原本应体现为合伙人和合伙之间的关系，而不是合伙人之间的关系。不过，合伙承担的费用或损失，根本上也就是全体合伙人分担的费用或损失，因此，为简略起见，正文中未再就上述关系作更精细的区分。

③ 在《民法典》"合伙合同"章就诸多合伙中的法律问题并无规定的情况下，应考虑类推适用有关合伙企业的相关规定以解决实际问题。此观点参见谢立敏：《民事合伙的体系勘误和适用完善》，载《经贸法律评论》2021年第5期，第1—23页。

④ 施文星、常娜：《农村临时施工队的事故责任承担》，载《人民司法·案例》2019年第29期，第47—49页。

伙合同相关法律适用的解释框架中进行思考，且不采纳准用或类推适用《民法典》第930条有关受托人处理委托事务遭受损失的规定，那么，依据前述类推适用《合伙企业法》第28条第1款规定之思路，即使合伙人对造成损失有过错的，在考虑其过错的范围内，法院依然有正当的判决分担损失的空间。① 在《民法典》实施后，就其第1186条采另起新篇的视角，则《个人合伙分担损失批复》的内容在客观上符合对《合伙企业法》第28条第1款类推适用的处理，无须落在公平责任一般规定的解释适用框架中，其未予废止，不论有意还是无意，亦当无妨，仍可适用。接下来，以前述内容为基础，就"性行为后果"案型，本书尝试提出在另起新篇的视角下可能的处理路径。

（三）《民法典》实施后"性行为后果"案型的可能处理路径

1.《个人合伙分担损失批复》之类推适用

本章选取一起"性行为后果"典型案例进行阐述。其判决中的"本院认为"部分如下：

本院认为，《中华人民共和国民法典》第18条第1款规定："成年人为完全民事行为能力人，可以独立实施民事法律行为。"第1186条规定："受害人和行为人对损害的发生都没有过错的，依照法律的规定由双方分担损失。"何德琴、王磊作为完全民事行为能力人，双方均应当对自己的行为承担责任。在同居关系存续期间，双方自愿发生性行为导致何德琴怀孕，后双方因琐事协商未果，何德琴做人工流产手术花费医疗费3000元，做手术给何德琴的身体造成一定损害的事实客观存在，双方均应分担部分费用和分担部分损失。②

该判决显然采取了跟随旧章的做法，《民法典》第1186条中"依

---

① 《民通意见》第47条第2句规定："但是对造成合伙经营亏损有过错的合伙人，应当根据其过错程度相应的多承担责任。"此条规定的精神也可以参考。
② 贵州省凤冈县人民法院民事判决书，（2021）黔0327民初3758号。

照法律的规定"几个字似乎对其并未造成任何影响。不过，无须立刻作出批判，先探求其意思。比如，如何理解法官认为"作为完全民事行为能力人，双方均应当对自己的行为承担责任"？显然，法官并非认为由于"双方均应当对自己的行为承担责任"，因此男方无须分担女方的费用和损失①，而是恰恰相反，将女方费用和损失中的一部分作为男方因"自己的行为"而应承担责任的后果对待。在另一起有关一般人格权纠纷的案件中，法官也说了类似的话："原、被告均为完全民事行为人，在没有采取避孕措施的情况下发生性行为，均应能够预见自己行为的后果并应当对自己的行为负责。"② 依据本书对上述判决的同情的理解——同时也赞成，其所表达的意思实际是：双方自愿发生性行为而怀孕的，怀孕本身即为双方共同追求——无须明确——的结果，其所带来的费用和损失应由双方分担。本书自"合作"的视角将上述意思精细化：双方各自供应卵子和精子的行为相当于合作前的投入，一旦怀孕，合作即告开始。此处需注意的是：其一，发生性行为仅属于可能的合作前的投入，合作并未开始，此处所言之合作开始于怀孕。发生性行为本身并非合作，而是有可能处于去合作的路上。③ 其二，合作的意愿体现在怀孕（开始一刹那）而非性行为上，由此，若其中一方故意在避孕措施上做了手脚，尽管性行为是双方自愿的，但双方并无此处所言之合作。怀孕（开始后的过程）及其自然的后果，皆属于合作中的事务。对照《民法典》第 967 条有

---

① 例如，有案件中，被告作类似之辩解——"原、被告均为完全行为能力人，均应当理解并知晓双方性行为可能产生的后果，也应该对自己的行为负责，……原告要求被告给付的各项费用无事实依据及法律根据"，法官未予采纳，仍然依据《侵权责任法》第 24 条作出了分担损失的判决。参见吉林省桦甸市人民法院民事判决书，（2021）吉 0282 民初 2583 号。

② 深圳市罗湖区人民法院民事判决书，（2012）深罗法民一初字第 627 号。

③ 这里尝试提供一个设例以供比较。设甲乙二人各自在去谈判订立合作合同的路上，且带着意图出资的物品，其中一人路上发生交通事故并不属于合作中的事故，因为合作尚未开始。

关合伙合同之定义，类似地，此处有合伙合同所需要的"共同的事业目的"，即胎儿的"管理"，既包括养育胎儿，也包括可能的流产。"任何一种合法的、不背俗的目的都可以是合伙的共同目的"，商业的或非商业的、持续性的或临时的都不妨。① 双方共同的目的中既包括期待胎儿活着出生，双方对其皆享有父母的权利和义务，同时也涵盖通过流产等手段避免该权利义务产生之可能。

就"性行为后果"案型，解释中遇到困难的是合伙合同所需要的合意。首先，不宜将自愿同居共同生活本身解释为达成合伙合同的法律行为，因为在婚姻可以产生双方法律上权利义务的背景下，当事人选择同居而不是婚姻，应解释为双方意在避免产生有拘束力的法律关系。否则，所有的自愿同居生活都会形成合伙。② 其次，也不宜将同居生活中有关发生性行为或备孕与否的约定解释为达成合伙合同的法律行为，因为，若如此解释就会有过度限制自由从而使当事人的隐私不当进入法律调整领域的弊端。③ 但是，这并不意味着同居生活中不会在具体事项上形成具有合伙合同性质的约定。以《最高人民法院关于适用〈中华人民共和国民法典〉婚姻家庭编的解释（一）》[法释〔2020〕22号，以下简称"《民法典婚姻家庭编解释（一）》"]第22条为例，该条延续了《最高人民法院关于适用〈中华人民共和国婚姻法〉若干问题的解释（一）》（法释〔2001〕30号）第15条的做法，规定："被确认无效或者被撤销的婚姻，当事人同居期间所得的财产，除有证据证明为当事人一方所有的以外，按共同共有处理。"

---

① 〔德〕迪特尔·梅迪库斯：《德国债法分论》，杜景林、卢谌译，法律出版社2007年版，第386页。

② Vgl. NJW 2008, 3277.

③ 参见邵建东、曾见：《情谊行为还是法律行为——德国联邦最高法院"女方停服避孕药"案评析》，载《安徽大学法律评论》2004年第4卷第1期，第1—10页；王葆莳：《德国联邦最高法院典型判例研究：家庭法编》，法律出版社2019年版，第43—50页。

但该条实际上并未提供决定个人所有还是共同所有的认定标准[1]，若认为无效或被撤销的婚姻在夫妻财产关系上不发生溯及既往的法律效果[2]，或者认为同居期间所得财产全部按共同共有处理，那么，将使无效或被撤销婚姻在夫妻财产关系上与有效婚姻同等对待，并不见得妥当。最高人民法院有法官对该条的评价是："一直感觉十分困惑……不知其中是什么逻辑，如此这般很容易造成审判实践的混乱。"并建议："无效或者被撤销婚姻当事人同居期间所得的财产，各自的收入以及继承和受赠的财产归各自所有，同居期间共同购置的财产按照出资情况按份共有。"[3] 此建议的观点也有司法实践的做法可作印证。[4] 只是此建议的观点依然未解释共有认定的教义学理由。在本书看来，对《民法典婚姻家庭编解释（一）》第 22 条的解释适用，在无效或者被撤销婚姻下同居期间共同出资取得财产的情形，不妨从适用或类推适用合伙相关规定的角度加以理解。

明了同居关系中在特定事项上可以形成合伙合同这一点后，回到上文所述以胎儿的"管理"为共同目的之情形。假如法律就此已经作出规定，并无规整上的空白，则宽泛解释合伙合意的必要性不够。比如，不论同居关系还是婚姻关系，胎儿出生后的男女双方养育之责，有《民法典》1067 条以下之相关规定进行调整；胎儿出生前的"养护"或"流产"费用负担问题[5]，在男女双方有婚姻关系时，有《民

---

[1] 参见李昊、王文娜：《〈民法典〉婚姻无效和婚姻可撤销规则的解释与适用》，载《云南社会科学》2021 年第 2 期，第 19 页。

[2] 同上。

[3] 吴晓芳：《〈民法典〉婚姻家庭编涉及的有关争议问题探析》，载《法律适用》2020 年第 21 期，第 24 页。

[4] 如最高人民法院 2015 年 12 月 4 日公布 49 起婚姻家庭纠纷典型案例之二十六——王丽诉张伟同居析产案，载最高人民法院网，http://www.court.gov.cn/zixun-xiangqing-16211.html，2025 年 3 月 8 日访问。

[5] 本章"性行为后果"案型涉及的是流产手术费用的分担问题，在胎儿活着出生的情况下，胎儿养育及生产费用的分担问题，或许可以考虑适用《民法典》第 16 条加以处理。

法典》1055 条以下之相关规定进行调整。但是，在男女双方并无婚姻关系时，胎儿出生前的"养护"或"流产"费用负担问题，欠缺法律规定。此时，较为宽松地认定合伙合意，不失为一条可行的路径。因为有关是否备孕的约定不具有法律行为的特征，不可产生履行或损害赔偿请求权，但不妨碍就有关胎儿"管理"所产生的费用分担可产生法律行为性质的约定。在法律并未规整到，而价值观上又觉得费用或损失分担妥当时，适用合伙相关规定处理可以较好地将妥当的价值观通过教义学运用落到实处，即使觉得依然无法接受双方之间的合意是合伙合同的合意，从上文共同目的角度分析所见之类似性，也不妨通过类推适用合伙的相关规定进行处理。① 在本书看来，可供类推的，即包括前述《个人合伙分担损失批复》。

2.《民法典》第 979 条之适用或者第 302 条之类推适用

就"性行为后果"案型，合伙合同所需要的合意可能并不存在，如前述性行为中一方故意在避孕措施上做手脚而导致怀孕不符合另一方意愿的情形，此时，有无因管理规定适用之可能。在此种情形下，假如女方怀孕后，又变卦了，决定流产。其流产带来的费用和损失分担问题，可按《民法典》第 979 条之规定处理，因为流产符合男方明示或可推知的意思（法条用语："受益人真实意思"），且无因管理中管理他人事务可以是兼为自己的利益②，女方具有为自己利益而流产之意图不影响其符合无因管理之构成要件。另外，如前所述，决定适用或类推适用合伙相关规定的形成共同目的之意愿是怀孕的意愿，而怀孕是否符合双方意愿关键是在怀孕那一刻。怀孕之后，假如女方希望流产，而男方不愿意，此时由于怀孕符合男方意愿，也可以认为男

---

① 有关法律规整的漏洞与非婚同居关系中类推适用合伙相关规定之关系的阐述，可参见 Schäfer, *Kommentar zum BGB Vor § 705*, in: Münchener Kommentar zum BGB, 8. Auflage 2020, Rn. 84.

② 有关"受益人的真实意思"之解释，参见金可可：《〈民法典〉无因管理规定的解释论方案》，载《法学》2020 年第 8 期，第 37—57 页。

方同意怀孕即意味着同意怀孕所带来的合理后果,而男女双方在生育问题上意见不一致时,不妨认为女方决定流产仍属于怀孕所带来的合理后果,即仍不妨适用或类推适用合伙的相关规定。不过,如果不接受此种解释,也不妨将此种情形纳入无因管理规定之适用范围。此时,决定流产虽然不符合男方的真实意思,但基于男女双方生育自由不可避免的冲突情形,且双方不在婚姻关系之中,不妨认为男方坚持相冲突的意思违反第 979 条第 2 款所言之公序良俗,因此仍不妨碍女方流产构成无因管理之行为。①

最后需要讨论的是,就"性行为后果"案型类推适用《民法典》第 302 条规定的可能性。该条规定:"共有人对共有物的管理费用以及其他负担,有约定的,按照其约定;没有约定或者约定不明确的,按份共有人按照其份额负担,共同共有人共同负担。"假如受精卵或胚胎是男女双方共有的物,那么就该受精卵或胚胎所产生的管理费用,可直接适用《民法典》第 302 条,不论作为按份共有还是共同共有,双方分担的法律后果可以得到认定。不过,受精卵或胚胎不是物,是女方身体的一部分,因此,直接适用《民法典》第 302 条行不通。但是,考虑到孩子将来若出生,男女双方皆会和其形成亲子关系,且依据《民法典》第 16 条,该亲子关系甚至可以溯及到未出生前的胎儿状态,则认定受精卵或胚胎并非仅涉及女方一人利益,而是涉及男女双方共同的利益,从而就其管理费用之分担类推适用共有物相关规定成为可能。由于人—物类比的怪异,揭示类推适用《民法典》第 302 条的可能性更多是提供一种可供批判性审视的思考,目的也在于说明避免教义学懈怠时的尝试及其面临的困难。

本章就"性行为后果"案型,更看重的是前述《个人合伙分担损

---

① 这涉及男女双方生育自由冲突时的疑难话题,本章只是就同居关系中的情形尝试提出主张,尚无法深入论证。关于男女双方生育自由冲突时的司法实践及理论分析,参见张作华、徐小娟:《生育权的性别冲突与男性生育权的实现》,载《法律科学》2007 年第 2 期,第 129—136 页。

失批复》之类推适用，一方面是因为从搜集的案例看，此类案型中因在避孕措施上做手脚等导致怀孕并非双方自愿的情形似乎未见，且共有物管理费用分担相关规定的类推适用总面临着人—物不能类比的可能异议，更重要的另一方面是因为即使抛开供"性行为后果"案型类推适用不论，就合伙人分担费用或损失本身，相关规定在《民法典》中处于空缺的状态，既往在公平责任一般规定下解决该分担问题的做法若不再沿用，那么就必须在教义学上寻找新的途径以作回应。"性行为后果"案型的讨论兼有烘托出有关合伙人分担问题及其解决方案之目的。

三、体育运动、公平责任与自甘冒险

（一）司法实践中的"体育运动受伤"案型

《民法典》实施前，在体育运动中，若他人并无故意或重大过失，仅属于正常比赛等情形，参加者因此而受伤并请求承担公平责任的现象在司法实践中也较为常见（涉此类情形的案例以下简称"体育运动受伤"案型），但与"性行为后果"案型不同，法院并非近乎一致地皆认可公平责任的判决。不过，支持公平责任的判决亦非仅偶然地个别地出现，而是可能以近乎对半的比例呈现。学者关于是否应适用公平责任一般规定在致害人和受害人之间分担损失也多有分歧。[①]

自公平责任适用角度看，"体育运动受伤"案型并非本章所称"一致性较强"案型，而是"一致性较弱"案型。若属于"一致性较强"的否定公平责任案型，那么在《民法典》实施后，采另起新篇的

[①] 参见冯德淦：《体育比赛中公平责任适用之检讨》，载《法律适用》2019年第10期，第22页。有关适用公平责任的司法实践的总结，另参见韩煦：《自甘风险规则：规范分析与司法适用》，载《人民司法·应用》2020年第31期，第46—50页。

视角，自可直接以并无"法律的规定"为由，否定对原告的救济。但在既有司法实践中支持和否定公平责任的情形皆较为常见时，单纯以并无"法律的规定"为由对原告的救济加以否定，仍有教义学懈怠的嫌疑。相反，仍应对其在民法典相关制度的基础上思考有无救济的可能进路及其正当性。针对既往司法实践中支持或否定公平责任的"一致性较弱"案型，《民法典》实施后，"多一点思考"再给出答案，是尊重既往司法实践中体现出的价值观和避免教义学懈怠应有的学者的态度。"体育运动案型"涉及多人共同参与，民法制度中涉及多人共同参与的典型之一即为合伙。从合伙视角看，体育运动中受伤可否要求共同参与的人分担损失？此问题是接下来讨论的内容，讨论中并结合其与"性行为后果"案型的对比。

（二）合伙视角下的"体育运动受伤"案型——兼与"性行为后果"案型对比

以合伙视角观察"体育运动受伤"案型，应认为其不符合合伙的特征。假如认为共同参加体育运动，是合意订立了一个一起运动的合伙合同，那么，其中一人在运动中受伤，可以由全体参加者承担。此时，不再如司法实践公平责任判决中的那样仅由致害人承担，似乎更接近于分担损失的目标。但此种假设，不宜认可。首先，人们在生活中常发生结伴而为之事项，在对抗性体育运动等场合，不结伴甚至无法有此生活事项。上述假设若得到认可，推而广之，就生活中如此常见的结伴现象皆以合伙或近似合伙认定从而实现损失分担①，在没有法条明文规定且司法实践并未显示"一致性较强"的情况下，其中价值观不宜认可。其后果是造成普遍存在的局部分配，强使结伴活动者命运关联。其次，从合伙制度看，共同参加体育活动，缺乏合伙成立

---

① 实践中结伴出游时一人受伤后的公平责任承担问题，司法实践中也呈现一定的分歧，肯定的，如河南省驻马店市中级人民法院民事判决书，（2018）豫17民终290号；否定的，如湖南省邵阳市中级人民法院民事判决书，（2020）湘05民终346号。

所需要之"共同目的"。原先作为公平责任解释的《民通意见》第157条规定:"当事人对造成损害均无过错,但一方是在为对方的利益或者是共同的利益进行活动的过程中受到损害的,可以责令对方或者受益人给予一定的经济补偿。"此规定中"为……共同的利益"适合用来解释合伙人执行合伙事务的情形,因为共同目的可使得一人所为旨在实现共同的利益。而一起参加体育运动,即使在篮球或足球比赛中,参加者结合成一个队与另外的队进行对抗,该"组队"也不足以产生合伙所需要之共同目的,因为"组队"只是比赛的形式要求,并无法律上形成"共同目的"之意味。该队取得胜利,其中一人表现得异常地好,应居头功,其他参加者并不见得就会开心。① 最后,《民法典》第1176条第1款规定:"自愿参加具有一定风险的文体活动,因其他参加者的行为受到损害的,受害人不得请求其他参加者承担侵权责任;但是,其他参加者对损害的发生有故意或者重大过失的除外。"该规定实际上是表明共同参加体育运动,参加者的意愿并非结成具有"共同目的"之"共同体",而是"各人风险自负"。除体育运动外,结伴活动中若有明示或可推测的意思,符合生活的解释下,"个人风险自负"应在这种意思的范围内。②

与"性行为后果"案型相比较,共同参加体育运动和自愿发生性行为一样,都不会形成合伙或类似合伙之结合,否则会给生活施加过于不确定的负担,也不合乎当事人明示或可推知的意图。性行为过程中一人发生意外,对方是否需担责,应视其有无过错而定③;体育运

---

① 这里,须注意的是,本书所称"体育运动受伤"案型并不包括单位组织的对外比赛或内部竞赛之情形。此种情形,如江苏省常州市中级人民法院民事判决书,(2020)苏04民终181号。

② 相约自驾游中,有"个人风险自负"的明示协议的情形(法官也驳回了公平责任之诉请),如重庆市第一中级人民法院民事判决书,(2014)渝一中法民终字第03776号。

③ 在一起自愿发生性行为而猝死的案件中,法官以并无法律因果关系为由否定了公平责任之承担,在本书看来,从不构成类似合伙的角度考虑无过错时否定公平责任之承担会更有说理上的针对性。此例为:山东省临沂市中级人民法院民事判决书,(2019)鲁13民终4436号。

动中也一样。但和"性行为后果"案型类似,"体育运动受伤"案型中,不排除就具体个别事项形成合伙或类似合伙之关系。例如,踢球需要场地和足球,一人带着足球供大家使用,出于情谊行为,并无分担费用之必要,常属可能。但是,也不排除大家共同租用场地以供踢球之用,此时,不妨依据合伙制度分担该费用。[1]

四、结语:教义学上的拐杖及其舍弃

由以上关于"一致性较强"且支持公平责任的"性行为后果"案型的阐述可知,即使没有公平责任的一般规定,也可以透过对合伙相关制度的适用与类推适用的教义学分析,寻找解决问题的合理渠道,从而使"公平"在具体制度背景下之所以然更为明了。关于"一致性较弱"的"体育运动受伤"案型,就公平责任的妥当性与否的争议问题,在合伙制度的视角下分析,因为有着更为具体的制度背景,其分析结论的可辩驳性大大上升——泛泛地主张合乎公平与否,较难进行有效的相互辩驳。不论针对"一致性较强"或"一致性较弱"的案型,在公平责任一般规定的层面上处理,常常仅依赖抽象的价值观进行分析,避免了在具体制度背景下分析时的教义学论证的负担。由此,《民法通则》第132条和《侵权责任法》第24条都是教义学上的拐杖,是在教义学双腿还不够有力时可供依托的工具。《民法典》实

---

[1] 就如同在社交关系中,尽管结伴旅行的约定不具有法律行为的性质,但不妨碍有关旅行费用分担可达成法律行为性质的约定。参见〔德〕维尔纳·弗卢梅:《法律行为论》,迟颖译,法律出版社2013年版,第97页。在一起结伴钓鱼所借车辆丢失的案件中,法院依据公平原则让部分参加者分担损失,并排除了其中两名参加者的分担责任,其理由是"该二人是当日陈×与杨××所带的朋友,不是相约拼车钓鱼的参与者,也未参与分担费用"。这样的判决如果从合伙制度而非公平责任一般规定的角度,可以得到更好的说明。该案例为:河南省洛阳市中级人民法院民事判决书,(2012)洛民终字第264号。

施后,应当舍弃掉这根拐杖①,避免因为拐杖的存在使双腿得不到很好的锻炼。就此,本书主张对《民法典》第1186条的解释适用采"另起新篇"的视角,法条中的"法律的规定"并不包括第6条的公平原则的规定,也并非仅指有关法律后果的规定,而是指具备构成要件和法律后果的其他法律规定。在此视角下,《民法典》第1186条的制定相当于废止了原先的《侵权责任法》第24条,其自身无意义,删除亦无妨。在《民法典》实施后,针对既往司法实践中出现的"一致性较强"或"一致性较弱"案型,应当在整个民法制度范围内②,梳理可能相关的"法律的规定",尤其是第1165条第1款,就其解释适用细加探究,探寻有无合理的解决之道。如此,或许有助于在探寻中国问题和中国方案时发展真正有中国特色的民法教义学。③ 从《民法典》实施后的司法实践看,法官在解释适用第1186条时似乎仍是跟随旧章的做法,突然换个频道,或许不太现实。所谓"一致性较强"或"一致性较弱"案型,也是有赖于对类案的整理思考,似乎也无法期待面对个案的法官去完成这个目标。如此,则本书更多是对学界的期望:少讨论公平责任是不是原则的问题,也别光呼吁要防止公平责任的滥用,而应当观察司法实践,整理分析,在教义学体系中思考是否以及如何落实实践中显现的价值观,避免教义学上的懈怠。

---

① 由此也就一般性地舍弃了附着在这根拐杖上的有关公平责任的教条,诸如承担公平责任必须要双方无过错、必须具备法律因果关系以及不能赔偿精神损害,等等。所谓"一般性地舍弃"是指是否有这些要求,应视具体制度而定。

② 原《侵权责任法》里就包含着实质非属于侵权责任的规定[参见张谷:《论〈侵权责任法〉上的非真正侵权责任》,载《暨南学报(哲学社会科学版)》2010年第3期,第43—51页],公平责任一般规定被删除后,其所面临的问题也并不一定是要在侵权法制度里解决。

③ 例如,实践中普遍存在的支持公平分担损失的一种案型是"交通事故责任不明"案型(参见张善斌:《公平责任原则适用存在的问题及对策》,载《河北法学》2016年第12期,第42页),在本书看来,在《民法典》实施后,就此种案型可能需要结合证明责任的理论分析,依据对《民法典》第1165条第1款的更新的教义学阐释加以妥当处理。此处所谓"更新的",是指脱离传统侵权法的全有全无的二值模式。另参见孙维飞:《电梯劝阻吸烟案的公平责任分析》,载《师大法学》2019年第2辑,第255页。

第四章　自治与管制之一：定义、定性与法律适用
——以买卖型担保案型的法律适用为例[*]

［**理论提示**］　适用法律时，确定合意未受影响的双方意思表示无效或不生效力，属于管制，必须依赖管制性规范。而既有关于代物清偿的研究中却普遍忽视了这点，抛开法条（规范），仅以定义来决定代物清偿的效力，即定义其为要物性契约的，认为未进行交付的单纯代物清偿约定为无效或不生效；而定义其为诺成性契约的，则认为未进行交付的单纯代物清偿约定为有效。这是典型的仅以概念定义来推导约定之法律后果的做法，是不良概念法学之体现。分析合意的法律效果时，在意思自治的视角下，依据不同的定义给合意套上不同的帽子而定性，这种定性本身是不重要的，可以"无名化"，除非这种定性会引发超出定义性规范的其他规范的法律适用。另外，就合同法律适用问题的探讨，也应注意在分析时先自治层次后管制层次，就自治层次，可先分析显示出的意图，再分析真实的意图。

---

[*] 本章内容修改自孙维飞：《定义、定性与法律适用——买卖型担保案型的法律适用问题研究》，载《华东政法大学学报》2021年第6期，第166—178页。

一、问题之提出

本章要研究的是以"朱俊芳案"为典型的常被称为"买卖型担保"的案型[1],之前已多有研究[2]。其案情大致如下:朱俊芳两天内先后与嘉和泰公司签订《商品房买卖合同》(办妥备案登记)和《借款协议》各一份,并向后者实际提供借款1100万元。双方在《借款协议》中约定:嘉和泰公司将其所拥有的房屋"抵押给朱俊芳,抵押的方式为和朱俊芳签订商品房买卖合同,并办理备案手续"。《借款协议》中抵押所言及的房屋和《商品房买卖合同》中的房屋为同一标的物。双方在《借款协议》中并约定:借款"如到期不能偿还,嘉和泰公司将以抵押物抵顶借款,双方互不支付对方任何款项等"。

以"朱俊芳案"为典型的"买卖型担保"案型,涉及的一些重要法律适用问题包括:(1)以物抵债或代物清偿的约定,在他种给付履行前,是否成立或生效?[3] 此涉及要物合同的相关问题。(2)其中的

---

[1] "朱俊芳与山西嘉和泰房地产开发有限公司商品房买卖合同纠纷案",(2011)民提字第344号,载《最高人民法院公报》2014年第12期。

[2] 既有的理论上和实务上的介绍,可参见章晓英:《"以房抵债"与抵销预约——〈最高人民法院公报〉载"朱俊芳案"评释》,载《西部法学评论》2016年第1期,第60—61页;张素华、吴亦伟:《担保型买卖合同意思表示之辨》,载《河北法学》2018年第5期,第21页;陈永强:《以买卖合同担保借贷的解释路径与法效果》,载《中国法学》2018年第2期,第228—247页;李运达:《"买卖型担保"法律性质的反思与证成》,载《西部法学评论》2021年第2期,第121—127页;冯洁语:《民法典视野下非典型担保合同的教义学构造——以买卖型担保为例》,载《法学家》2020年第6期,第13—25页;汪洋、刘冲:《行为经济学视角下担保型以物抵债的界定》,载《云南社会科学》2024年第1期,第13—23页。

[3] 肯定说,如严之:《代物清偿法律问题研究》,载《当代法学》2015年第1期,第103—109页;否定说,如王洪亮:《代物清偿制度的发现与构建》,载《浙江工商大学学报》2018年第2期,第38—44页。上述两说皆以对代物清偿性质的界定会影响合同成立或生效为讨论之前提。

《商品房买卖合同》是否构成通谋虚伪表示?[①] 不论该买卖合同是否属通谋虚伪,就"朱俊芳案"中约定的真实内容该如何定性?[②] 此涉及对当事人意思自治内容的解释。(3)"朱俊芳案"中的约定是否与《物权法》第 186 条有关"流质契约禁止"之强制性规定相抵触?[③] 如果抵触,应如何处理?[④] 或者,在《民法典》颁布后,是否应适用《民法典》第 401 条之管制规定——"只能依法就抵押财产优先受偿"?如果与《物权法》第 186 条不抵触,或者不应适用《民法典》第 401 条之管制规定,是否会涉及适用或类推适用其他强制性规范的问题?[⑤] 此涉及对当事人意思自治的管制。

下文将以现行法为依据,就上述三个方面的问题展开论述,并侧重于展示"朱俊芳案"的法律适用中所需要注意的定义、定性与法律适用的关系以及自治与管制的分析层次等问题。

[①] 肯定说,如高治:《担保型买卖合同纠纷的法理辨析与裁判对策》,载《人民司法·应用》2014 年第 23 期,第 65—69 页;否定说,如章晓英:《"以房抵债"与抵销预约——〈最高人民法院公报〉载"朱俊芳案"评释》,载《西部法学评论》2016 年第 1 期,第 58—67 页。

[②] 各种定性的介绍,参见许中缘、夏沁:《民法体系视角下〈民间借贷规定〉第 24 条的释意——兼论买卖合同担保入民法典》,载《中南大学学报(社会科学版)》2018 年第 6 期,第 64—65 页。

[③] 肯定说,如庄加园:《"买卖型担保"与流押条款的效力——〈民间借贷规定〉第 24 条的解读》,载《清华法学》2016 年第 3 期,第 72—85 页;否定说,如陆青:《以房抵债协议的法理分析——〈最高人民法院公报〉载"朱俊芳案"评释》,载《法学研究》2015 年第 3 期,第 62—81 页。

[④] 一种处理方法,如《最高人民法院关于审理民间借贷案件适用法律若干问题的规定》(2000 年第二次修正)第 23 条。本章假设将此条作为学说处理,探讨"朱俊芳案"的法律适用问题时不以其必须遵守为前提。

[⑤] 比如可否适用违约金酌减规则,或利息管制等,参见许静雨:《论商品房买卖型让与担保》,载《华东政法大学学报》2016 年第 1 期增刊,第 188—189 页;姚明斌:《〈合同法〉第 114 条(约定违约金)评注》,载《法学家》2017 年第 5 期,第 162 页。

二、两种要物性——定义与法律适用

所谓要物性是指某类合同的属性,由(法学或法律)规范赋予,基本含义为某类合同之成立(或生效)需要物之交付。对规范的理解不同,可引致对要物性的理解不同。以《民法典》第 679 条为例。该条规定:"自然人之间的借款合同,自贷款人提供借款时成立。"对该规范可以有两种理解:一种将其理解为定义性规范,不具有法律适用的意义。为说明此点,先以我国台湾地区"民法"第 474 条为例。依该条,"消费借贷"的定义为"称消费借贷者,谓当事人一方移转金钱或其他代替物之所有权于他方,而约定他方以种类、质量、数量相同之物返还之契约"。在此定义下,若尚未发生金钱或其他代替物之所有权"移转",仅双方约定"移转"之义务时,该约定不符合上述定义,因而不能被称为"消费借贷"。但是,假设将该条理解为定义性规范,不具有法律适用的意义,则该条并不意味有关移转义务的单纯合意不成立契约或不发生效力。在此假设下,当事人双方尚未有实际的"移转",仅约定一方有义务"移转",而另一方有义务返还时,其约定不能被称为"消费借贷"(Darlehen),而应被称为"诺成的消费借贷契约"(Konsensualdarlehen);若当事人双方尚未有实际的"移转",仅约定双方有订立"消费借贷"契约之义务时,同样不能被称为"消费借贷",而应被称为"消费借贷之预约"(Darlehensvorvertrag)。[①] 因此,定义性规范本身不是法律适用的规范,而

---

① 史尚宽先生对我国台湾地区"民法"第 474 条的解释,从本书的视角看,即是将该条理解为不具有法律适用意义的定义性规范。参见史尚宽:《债法各论》,中国政法大学出版社 2000 年版,第 276—278 页。

只是语词使用的规范和法律适用的引导规范。① 以此来审视我国《民法典》第 679 条,假如将该条理解为定义性规范,即等同于"在自然人之间,所谓借款合同,是指自贷款人提供借款时生效的合同",则当事人双方约定有提供借款义务的合同也可成立生效,只是不能叫借款合同,而应当换个语词。比如,不妨设想增设《民法典》第 679-1 条:"自然人之间的诺成借款合同,自合意达成时成立并生效。"此时,《民法典》第 679-1 条和第 679 条并不矛盾。从逻辑上看,对《民法典》第 679 条也可作超越定义性规范之范围的第二种理解,即借款合同可分两种情形,一种情形是仅约定有提供借款的义务的,为不生效的借款合同;另一种情形是约定并提供了借款的,为生效的借款合同。② 于此,《民法典》第 679 条的"自提供借款时成立"被理解为"未到提供借款时不成立"。如此,则《民法典》第 679 条规范本身具有法律适用的意义,即诺成借款合同不成立。上述关于《民法典》第 679 条之规范属性的两种理解可概括为:本身不具有法律适用意义,以及本身具有法律适用意义。由此,借款合同的要物性也有两种理解可能:在 A 种要物性下,诺成的借款合同成立,但不能叫"借款合同",只能叫"诺成借款合同",且"诺成借款合同不是借款合同"③;在 B 种要物性下,诺成的借款合同不成立。

体现两种要物性的规范皆具有强制性,但强制性针对的领域不

---

① 之所以在定义性规范后面加上"本身"二字,是因为当该语词使用规范在法律或法律的解释中出现时,其对法律适用条款与案件事实起着连接作用。比如,我国台湾地区"民法"第 479 条第 1 款规定:"借用人不能以种类、品质、数量相同之物返还者,应以其物在返还时、返还地所应有之价值偿还之",该条之适用须以生活中的事实能被称为第 474 条的"消费借贷"契约为前提,即透过第 474 条的语词使用规范,将相关的生活事实定性为第 474 条的"消费借贷"。从法律适用的逻辑来看,法律适用条款为大前提,透过定义性规范对生活事实进行定性构成小前提,由此推出法律适用的结论。由此可见,法律适用者在法律适用规范与事实间"目光往返流转"时,牵引目光往返的正是定义性规范。
② 此处,不生效是指不生合同效力,而不是仅指不生借款合同效力。
③ 这种奇怪的表述,类似"死人"不是"人"。

同。其一，定义性规范作为语词使用规范，因其与法律适用条款的连接具有强制性，当事人双方不得对语词做不符合规范的定义。如果当事人双方将"买卖合同"定义为"双方约定一方将标的物交付另一方使用并收取对价的合同"，并作出了有关其所谓"买卖合同"的相关约定，那么其对"买卖合同"语词的定义不被接受，就其合同应适用《民法典》有关租赁合同的规定。[①]其二，强制性针对的也可能不是定义，即成立的合同叫什么（属定义性规范强制的领域），而是合同是否成立。此时，如果加上"当事人另有约定的除外"，则该规范常丧失意义。例如，《民法典》第890条不同于《民法典》第679条，由于其在"保管合同自保管物交付时成立"后面加上了但书条款"但当事人另有约定的除外"，因此可认为从其文义看，《民法典》第890条所规定的保管合同为诺成合同，而非要物合同。因为所有合同成立的约定都是通过（有拘束力的）意思表示的合意被认定的，一旦有合意，且未表明待交付等情形发生时才成立，即意味着当事人已经约定合同成立。[②]如果法律进行干涉，强制规定须等"物之交付"时才成立，自无问题，但若像《民法典》第890条一样，再缀上一个"另有约定的除外"，则该法律意味着"约定成立时还不成立，但另有约定成立的除外"。如此，则成自相矛盾的条款，没有意义。[③] 也就是说，若交付按当事人的约定，是成立要件，则无待《民法典》第890条前半句之规定，未交付时保管合同自然未成立；若交付按当事人的约

[①] 关于定义性规范的强制性，另请参见金可可：《强行规定与禁止规定——论〈合同法〉第52条第5项之适用范围》，载王洪亮等主编：《中德私法研究》（第13卷），北京大学出版社2016年版，第3—24页。

[②] 当事人之间的约定仅需要呈现有"交付保管物之义务"的表述即可，不需要出现"合同成立"的表述。

[③] 1995年《中华人民共和国合同法（试拟稿）》第404条仅规定"一般保管合同，自寄托人交付保管物于保管人时成立"，并未规定"但当事人另有约定的除外"。参见全国人大常委会法制工作委员会民法室编著：《〈中华人民共和国合同法〉及其重要草稿介绍》，法律出版社2000年版，第80页。

第四章　自治与管制之一：定义、定性与法律适用　147

定，不是成立要件（合意即成立），则适用和不适用《民法典》第890条后半句但书条款的结果是一样的，即未交付时合同已经成立。①

说清楚了两种要物性之后，在"以物抵债"案型中，就有关代物清偿是否属于要物合同的争论，首先，可以简单得出结论：此种争论对法律适用没有意义。得出如此结论的理由是：代物清偿是否属于要物合同的争论如果具有法律适用意义，其意义是指单纯的代物清偿合意不成立或不生效。《合同法》第8条规定："依法成立的合同，对当事人具有法律约束力，……"《民法典》第465条与之类似，但明确了合同相对性，规定："依法成立的合同，仅对当事人具有法律约束力，但是法律另有规定的除外"。如果强加"物之交付"（或现实为给付）作为成立或生效要件，必须另有法律规定。而"代物清偿"这一语词并没有出现在任何法律规定中，即使接受"代物清偿"是以"物之交付"作为成立或生效要件的要物合同的定义，也不会产生法律适用的意义。"代物清偿"的要物性仅涉及前述A种要物性，不涉及合同成立或生效与否的问题，顶多是有关"代物清偿"语词使用的规范问题。也就是：假如尚未有物之交付，单纯合意能否被称为"代物清偿"？赞成"代物清偿"为要物契约的，认为不可以；不赞成的，则认为可以。两者都不能否认"以物抵债"案型中单纯的合意可导致合同成立（生效），否则即为违反法律。就此，可以认为，就"朱俊芳案"，无论代物清偿是否为要物合同，都不会因此而影响此案甚至任何案件中合同的成立或生效。既有文献以合同是否成立或生效为视角对代物清偿性质的讨论是错位的。

其次，抛开法律适用来看，"代物清偿"这一语词的定义须包含要物性和契约性，即"代物清偿"属于要物合同。因为清偿是经由履

---

①　若想使《民法典》第890条有法律适用意义，似乎只能超出文义来解释，认为但书"另有约定的除外"中的"约定"有超出一般约定的要求，如"另有书面约定的除外"或"另有明示或明确约定的除外"，等等。

行（给付）使债务消灭的行为，若没有为现实给付，则债务不会因履行而消灭，自不宜被称为"清偿"；[①] 另外，若为现实给付，该现实给付为他种给付（所谓"代物"），没有债权人的同意，则债务不会消灭，因此构成契约。在采用上述定义性规范的情况下，则现实为他种给付的，应称之为"代物清偿"；尚未现实为他种给付的，应称之为"合意（或诺成）代物清偿""代物清偿预约"或"间接清偿"等。

最后，须说明的是，因为"代物清偿"这一语词并未出现在任何法律规定中，所以上述关于代物清偿的定义性说明，并非法律上的定义性规范。最多只可以说：为了避免无益的争论，本书希望其成为学界的语词使用规范。

三、"A 约定"——通谋虚伪与定性

法律行为可分为负担行为与处分行为。负担行为创设债权债务，而处分行为直接导致既有权利或义务的变动。就定义性规范的适用而言，是因为有了权利义务的创设，或既有权利义务的直接变动，所以才有了负担行为或处分行为之名。实至而名归，而不是相反。比如，是因为双方当事人创设了一方向另一方移转标的物所有权等义务，所以可称其约定为"买卖合同"，而不是因为双方的约定被定性为"买卖合同"，所以才有了一方向另一方移转标的物所有权等义务。因此，通过定义性规范为案件事实中的约定或合意定性时，首先应尽可能清晰准确地分析当事人双方所意图实现的权利义务及其变动，然后才考虑什么样的名称是合适的。因此，描述意图实现的权利义务及其变动

[①] 代物清偿之要物性，并非仅指"物之交付"，而是更宽泛的替代原给付的现实给付之作出行为。参见肖俊：《代物清偿中的合意基础与清偿效果研究》，载《中外法学》2015年第1期，第54页。

时，不妨先隐去名称，以符号代替。比如，下文将"朱俊芳案"中的约定径直称为"A约定"，先观察其中所意图实现的权利和义务及其变动。

在观察某"约定"时，首先应采取的是外部的客观的视角，即观察约定或合意向社会所显示的意图——此为法律行为成立的内容。至于该意图和当事人内心意思是否一致，涉及法律行为是否有效，应留待下一阶段考察。法律行为成立内容的考察应先于法律行为是否有效的考察，此意味着，所显示意图的考察应先于真实意图的考察。

前述"朱俊芳案"中，将朱俊芳与嘉和泰公司之间透过《商品房买卖合同》和《借款协议》所做的约定称为"A约定"，观察约定所意图实现的权利义务及其变动，其显示出的内容，可总结如下：

I. 依《借款协议》，嘉和泰公司对朱俊芳负有按期归还所得借款之义务（以下简称"归还借款义务"）；

II. 依《商品房买卖合同》，嘉和泰公司对朱俊芳负有交付并移转房屋所有权之义务（以下简称"移转房屋所有权义务"）；

III. 依《商品房买卖合同》，朱俊芳对嘉和泰公司负有支付房屋价款之义务（以下简称"支付房屋价款义务"[①]）；

IV. 依《借款协议》，借款未到期时，则双方无须履行《商品房买卖合同》中的义务；

V. 依《借款协议》，借款到期时，若嘉和泰公司偿还了借款，则双方亦无须履行《商品房买卖合同》中的义务；[②]

VI. 依《借款协议》，借款到期时，若嘉和泰公司未能偿还

[①] "支付房屋价款义务"意味着该义务和"移转房屋所有权义务"具有牵连性，即II和III项具有牵连性。

[②] IV和V项描述的"无须履行义务"既可以指"有义务但无须履行"，也可以指"无义务因此无须履行"。

借款,则"双方互不支付对方任何款项",即"归还借款义务"和"支付房屋价款义务"同时消灭。但嘉和泰公司须用房屋抵顶借款,即须履行《商品房买卖合同》中的移转房屋所有权之义务。

法律行为成立,其内容为权利义务及其变动。其中,通谋虚伪的内容是指双方当事人以虚假的意思表示而成立的内容,即当事人真实的意图并未出现在表示中。在"朱俊芳案"中,"A约定"是"B约定"(指《商品房买卖合同》)和"C约定"(指《借款协议》)合成的整体,自"A约定"视角看,虽然无论如何(不论借款是否到期以及是否被偿还),朱俊芳皆无须履行《商品房买卖合同》中的"支付房屋价款义务",① 但是,这一点正是"A约定"(其中 IV-VI 的约定)所显示的,因而并非虚伪表示的内容。若仅从"B约定"视角看,《商品房买卖合同》会显示"支付房屋价款义务"须履行②,这样一来,不联系"C约定"的话,"B约定"构成虚伪表示。"朱俊芳案"中,备案登记的《商品房买卖合同》显示的意图是朱俊芳须履行支付价款义务,而结合"C约定"可以了解,真实的意图是朱俊芳无须履行支付价款义务。就"朱俊芳案"中《商品房买卖合同》的备案登记来说,虚伪表示的内容是须履行支付价款义务的买卖合同,而隐藏的表示内容是无须履行支付价款义务的"买卖合同"。前者是"B约定",为了区分,后者不妨称之为"b约定"。这意味着当"B约定"和"C约定"合成一个整体时,"B约定"自身也发生了转变,

---

① 借款到期前,嘉和泰公司可履行"归还借款义务"(数额为1100万元),无权选择履行"移转房屋所有权义务"从而豁免该"归还借款义务";若借款到期被嘉和泰公司清偿,则"A约定"的目的已经实现,嘉和泰公司无须再履行"移转房屋所有权义务",且朱俊芳也无须履行"支付房屋价款义务"(数额为 1035.4554 万元);若借款到期不能被嘉和泰公司清偿,则"双方互不支付对方任何款项",朱俊芳无须履行"支付价款义务",而嘉和泰公司也不再有"归还借款义务",仅须履行移转房屋所有权义务。

② 即 IV-VI 项所描述的内容应该没出现在《商品房买卖合同》中。

变为"b约定"。如果有关许可备案登记的规范意旨不允许"b约定"的登记,则"朱俊芳案"中的备案登记乃经由通谋虚伪而获得,可能面临被涂销等后果。不过,这些都不影响下面这个结论,即"A约定"由"B约定"和"C约定"结合而成,并非虚伪表示。尤其"A约定"中的"移转房屋所有权义务"并非通谋虚伪而不真实,乃当事人双方的真实意图。"A约定"的特点在于:构成其组成部分的《商品房买卖合同》中的"支付房屋价款义务"无论如何都不需要履行。

假如当事人双方就"A约定"做了补充,约定朱俊芳在嘉和泰公司履行移转房屋所有权义务后,应当进行清算(即为借款债权就房屋变价受偿,多退少补),或者约定朱俊芳在嘉和泰公司不能履行归还借款义务时,应当进行清算(即为借款债权就请求移转房屋所有权之债权变价受偿,多退少补)。这样,"A约定"转变为"附清算义务的A约定",不妨称之为"a约定"。当事人的约定若显示内容为"A约定",但双方真实意图内容为"a约定"时,则"A约定"为通谋虚伪表示,"a约定"为隐藏行为。自"朱俊芳案"观察,纵使可从当事人的相关约定中解释出某种"担保约定",但是,由于当事人明确约定,若嘉和泰公司未能偿还借款,则"双方互不支付对方任何款项",因此,不论该"担保约定"的内容为何,并无任何证据证明,且从"抵押"或"抵顶"语词亦不能推断当事人双方有约定清算义务之真实意图。① 因此,就此案型而言,不应认为双方隐藏了"a约

---

① 以"担保约定"的视角解释"朱俊芳案",参见庄加园:《"买卖型担保"与流押条款的效力——〈民间借贷规定〉第24条的解读》,载《清华法学》2016年第3期,第75—76页。

定"。双方的真实意图即为不附清算义务的"A约定"。①

说清楚不附清算义务的"A约定"并非通谋虚伪表示之后，接下来探讨对"A约定"进行定性中的问题。定性，事关怎样的名称适合于"A约定"，也是定名。应取最能符合定性者所采纳之定义性规范和当事人意图内容的名，无须拘泥于当事人于约定中所取之名。定性的难处有二：第一，合意所显示的意图内容之不明或不足；第二，强制性定义性规范之欠缺。假如合意所显示的意图内容清晰，如何定性（定名），仍会因定性者所取定义性规范之不同而有不同答案。比如某合意约定：就原定给付，债务人得任意以他给付代替原定给付，但不负有为他给付之义务。就此约定，有学者认为可定性为"代物清偿之预约"，有学者认为不可。认为不可者的理由是："代物清偿之预约"应指负有为他给付之义务的合意。② 当法条并未给出强制性的定义性规范时，学者常依各自的理论资源采用自认为合适的定义性规范，由此产生名称竞争或定名争执。好在合同无名不影响其效力，且定义性规范只是赋予当事人的合意一个名称，本身不具有法律适用的效力，因此，在不涉及其他规范的法律适用时，可以延缓考虑定名问题，以避免没有针对性的定名争执。有针对性的定名争执必须涉及其他规范的法律适用，围绕其他规范的意旨而展开。在下文中，"朱俊芳案"

---

① 若从当事人双方约定中所用字眼如"抵顶""抵押"，可推断出双方意图中有清算义务，且无相反约定，则此种"担保约定"使"朱俊芳案"中的"A约定"成为清算型担保，"不生违反禁止流质约款之问题"〔参见谢在全：《民法物权论》（下册），中国政法大学出版社1999年版，第903页〕。但是，"朱俊芳案"中明确约定了"双方互不支付对方任何款项"，非为此种具有清算型担保性质之"担保约定"。另外，有学者以"信托的将权利转移于担保权人之让与担保契约"作类比，以论证"A约定"中《商品房买卖合同》为通谋虚伪法律行为，并不恰当，因为"信托的"已经意味着受让与人并非确定地取得所有权，须受清算义务之制约，而"A约定"中并不能得出"信托的"或"有清算义务制约的"真实意图。上述类比，参见高治：《担保型买卖合同纠纷的法理辨析与裁判对策》，载《人民司法·应用》2014年第23期，第67页。

② 参见史尚宽：《债法总论》，中国政法大学出版社2000年版，第816页，注释[1]。另外，就原定给付，债权人有代替权时，可否称之为"代物清偿合意"，也会有争论，可参见陆青：《以房抵债协议的法理分析——〈最高人民法院公报〉载"朱俊芳案"评释》，载《法学研究》2015年第3期，第74页。

中的合意仍暂称为"A约定",并围绕可能涉及的法律适用问题而就定性问题进行探讨。

四、"A约定"——定性与法律适用

以法律适用为视角,"朱俊芳案"中的定性问题应分两步解决。第一步解决的是自治范围内的问题,探讨如何对自治内容进行解释与补充,其中定性涉及任意性规范的法律适用;第二步则解决的是管制范围内的问题,探讨是否以及如何对自治进行限制,其中定性会涉及强制性规范的法律适用。第一步是以自治角度的法律适用为视角探讨定性问题,其任务在于使定性尽可能符合双方当事人的真实意图。第二步是以管制角度的法律适用为视角探讨定性问题,其任务在于使强制性规范的意旨得以落实。在自治角度的法律适用中认可的权利义务皆为当事人的真实意图,而在管制角度的法律适用中认可的权利义务可能伴有违背当事人真实意图的法律强加的权利义务(及其否定)。混淆第一步和第二步可能导致定性问题上的失误。比如,有学者主张"A约定"为独立类型的"流质契约",不属于"代物清偿预约",理由是:在后者,债权人依据代替权,行使他种给付请求权时[1],"债务人应为他种给付而不得为原定给付",而在前者,借鉴我国台湾地区"民法"第873条之一第3款可认为,"即使债权人行使他种给付请求权,债务人亦得以原定给付之履行而免于承受他种给付之负担"。也就是说,在流质契约场合,债务人有"担保债务之最后清偿权",从而不同于"代物清偿预约"。[2] 该见解的失误在于忽视了所谓"担保债务之最后清偿权"是流质契约禁止的后果,是管制的后果,并非

---

[1] 依据后文分析,"A约定"中,债权人并无此种代替权。这里仅为表述他人分析。
[2] 参见吕斌、张力:《流质契约类型独立论》,载易继明主编:《私法》(第15辑·第2卷),华中科技大学出版社2018年版,第191页注释[82]以及对应的正文。

对当事人真实意图解释的后果，以此和解释当事人真实意图的"代物清偿预约"比较，是为层次混乱。

（一）以自治角度的法律适用视角探讨"A 约定"的定性问题

"A 约定"最核心的特点在于：构成其组成部分的《商品房买卖合同》中的"支付房屋价款义务"无论如何都不需要履行。"A 约定"之定性首先涉及如何在解释中处理该义务，可分为两种：一种认为在法律适用时应将其作为"移转房屋所有权义务"之对价，此种定性不妨称为"定性一"；另一种认为在法律适用时不应将其作为"移转房屋所有权义务"之对价——"移转房屋所有权义务"是否有对价以及对价是什么属于与此无涉的另一问题，此种定性不妨称为"定性二"。"定性一"与"定性二"相比，是不妥的，理由是：由于"支付房屋价款义务"无论如何都不需要履行，因此不会和"移转房屋所有权义务"产生履行上的牵连性，不应作为"移转房屋所有权义务"之对价。就此，试从法律适用视角设例说明。按照"定性一"，假设嘉和泰公司实际移转了房屋所有权，且房屋有瑕疵，朱俊芳请求减价（《民法典》第 582 条），则减价的基础为《商品房买卖合同》中约定的"1035.4554 万元"价款，而不是须归还的借款数额"1100 万元"。支付"1035.4554 万元"价款的义务由于无论如何无须履行，以此作为减价的基础不具有正当性。最高人民法院在说明"朱俊芳案"时认为："本案中，十四份《商品房买卖合同》涉及的款项和《借款协议》涉及的款项，在数额上虽有差额，但双方当事人对于十四份《商品房买卖合同》所涉款项和《借款协议》所涉款项属同一笔款项并无异议。"认为两个有差额的数额"属同一笔款项"，如果该表述有意义，则只能是指以其中一个数额为准，而"双方当事人并无异议"的只能是以《借款协议》中的数额为准，因为《商品房买卖合同》中的数额在"朱俊芳案"中根本用不上。

"定性一"将《商品房买卖合同》中的"支付房屋价款义务"作为"移转房屋所有权义务"之对价,认可了以《商品房买卖合同》为表现的"买卖"的真实性。就"A约定"中借款到期前无须履行"支付房屋价款义务"这一内容(前述"A约定"内容之IV项),可将《商品房买卖合同》解释为"附停止条件买卖合同"以契合这一内容,条件为不履行"归还借款义务";就"A约定"中若未能履行"归还借款义务"则"双方互不支付对方任何款项"这一内容(前述"A约定"内容之VI项),可将其解释为"合意抵销"(或称之为抵销契约),不过,有此合意时,"支付房屋价款义务"因买卖合同附停止条件尚未发生,因此,更准确的是应称为"预先的合意抵销"。此"预先的合意抵销"不同于预先追求法定抵销之效果的合意。预先合意追求法定抵销效果仅避免了事后为法定抵销权行使之意思表示的麻烦,但与法定抵销权一样,仍需当事人双方债务为同种类,且仅在同等数额范围内因抵销而消灭双方的债权,由此,可产生剩余债权的问题。而"预先的合意抵销"不受上述条件限制。"A约定"中,"双方互不支付对方任何款项"表明,双方合意并非仅在预先追求法定抵销之效果。[①]

"定性一"承认《商品房买卖合同》的真实性,由于抵销视角认可了其中的"支付房屋价款义务",且不涉及其中的"移转房屋所有权义务",因此,抵销的视角与《商品房买卖合同》(不论附条件与否)真实性的视角是协调的。其他视角,如代物清偿合意、债之变更或债之更改,由于一方面认可了《商品房买卖合同》中的"移转房屋所有权义务"作为他种给付义务,另一方面又未认可其中的"支付房

[①] 从自治的角度,以"《商品房买卖合同》附停止条件,且作成抵销预约"来解释"A约定",参见章晓英:《"以房抵债"与抵销预约——〈最高人民法院公报〉载"朱俊芳案"评释》,载《西部法学评论》2016年第1期,第58—67页。本章所称"预先的合意抵销"和该文章所称"抵销预约"内容相同,仅用语不同。就剩余债权问题,亦可参见该文第65页。

屋价款义务"——因为原定给付义务为"偿还借款义务",相当于否认了《商品房买卖合同》的真实性,与之不能协调,从而不能并存。比如,就"A 约定",若主张构成附停止条件之代物清偿合意,对法律适用而言即已经足够,不能也无须同时主张《商品房买卖合同》为附解除条件之买卖合同。①

"定性二"否认《商品房买卖合同》的真实性,但并不否认"移转房屋所有权义务"的真实性。因为否认《商品房买卖合同》的真实性,所以不能用"预先的合意抵销"来解释"支付房屋价款义务"为何无须履行。代物清偿合意、债之变更或债之更改等定性皆可实现将"支付房屋价款义务"从"A 约定"中解释出去之要求。由于不同定性所用名称(尤其如代物清偿预约或代物清偿合意)并无强制性定义性规范对其含义予以界定,为避免徒劳无益的争执,本书在给出自己的定性前,先就"定性二"视角下"A 约定"中权利义务的特点加以说明。"A 约定"约定了借款合同性质的权利义务,显而易见,其构成应为"借款合同+……",下文仅就其中省略号的部分加以说明,亦径以"A 约定"称之。

首先,依据前述"A 约定"内容之 IV 和 VI 项事前即债务到期前,债务人可选择履行或不履行,若到期仍不履行,则"归还借款义务"改变为"移转房屋所有权义务";事后即债务到期不履行后,债权人和债务人皆无"代替权"或"选择权"。事前,债务人之所以有选择机会,原因在于"归还借款义务"改变为"移转房屋所有权义务"实际上是附条件的,所附条件为债务人违约,而债务人违约与否在于债务人之意愿和能力。事后,双方当事人之所以没有"代替权"或"选择权",原因在于《借款协议》约定,债务人违约这一条件成就后,则"双方互不支付对方任何款项",即"归还借款义务"直接

---

① 并存的主张,参见陆青:《以房抵债协议的法理分析——〈最高人民法院公报〉载"朱俊芳案"评释》,载《法学研究》2015 年第 3 期,第 75 页。

消灭，仅剩债务人"移转房屋所有权义务"。由此，就"A 约定"之定性，只要认为"代物清偿预约"或"代物清偿合意"的概念有"代替权"或"选择权"的内涵，则附条件代物清偿预约说或附条件代物清偿合意说皆不符合当事人之真实意图；若认为"代物清偿预约"或"代物清偿合意"的概念没有"代替权"或"选择权"的内涵[①]，即债务人因条件之成就而直接有为"他种给付"（即"移转房屋所有权义务"）之义务，则其定性符合当事人之真实意图，但与用"债之变更"或"债之更改"对"A 约定"进行定性相比，效果并无不同。由于"债之变更"或"债之更改"并不会让人存在含有"代替权"或"选择权"的想法，因此，本书认为，"A 约定"应定性为"附停止条件的债之变更"或"附停止条件的债之更改"契约，停止条件为债务人违约（不履行原定给付义务）。依据债之同一性有无维持的特征可区分债之变更与债之更改，若考虑到"A 约定"中给付义务客体种类发生变化，宜将"A 约定"定性为"附停止条件的债之更改"。其特点为条件一旦成就，则债权人和债务人皆无代替权或选择权，债务直接发生改变。

其次，在"债之更改"，旧债务之消灭与新债务之产生互为对价和原因[②]，其成立须双方当事人有更改意思。如果旧债务为赠与人义务，则旧债务履行有瑕疵时，原则上债务人不承担瑕疵担保责任。若依债之更改，将旧债务更改为新债务，由于新债务之产生并非出于赠与，而是更改，因此，新债务不履行时，债务人原则上应承担瑕疵担保责任。由此可见，当旧债务为赠与人义务时，认定更

[①] 对"代物清偿预约"的此种理解，参见张海鹏：《担保性房屋买卖合同法律性质之探析——兼析〈民间借贷司法解释〉第 24 条》，载《东方法学》2016 年第 2 期，第 150—160 页。

[②] 有关旧债务之消灭与新债务之产生互为对价和原因，美国法上的替代合同（substituted contract）制度可资参考，参见 American Law Institute, *Restatement（Second）of Contracts* § 279 (1981), Comment b.

改意思之存在对债务人利益影响较大,不免发生疑难。但在"朱俊芳案"中,旧债务并非出于赠与或其他无偿之目的,解释双方当事人有将旧债务("偿还借款义务")更改为新债务("移转房屋所有权义务")的更改意思,并无不当。如此,则旧债务之消灭和新债务之产生立于对价关系,从法律适用角度看,若移转的房屋有瑕疵,则减价请求权的基础应以旧债务数额为准,而非《商品房买卖合同》中所定之价款。这也是将"A约定"定性为"附停止条件债之更改"的意义之所在。

再次,在"朱俊芳案",依常理和当事人用词(如"抵押""抵顶借款")皆可看出,新债务("移转房屋所有权义务")之设定具有督促债务人履行旧债务之意图。该意图最核心的体现是,"A约定"将债务人违约设定为更改之条件,构成"以债务人不履行旧债务(偿还借款债务)为停止条件的债之更改",由此不同于一般的债之更改,涂抹上了"担保"之颜色。此颜色只是使得"A约定"可泛泛地或抽象地被称为担保(督促债务人履行或防止债务人不履行),在法律适用上会发生怎样的影响,尚须就具体规定而论。

最后,"朱俊芳案"作为典型案例的特征在于"A约定"可定性为"借款合同+以债务人不履行偿还借款债务为停止条件的债之更改"。若其他案件的案情在关键特征内容上与"A约定"有所不同,则不可同日而语。比如,若双方当事人并非于事前(偿还借款义务产生时),而是事后(借款债权到期后)达成有关新给付之约定——这也意味着通常不大可能以债务人不履行偿还借款债务为停止条件(不妨称之为"X约定"),那么,在作出有关新给付之约定前,债务人已经拿到借款,不会产生因经济困难企图借款而无奈答应不合理条款的危险，无须受流质契约禁止之管制。① 此类"X约定"，笼统地看，用生活术语表达，即为事后的"以物抵债协议"。就此类协议，常发生代物清偿是否为要物契约的争论，如何解决，已如前述（本章"二"）。就此类协议，尚可细分两种：第一，新给付并非义务——常意味着债务人有权以新给付之完成消灭旧债务；第二，新给付为义务。新给付为义务时，又可分为两种：第一，协议达成时新给付义务取代旧给付义务（新给付义务未履行时，旧义务即已经消失）；第二，协议达成时新给付义务并非取代旧给付义务（新给付完成时，新旧义务才同时消失）。再比如，若约定条件成就后，债务人有代替权或变更权，则其可不行使该代替权或变更权，其债务并不发生变化，债务人仅需承担借款合同的违约责任；债务人也可行使该代替权或变更权，通过移转房屋所有权而使自己债务消灭。如此，则依此类约定（不妨称之为"Y约定"），债务人在违约后仍可因代替权或变更权之存在而享受较好之保障，并无探讨其是否构成"流质契约"以及是否应被管制的空间。

就上述"X约定"或"Y约定"，须注意的是，当适用法律时，新给付是否为义务、新旧义务是否并存以及当事人有无代替权或变更权等结论，是对当事人意思表示进行解释、推定或漏洞填补的结果，而不是对诸如代物清偿或代物清偿预约等概念解释的结果。否则，就

---

① 参见最高人民法院指导案例72号："汤龙、刘新龙、马忠太、王洪刚诉新疆鄂尔多斯彦海房地产开发有限公司商品房买卖合同纠纷案"，并参见最高人民法院案例指导工作办公室：《〈汤龙、刘新龙、马忠太、王洪刚诉新疆鄂尔多斯彦海房地产开发有限公司商品房买卖合同纠纷案〉的理解与参照——当事人协商一致终止借款合同并将借款转化为购房款的法律关系认定》，载《人民司法·案例》2018年第23期。另外，本章所称事前指偿还借款义务产生时，事后指借款债权到期后，若此类约定发生于事中，即偿还借款义务产生后，借款债权到期前，是否应受流质契约禁止之控制，有待研究。参见庄加园：《"买卖型担保"与流押条款的效力——〈民间借贷规定〉第24条的解读》，载《清华法学》2016年第3期，第83页注释[63]以及对应正文。

是拿概念阉割自由。①

(二)以管制角度的法律适用视角探讨"A约定"的定性问题

如前所述,"A约定"以债务人不履行偿还借款债务作为债之更改的停止条件,从而具有担保的特点或作用。但仅泛泛地讨论某制度是否有担保作用或为担保,对于法律适用并无价值,应当直奔主题,落实到具体的法条上探讨与担保相关的规定是否应当被适用或类推适用的问题。②

"朱俊芳案"可能涉及的管制有三方面:流质契约禁止(《民法典》第401条)、违约金酌减(《民法典》第585条)和利息管制(《关于人民法院审理借贷案件的若干意见》第6条③)。之所以三个

---

① 通过概念解释得出新旧义务是否并存,试举一例:"本院认为,成都港招公司与招商局公司双方协议以土地作价清偿的约定构成了代物清偿法律关系。依据民法基本原理,代物清偿……,在新债务未履行前,原债务并不消灭,当新债务履行后,原债务同时消灭",参见"成都市国土资源局武侯分局与招商(蛇口)成都房地产开发有限责任公司、成都港招实业开发有限责任公司、海南民丰科技实业开发总公司债权人代位权纠纷案",(2011)民提字第210号,《最高人民法院公报》2012年第6期。依本书看来,此案中所摘录之"本院认为"的结论,可通过以下方式得到:扩张解释《合同法》第78条(《民法典》第544条)"当事人对合同变更的内容约定不明确的,推定为未变更",作如下推定:无明确约定时,推定为新债务并不取代旧债务。《最高人民法院关于适用〈中华人民共和国民法典〉合同编通则若干问题的解释》(法释〔2023〕13号)第27条第2款针对"在债务履行期限届满后达成以物抵债协议"的情形,规定:"债务人或者第三人履行以物抵债协议后,人民法院应当认定相应的原债务同时消灭;债务人或者第三人未按照约定履行以物抵债协议,经催告后在合理期限内仍不履行,债权人选择请求履行原债务或者以物抵债协议的,人民法院应予支持,但是法律另有规定或者当事人另有约定的除外。"该款但书规定中的"当事人另有约定的除外",意义在于使得该款规定相当于推定事后的以物抵债协议并非债的变更或更改。

② 以"担保作用"和"担保"的区分为基础,并以"朱俊芳案"与"担保"概念之内涵不符为由,丝毫不分析《物权法》第186条之规范意旨,径直否认该条之适用,此种做法并不妥当,至少忽视了类推适用的可能性。参见崔建远:《"担保"辨——基于担保泛化弊端严重的思考》,载《政治与法律》2015年第12期,第120—121页。

③ 法〔民〕〔1991〕21号。"朱俊芳案"后,此条已经被2020年修正的《最高人民法院关于审理民间借贷案件适用法律若干问题的规定》第25条取代。两者都是利息管制,不过,考虑"朱俊芳案"的判决时间(2011年),本章列明的仍是旧法。

领域的管制皆有可能，而非确实无疑，是因为"A 约定"的内容与上述三条的构成要件或适用范围既有相似之处，又有不相似之处。相似之处分别在于：（1）因约定违约（不履行还款义务）时债权人得到移转房屋请求权，无须清算，从而该约定与《民法典》第 401 条的适用范围有相似处；（2）因约定违约（不履行还款义务）时产生新的给付义务，从而该约定与《民法典》第 585 条规定的约定违约金有相似处；（3）因约定涉及《借款协议》之履行，苛刻条款可能使借款成本不合理地高扬，从而该约定与《关于人民法院审理借贷案件的若干意见》第 6 条的适用范围有相似处。不相似之处分别在于：（1）因约定违约（不履行还款义务）时债权人仅得到移转房屋所有权的请求权，而非房屋所有权，以及债权人并无抵押权，从而该约定与《民法典》第 401 条的适用范围有不相似之处；（2）因约定违约（不履行还款义务）时产生新的给付义务，同时原给付义务消灭，通常情况下，"在违约金场合，违约触发违约金给付义务，并不会同时消灭既有的主债务"[①]，从而该约定与《民法典》第 585 条规定的约定违约金有不相似之处；（3）因约定中的"移转房屋所有权义务"的价值减去借款本金后的价值毕竟不是利息，即并非作为借款本金的回报，而是作为违约的后果，从而该约定与《关于人民法院审理借贷案件的若干意见》第 6 条的适用范围有不相似处。

既然"A 约定"与上述三项具管制特征的法条的构成要件或适用

---

① 姚明斌：《〈合同法〉第 114 条（约定违约金）评注》，载《法学家》2017 年第 5 期，第 162 页。扩张解释《合同法》第 114 条，不妨认可其适用于非金钱形式的违约金，"朱俊芳案"中约定的非金钱形式的新给付义务，本书未算作不相似之处。但非金钱形式的违约金可能无法部分履行，从而产生违约金酌减的特殊方法问题。不过，从《合同法》第 114 条（《民法典》第 585 条）第 1 款的定义性规范看，似乎并未将"消灭既有债务及其法定违约责任"的约定违约金排除在外，其第 2 款的"增加规范"也只应理解成任意性规定，而非强制性规定，因此，文中"A 约定"和违约金约定的不相似之处，也只是和通常情形或被法律推定情形下的违约金不相似。关于违约金规范中的定义性规范、任意性规范与强制性规范，可参见本书下一章的阐述。

范围既有相似之处，也有不相似处之处，则意味着"A 约定"可能是类推适用上述三条，而非直接适用。不相似之处的重要性越低，则类推适用的可能性越大。就类推适用的可能性，须考察三条规范的规范意旨以进一步说明。先统一说明该三条的规范意旨的共通性。以涉及借款债务为例，就债务人和第三人的保护而言，该三条规范的意旨在本书看来皆着眼于防止借款人受到贷款人的盘剥和过分的惩罚，而非意在防止第三人因信赖等遭受损失。以此为视角，"A 约定"与三条规范适用范围的不相似性皆不太重要，因为只要新给付义务的价值甚高于原先的借款债务且不加调控，借款债务人就会受到盘剥（三条规范都意在防范此种情形之发生）。① 此点从利息管制和违约金酌减的规范意旨出发，较容易得出；就流质契约禁止的规范意旨，尚须进一步说明。为何在债务人违约时，债权人并不能直接得到所有权的情况下，虽然无须清算，债务人仍可能受到盘剥呢？理由是义务必须履行。从义务必须得到履行的角度看，就债权人和债务人关系而言，债权人得到"所有权"和得到"移转所有权的义务"，并无多大差别。有差别的是在债权人和第三人之间，债权人得到所有权才可对抗第三人，否则，不能对抗。同理，由于义务必须履行，债权人有无抵押权影响的也是债权人和第三人之间的利益关系，对债权人和债务人之间的利益关系影响不大。②

不同类推适用皆有可能的情况下，尚须比较类推适用上述三条规

---

① 当新给付义务的价值"甚高"时，则有"盘剥"。该结论的得出是以三条规范的存在为前提，并以该三条规范的视角加以评判的结果。该结论是对法条价值判断的描述，并非脱离法条的价值判断。

② 有关义务设定而非所有权移转并不妨碍"流质契约禁止"规范之适用，参见庄加园：《"买卖型担保"与流押条款的效力——〈民间借贷规定〉第 24 条的解读》，载《清华法学》2016 年第 3 期，第 80—82 页。另外，如果《物权法》第 186 条不适用于义务设定，就不动产抵押来说，该条可能会形同虚设。参见陆青：《以房抵债协议的法理分析——〈最高人民法院公报〉载"朱俊芳案"评释》，载《法学研究》2015 年第 3 期，第 78—79 页。

范的法律效果,以确定假如类推,类推何种管制规范更为恰当。利息管制和违约金酌减的管制的法律效果显然明晰,毋庸多言;就《物权法》第 186 条管制的法律效果,须稍加申述。《物权法》第 186 条否定了事先约定违约时所有权移转的效力,对抵押权来说,实际后果是抵押权人必须通过清算而受偿(即保障《物权法》第 195 条之适用)。就此强制清算的管制法律效果,《民法典》第 401 条已经作出了明确规定,即抵押权人"只能依法就抵押财产优先受偿"。因此,未作约定时,强加清算义务才是流质契约禁止的核心意旨。如果"朱俊芳案"中约定了清算义务(多退少补),则无适用流质契约禁止之管制规范的必要。① 由于"朱俊芳案"中并无抵押权与所谓习惯法上物权②,类推适用《物权法》第 186 条或《民法典》第 401 条的结果不应是"移转房屋所有权义务"无效,而是强加清算义务。

以类推适用的法律效果为视角,可将上述三种管制措施分为两类,即甲种管制:流质契约禁止;乙种管制:违约金酌减和利息管制。在类推适用时,以担保的角度而言,"朱俊芳案"中"偿还借款义务"相当于流质契约禁止时的主债务,也相当于违约金酌减时的损害赔偿义务和利息管制中的本金返还义务;"移转房屋所有权义务"被用来担保。假如"朱俊芳案"中,事后在借款人不能偿还借款时,房屋价格下跌,低于"偿还借款义务"之价值。若类推适用甲种管制,则朱俊芳可请求嘉和泰公司履行"偿还借款义务"以避免房屋价

---

① 当事人并未约定清算义务时(如"朱俊芳案"),若以清算义务为由否认流质契约禁止之必要,则颠倒了因果,因为此时有清算义务是流质契约禁止之结果,不能作为不适用流质契约禁止之理由。

② 此类见解,参见杨立新:《后让与担保:一个正在形成的习惯法担保物权》,载《中国法学》2013 年第 3 期,第 74—84 页;董学立:《也论"后让与担保"——与杨立新教授商榷》,载《中国法学》2014 年第 3 期,第 288—304 页。另外,即使认可"朱俊芳案"中《商品房买卖合同》的效力,也不能就此认为因为该《商品房买卖合同》已经备案登记而产生物权效力。如果其可以阻止第三人重复购买,也是我国备案登记实践的实际效果。

格下跌的损失，若类推适用乙种管制，则不会有此请求权。理由是：清算义务意味着"多退少补"，包含着"少可补"；而违约金酌减和利息管制则不同，并无任何相关条款显示有违反当事人意思（体现管制）的"少须补"，① 因此，类推适用违约金酌减和利息管制规范，意味着"多要扣"，但"少不补"。类推适用甲种管制规范时会产生额外的"少要补"法律效果，具有双向调整的作用，而类推适用乙种管制规范仅具有单向调整的作用。

了解上述三种类推适用的可能性和各自特点后，本书赞成类推适用，且赞成应类推适用利息管制规范。首先，由于"朱俊芳案"中《商品房买卖合同》为通谋虚伪表示，其"移转所有权义务"之设定显然具有保障借款债权实现的特点，因此，防范借款人受到贷款人的盘剥和过分惩罚的意旨并无理由不予考虑，从而类推适用具有正当性；其次，"少不补"的单向调整符合当事人的真实意图，为突出保护债务人的意旨，应类推适用违约金酌减规范或利息管制规范；再次，相比于违约金酌减规范，利息管制规范属于针对借款合同的特有管制规范，更具有贴近性和针对性。本案"A约定"所体现的是"借款合同+……"的结构，从而适用利息管制规范，也更有针对性，更贴切。不过，类推与否，以及类推适用何种规范，都涉及价值观的选择，本章也只是尝试，也不妨进一步探索。②

最后，若类推适用利息管制规范，由于"移转房屋所有权义务"为非金钱给付义务，"超出部分的利息不予保护"，则意味着仅须为部

---

① 当违约金低于实际损失时，《民法典》第585条第2款的增加规范，即"约定的违约金低于造成的损失的，人民法院或者仲裁机构可以根据当事人的请求予以增加"，不应认为属于强制性规定，因此，在当事人的违约金约定中排除原债务（如"朱俊芳案"中的"借款返还义务"）时，不应依《民法典》第585条第2款认定其无效。更进一步的具体说明，参见本书下一章的阐述。

② 参见汪洋、刘冲：《行为经济学视角下担保型以物抵债的界定》，载《云南社会科学》2024年第1期，第13—23页。

分给付，而就房屋如何实现部分给付？解决方案有二①：（1）虽然转移占有难以实现部分给付，但"所有权纵令为一个物之所有权，得分为应有部分而为共有，性质上为可分"②，因此，适用利息管制规范的结果可以是：债务人仅须移转共有份额（应有部分）给债权人，超出部分的利息不予保护体现为债务人可保留的共有份额③；（2）债权人有移转房屋的请求权，但就经计算为"超出部分的利息"的房屋价值，债务人有权请求债权人补偿，两请求权处于同时履行抗辩之地位。④

五、结论

就以"朱俊芳案"为典型的"买卖型担保"案型的法律适用问题的分析，本书认为应注意定义、定性与法律适用的关系。由于意思自治，定义性规范本身并不会对合同成立或生效与否产生影响，从而在无其他强制性规范的情况下，如何定义代物清偿并不会影响"买卖型担保"案型中合同的成立或生效。就此，应分清两种不同的要物性。另外，探讨以"朱俊芳案"为典型的"买卖型担保"案型，应遵循的

---

① 于此亦可参见姚明斌：《〈合同法〉第114条（约定违约金）评注》，载《法学家》2017年第5期，第167页。尽管文章提及的是非金钱违约金的酌减问题，但其方法于利息管制规范的类推适用不妨参考。同理，亦可参见庄加园：《"买卖型担保"与流押条款的效力——〈民间借贷规定〉第24条的解读》，载《清华法学》2016年第3期，第83页。

② 史尚宽：《债法总论》，中国政法大学出版社2000年版，第235页。移转占有的问题，不妨类比以动产共有份额设质的情形，通过使对方与自己形成共同占有的方法（就房屋如交付钥匙等）而解决。关于共有份额设质与共同占有，参见史尚宽：《物权法论》，中国政法大学出版社2000年版，第348页。

③ 比如，房屋价值100万，但经对比"偿还借款义务"，其中10万计算为超出部分的利息，则按方案（1）类推适用利息管制规范的结果是：债权人仅有移转9/10房屋共有份额的请求权。

④ 比如，房屋价值100万，但经对比"偿还借款义务"，其中10万计算为超出部分的利息，则按方案（2）类推适用利息管制规范的结果是：债权人仅有移转房屋所有权的请求权，债务人有请求补偿10万元之请求权，两者处于同时履行抗辩之地位。

方法为：先分析合意显示出的意图，后分析当事人真实的意图；先分析自治的内容，再分析管制的内容。就自治内容的分析，应注意定性乃实至而名归，而非相反。否则，会犯从概念解释出当事人意图的谬误，以概念阉割自由。就合意的定性问题，应先准确梳理当事人双方真实意图的内容，避免过早地给出名称（定名）。过早地给出名称，常受语词之害，从而过早地忙于辨析名词，忽略了真正的任务是描述自治内容，常会就法条没有的语词（从而缺乏法律上的强制性的定义性规范），陷入不必要的语词之争。"A约定"之空名正为避免此种弊端而设计。就管制问题的分析，应就具体的管制规范的法条，列明其与待解决案型的相似之处与不相似之处，从而进一步探讨适用或类推适用的可能性，其中，管制规范的意旨尤其重要。本章就"朱俊芳案"中"A约定"的法律适用，从自治角度，定性其为"借款合同＋以债务人不履行偿还借款债务为停止条件的债之更改"；从管制角度，认为应类推适用利息管制规范。附带说明的是，当违约发生（条件成就）时，更改生效。此时，朱俊芳起诉嘉和泰公司要求移转房屋所有权时，依据乃为无名合同。若出于案由设定需要，非得要起个名字不可，本书认为可类比"准消费借贷"之命名，称其为"准买卖合同"，以体现移转房屋所有权义务产生和偿还借款义务消灭互为对价的特点，并兼具负担行为和处分行为之特性。①

少受语词困扰，直探法律适用，乃笔者之期望。

---

① 其中，合同生效则（偿还借款）义务直接消灭，体现处分行为之特性；合同生效则（移转房屋所有权）义务产生，体现了负担行为之特性。

第五章　自治与管制之二：定义性规范、任意性规范与强制性规范

——以《民法典》第585条(违约金)之法律适用为例*

[理论提示]　我国在既有关于违约金的研究中存在一项重要缺陷，即多从违约金类型（是惩罚性违约金还是赔偿性违约金）出发，而少从调整违约金的规范类型出发进行研究。不同的违约金类型可根据不同的有关违约金的定义性规范得出。当不同的定义性规范引向不同的法律适用类规范（任意性规范和强制性规范）时，此种定义性规范的不同便具有意义，同时依不同的定义性规范而得出的不同的违约金类型在法律适用上具有（应适用不同规范的）意义；而当不同的定义性规范并不会引向不同的法律适用类规范（任意性规范和强制性规范）时，此种定义性规范的不同则不具有意义，同时依不同的定义性规范而得出的不同的违约金类型在法律适用上也不具有意义，即不论是惩罚性违约金还是赔偿性违约金，适用的条款是相同的（都是《民法典》第585条第2款）。当我国《合同法》或《民法典》中并无关于不同种类违约金适用的不同法律规范时，文献和司法实践中却常常

---

* 本章内容修改自孙维飞：《违约金规范的类型与法律适用》，载李昊主编：《燕大法学教室》（第5期），元照出版有限公司2022年版，第75—86页。

着意讨论惩罚性违约金和赔偿性违约金的区分，制造不同的有关违约金子类别的定义性规范，而这并非必要。重要的是规范的类型，即《民法典》第585条（《合同法》第114条）第2款。尤其后半句的酌减规范，究竟是否为强制性规范？一旦认定为强制性规范，不论为惩罚性违约金或赔偿性违约金皆须适用该规范；一旦认定为任意性规范，关键也不再是违约金依惩罚和补偿功能而划分不同类型，而是当事人的意思是否排斥酌减规范之适用。总之，定义性规范本身不具有法律适用的意义，由不同定义性规范引发约定或制度的不同类型时，其目的应当在于引向不同的法律适用类规范（分任意性规定和强制性规定）。如此，可避免不必要的类型划分以及与之相关的无益的争论。

一、规范类型、性质与意旨

《民法典》第585条规定分3款，第1款："当事人可以约定一方违约时应当根据违约情况向对方支付一定数额的违约金，也可以约定因违约产生的损失赔偿额的计算方法。"第2款："约定的违约金低于造成的损失的，人民法院或者仲裁机构可以根据当事人的请求予以增加；约定的违约金过分高于造成的损失的，人民法院或者仲裁机构可以根据当事人的请求予以适当减少。"第3款："当事人就迟延履行约定违约金的，违约方支付违约金后，还应当履行债务。"本条沿袭了《合同法》第114条之内容。[①] 本条第1款系定义性规定。按文义，以违约为支付条件，以一定数额或按一定计算方法得出的损失赔偿额为支付内容的约定，为该款所称之约定。定义性规定本身无法律适用

[①] 《合同法》第114条第2款规定"……当事人可以请求人民法院或者仲裁机构……"，《民法典》第585条第2款将字句调整为"……人民法院或者仲裁机构可以根据当事人的请求……"。如此调整，对法律适用，并无实质意义。

内容，依据意思自治原理，若当事人约定的内容与该款不合，则非该款所称之约定，仅此而已，仅依据该款不能推出任何更多的内容。

本条第 2 款系法律适用规定，前半句规定"违约金增加"相关内容，即"增加规范"，后半句规定"违约金适当减少"相关内容，即"酌减规范"。在法律适用上，由该款规范引发的基本问题是：该款规范属于强制性规定，抑或任意性规定？

第一，后半句涉及的"酌减规范"，比较法和我国司法实践多认为是强制性规定，与之冲突的相反约定无效。[1]"酌减规范"意在干涉而非顺应当事人的意思自治。干涉大致出于两个方面的理由：其一是公平，防止债权人盘剥债务人[2]；其二是效率，防止当违约从社会角度看更有效率时，债务人因违约金过高而不得不守约履行。当事人常无法完全确定合同订立后的成本收益情形，此种合同不完备，有可能导致过高违约金之约定。[3]

第二，前半句涉及的"增加规范"若为强制性规定，则即使当事人明确约定实际损失超过违约金数额时，也不得请求法院或仲裁机构增加违约金，该约定依本款无效；反之，前半句涉及的"增加规范"若为任意性规定，则当事人可通过明确约定，排除本款前半句的任意性规定，是本款前半句所允许的意思自治，不能依据本款前半句判定其无效。

---

[1] 参见姚明斌：《违约金司法酌减的规范构成》，载《法学》2014 年第 1 期，第 131 页。若考虑商人交易的特殊特点，可在"酌减规范"的适用，即酌情考虑是否减以及减的程度上，保持节制。参见徐展：《商人预先放弃违约金酌减请求约定的效力——对〈合同法〉第一百十四条第二款后段性质及民商区分的讨论》，载《宁波广播电视大学学报》2019 年第 3 期，第 79—87 页。《最高人民法院关于适用〈中华人民共和国民法典〉合同编通则若干问题的解释》（法释〔2023〕13 号）第 64 条第 3 款对此明确规定："当事人仅以合同约定不得对违约金进行调整为由主张不予调整违约金的，人民法院不予支持。"

[2] 参见王洪亮：《违约金酌减规则论》，载《法学家》2015 年第 3 期，第 143 页。

[3] 参见〔美〕斯蒂文·萨维尔：《法律的经济分析》，柯华庆译，中国政法大学出版社 2009 年版，第 94—96 页。

本书主张，"增加规范"应为任意性规定。① 理由在于：

第一，约定违约金不得增加，或者预先放弃要求增加的权利，实为限制责任类的约定。限制责任类约定的效力应委诸相关规制条款的适用或类推适用，如《民法典》第506条有关免责条款无效的规定等，以维持法律价值评价体系的统一。②

第二，本款就增加违约金前提的表述为"低于"（造成的损失），而非"过分低于"③，若将本款"增加规范"认定为强制性规定，则无法解释为何本款强制酌减时，应限于违约金"过分高于"，而强制增加时，仅须"低于"即可。④

本条第3款为法律适用规定，应为任意性规定。其意义在于：

---

① 不同见解，参见姚明斌：《违约金论》，中国法制出版社2018年版，第358页。

② 可行的思路是：既然按照《民法典》第506条，因当事人一般过失导致对方财产损害时，免责条款有效，那么，举重以明轻，此时限制责任条款亦有效。约定违约金不得增加的条款是否具有限制责任的特点，依赖违约金设定的高低，并不构成确定的限制责任的条款。从而，再次举重以明轻，既然确定的限制责任条款有效，那么，约定违约金不得增加的条款在限制责任上具有不确定性，因此亦有效。

③ 从立法史角度看，《合同法》颁布前，《中华人民共和国合同法（征求意见稿）》(1997年5月14日) 第77条第2款和《中华人民共和国合同法（草案）》(1998年8月20日) 第118条第2款，就违约金的增加或减少，都采用合并表述的模式，即"违约金过分高于或者低于……"和"请求……适当减少或者增加"的表述。这样的合并表述有歧义，即"过分高于或者低于"中的"过分"一词，究竟仅修饰"高于"还是同时修饰"高于"和"低于"。正式通过的《合同法》第114条第2款则采取了分开表述的模式，且有"低于"和"过分高于"表述上的不同，不再有上述歧义。起草者就该款"酌减规范"的适用强调须违约金"过分高于"（而非"略高于"）损失，而就"增加规范"的适用并未强调违约金须"过分低于"损失，而是认为"违约金不足弥补损失的，应当补足损失。这一点，和《经济合同法》的规定类似"（1982年施行的《中华人民共和国经济合同法》第35条规定"……如果由于违约已给对方造成的损失超过违约金的，还应进行赔偿，补偿违约金不足的部分……"）。参见全国人大常委会法制工作委员会民法室编著：《〈中华人民共和国合同法〉及其重要草稿介绍》，法律出版社2000年版，第123、185和230页。

④ 不过，司法实践中的确经常出现"过高"（或"过分过高"）和"过低"（或"过分过低"）并列表述的现象，虽然案情只涉及"过高"（或"过分高"）的问题。并列表述，可参见"李健、深圳市赢时通汽车服务有限公司龙华分公司车辆租赁合同纠纷二审民事判决书"，(2018) 粤03民终20582号；"广西建工集团第一建筑工程有限责任公司与青海恒平房地产开发有限公司建设工程施工合同纠纷一案二审民事判决书"，(2019) 最高法民终1365号。

第一，揭示了违约金支付义务的通常属性，即损害赔偿责任之（全部或部分）替代。迟延履行并非履行不能，若并未因此而导致合同被解除，并不发生替代给付的损害赔偿责任，仅发生迟延损害赔偿责任。当事人之间未另有约定时，违约金责任仅替代迟延损害赔偿责任，不影响继续履行请求权。[①]

第二，若当事人明确约定"迟延履行时，不得要求继续履行，仅可以要求支付约定的违约金"，此种约定不会因为抵触该款规定而无效，只是当事人之间约定的违约金不宜再被称为迟延违约金，而应另作命名。

明了上述三款规定的性质之后，可将本条关于违约金的规定总结为三个层次：第一，有约定按约定处理（第1款）；第二，没约定或约定不明确的，按任意性规定处理（第2款前半句、第3款）；第三，即使有相反约定，"酌减规范"亦应适用。前两个层次为自治层次，后一个层次为管制层次。

二、违约金约定的解释与补充——自治层次的法律适用

"酌减规范"的强制性并不影响违约金约定的效力，而是影响"预先放弃酌减"或"不得酌减"等相反约定的效力。因此，在《民法典》第585条视角下探求当事人违约金约定的内容无须考虑"酌减规范"，仅在自治视角下对当事人的违约金约定进行解释和补充。

（一）违约金约定的解释

本条第1款定义，为第2款、第3款界定了适用对象的最低限度

---

① 不宜认为在继续履行之外可请求的违约金即为惩罚性违约金，参见韩世远：《违约金的理论问题——以合同法第114条为中心的解释论》，载《法学研究》2003年第4期，第16页。

要求。可简化表述为：第 2 款、第 3 款适用对象应为此种约定："就某某违约情事，应支付违约金若干元。"此种表述意味着约定时事先可以确定将来应支付的金额，即第 1 款所谓的"一定数额"；若约定时当事人认为事先不宜明确"一定数额"，只能给出数额的"计算方法"，那么，违约情事发生时，按该"计算方法"仍会得出"一定数额"，该"一定数额"仍为约定的结果，而非法定。因此，事后当违约情事发生时，违约金支付义务都表现为"应支付（约定的）一定数额"。① 为了简化起见，可将违约金约定表述为事先约定"一定数额"的情形，即"就某某违约情事，应支付违约金若干元"。②

假如当事人仅约定了"就某某违约情事，应支付违约金若干元"，但并未明确以下问题：就违约金支付，是否以损害发生为条件？是否排除了法定违约责任的可归责性前提要求？是否可以和法定损害赔偿请求权一并主张？此时，若起争议，有赖立法或司法解释任意性规定的补充，或司法对其所作之解释或补充性解释。就前述两个问题，立法或司法解释并未提供任意性规定进行补充③，因此，需要司法进行解释或补充性解释。解释或补充性解释时，应依据具体案件中的违约金约定情形而定。未联系个案，就解释问题统一说明时，须有基本假定。这里先假定当事人约定的内容符合此种模式——"就某某违约情事，应支付违约金若干元"。

首先，无相反约定时，应解释或补充解释为违约金支付不以损害

---

① 当事人称该数额为"罚款"，而非"违约金"，并不影响其作为违约金的性质。相关案例，参见"上海鹊桥仙制衣厂与上海腾飞时装肩垫制品有限公司加工合同违约金纠纷上诉案"，（2005）沪一中民四（商）终字第 1055 号。

② "一定数额的违约金"和"因违约产生的损失赔偿额的计算方法"是否应予区分，相关争论介绍以及正确观点，参见姚明斌：《〈合同法〉第 114 条（约定违约金）评注》，载《法学家》2017 年第 5 期，第 155 页。

③ 这里并未区分补充性和解释性任意性规定的不同，区分两者在意思表示重大误解的法律适用领域或许有意义，但在这里并非主题。有关两种任意性规定的不同，参见王轶：《论合同法上的任意性规范》，载《社会科学战线》2006 年第 5 期，第 234 页。

发生为条件。理由在于，假如以损害发生为条件，则债权人未能证明损失时，不可获得违约金，但倘能证明1元钱损失时，即可按约定获得全部违约金。由此，0元和1元的差异将造成不支付违约金和支付违约金的差异，如此跳跃，难谓符合约定者双方的真实意思，也不能形成客观合理的解释。如果合同中没有异常明确的要求，不可解释为有此要求。①

其次，无相反约定时，应解释或补充解释为违约金约定不改变法定违约责任的可归责性前提要求。此时，应从违约金约定和法定违约责任条款之间的关系加以认识。法定违约责任的条款，如《民法典》第584条有关违约损害赔偿范围的规定，第590条有关不可抗力免责的规定，应为任意性规定。通常模式下的违约金约定旨在全部或部分排除《民法典》第584条有关违约损害赔偿范围的规定的适用②，但并非旨在排除《民法典》第590条有关不可抗力免责的规定的适用。其他涉及违约责任可归责性前提的法律规定，也和《民法典》第590条一样，通常并非违约金约定排除适用的对象。违约金约定通常与损害赔偿额度的安排有关，影响的是违约责任构成中的损害以及与之相关的因果关系要件，不会影响违约责任构成的其他要件。

最后，无相反约定时，应解释或补充解释为违约金支付义务不得和法定损害赔偿责任一并主张。如果违约金支付义务可以和法定损害赔偿责任一并主张，则该违约金约定具有鲜明的私人惩罚的特点，对当事人利益影响甚大，无自愿受罚的"受害人"明确同意，不宜作此

---

① 个别案件中，当事人一方承认自己有符合违约金支付条件的违约情事，但认为对方没有实际损失，因而无违约金支付义务。就此主张，法官并未认可。参见"彭菊香与湖北高驰律师事务所合同纠纷二审民事判决书"，(2019) 鄂01民终10810号。

② 有关违约责任赔偿范围的法律规定的性质及其与违约金约定之间的关系，参见姚明斌：《〈合同法〉第113条第1款（违约损害的赔偿范围）评注》，载《法学家》2020年第3期，第174页。

解释。①

(二) 违约金约定的备缺类型——预定损害赔偿最低额

当事人之间仅约定了"就某某违约情事,应支付违约金若干元"时,若约定的违约情事发生,当事人是否可以不请求违约金,而请求与违约情事相应的损害赔偿?此问题亦涉及对当事人自治内容的解释或填补。首先,解决此问题,应从本条第 2 款前半句有关"增加规范"的性质入手。前文将该"增加规范"解释为任意性规定,这意味着,在该任意性规定设定的备缺类型——当事人未作相反约定,即被认定的类型——下,若法定可赔偿损失高于违约金,当事人有权请求法院或仲裁机构增加违约金。由此意味着,法定可赔偿损失高于违约金的"剩余损失"仍可通过请求增加违约金的形式得到赔偿。其次,既然如此,当事人直接请求法定的赔偿损失,效果上与请求增加违约金等同②,自然也在本条第 2 款前半句任意性规定所可推出的结论范围内,没有相反约定时,自无不可。最后,适用该任意性规定时,当事人不得同时请求违约金和赔偿全部损失(而非"剩余损失")。因为若可同时请求赔偿全部损失和违约金,则当事人就可以"约定的违约金低于造成的损失"为由请求增加违约金,显然超出了该任意性规

---

① 另外,须注意的是,"违约金支付不以损害发生为条件""违约金约定不改变法定违约责任的可归责性前提要求"以及"违约金支付义务不得和法定损害赔偿责任一并主张"这三项解释准则并不会形成"法定模范类型",理由是:第一,这三项解释准则并不是对法律(如本条第 1 款定义性规定)的解释,而是对违约金约定的解释。若理解为针对本条第 1 款中"约定"的解释,则意味着第 2 款和第 3 款中有关"违约金"的规则仅适用于符合上述三项准则的违约金,并不合理。第二,这三项解释准则并无任意性规定做支撑。在既无定义性规定,也无任意性规定做支撑的情形下,不宜称其为"法定模范类型"。有关违约金的"法定模范类型",参见姚明斌:《违约金的类型构造》,载《法学研究》2015 年第 4 期,第 147—163 页。

② 就效果上等同,可设例加以说明。例如,约定违约金为 50 万元,当事人请求人民法院增加 20 万元。此时,当事人须证明的内容是可赔偿的损失额度为 70 万元。也就是说,要求增加 20 万元时,须证明的可赔偿损失额度不会仅是 20 万元,而是 70 万元。因此,请求适用"增加规范",和请求法定损害赔偿,在须证明的内容上是一样的。

定的设定意旨。

经由以上分析可知，本条第 2 款前半句的任意性规定，就违约金，可以预定损害赔偿最低额为备缺类型①，当事人若作相反约定排除该任意性规定，亦可约定预定损害赔偿总额的违约金类型，还可约定在法定损害赔偿之外支付的违约金类型。② 在预定损害赔偿最低额时，就违约金之外的"剩余损失"，债权人仍可请求赔偿，此时违约金是对法定损害赔偿责任的部分替代；在预定损害赔偿总额时，就违约金之外的"剩余损失"，债权人不可请求赔偿，此时违约金是对法定损害赔偿责任的全部替代。若当事人约定的是"预定损害赔偿总额"类型的违约金，在意思自治视角下，不宜认可债权人的法定损害赔偿请求权和违约金请求权存在"选择性竞合"③，因为此种竞合允许债权人抛开违约金约定，请求法定损害赔偿，当法定损害赔偿额高于违约金时，违反了预定损害赔偿总额的约定意旨，使其变相成为预

---

① 就"就某某违约情事，应支付违约金若干元"此种约定，任意性规定将其设定为预定损害赔偿最低额类型时，不一定是顺从可能的当事人意思。当事人内心真实意思假如更可能是预定损害赔偿总额，那么以"预定损害赔偿最低额"为备缺类型的任意性规定，以可能违逆当事人意思的不利作反向激励，能够引导当事人其将真实信息透露出来。See Ian Ayres, Robert Gertner, "Filling Gaps in Incomplete Contracts: An Economic Theory of Default Rules", *99 Yale L. J.* 87. 另外，以预定损害赔偿最低额为任意性规定内容的，相同见解，参见王洪亮：《违约金请求权与损害赔偿请求权的关系》，载《法学》2013 年第 5 期，第 124 页。

② 在约定的违约金和预期损害以及实际损失相比显得过低时，若无明确约定，不宜将其解释为法定损害赔偿之外支付的所谓"惩罚性违约金"。有判决作此解释意在避免不公平，但为了避免不公平，并无作此解释的必要，应适用"预定损害赔偿最低额"的备缺类型。此判决参见"周鑫与武汉优越企业管理咨询有限公司、龚卉合同纠纷一审民事判决书"，(2018) 鄂 0106 民初 10869 号。

③ 不同见解，参见姚明斌：《违约金论》，中国法制出版社 2018 年版，第 183 页。另外，《法国民法典》设定的违约金备缺类型为"预定损害赔偿总额"型（第 1231-5 条第 1 款），就违约金请求权与法定损害赔偿请求权的关系，学者亦认为是替代的关系，V. F. Terré, Ph. Simler, Y. Lequette et F. Chénédé, *Droit civil: Les obligations*, 12e éd., Dalloz, 2018, n° 890, p. 959.

定损害赔偿最低额。①

(三) 违约金支付义务与违约责任的对应性

"就某某违约情事,应支付违约金若干元",此种违约金约定,不论其为预定损害赔偿总额型、预定损害赔偿最低额型还是法定损害赔偿之外支付型,皆着眼于违约责任之构成,通常仅对损害及相关因果关系要件作了相应的排除。因此,就特定的违约情事,违约金支付义务与(法定)违约责任具有对应性:非因损害不具备的缘故,违约责任不能发生时,违约金支付义务也不能发生;违约责任未被豁免时,违约金支付义务也不会被豁免;违约金支付义务根源于相应的违约情事。

首先,违约责任不能发生时,违约金支付义务也不能发生。一般情况下,合同无效、不生效或可撤销时,由于不存在违约责任,因此,违约金支付义务也就不会发生。②特殊情况下,无权代理人订立的合同因本人未追认而不生效时,若无权代理人须按《民法典》第

---

① 这也意味着,如果既认为《民法典》第585条的违约金备缺类型为"预定损害赔偿总额"型,又认为应支持"选择性竞合",那么,此种支持只能出自强制性规定的管制视角,而不能出自自治视角,因为其与"预定损害赔偿总额"的意思会发生冲突。约定的违约金低于实际损失时的管制,有两种可能的模式:一种是《法国民法典》第1231-5条第2款的规定模式。在此模式下,约定的违约金须"过分低于"实际损失,当事人才可要求增加;另一种是将我国《民法典》第585条第2款前半句解释为强制性规定的模式。在此模式下,则仅须约定的违约金"低于"实际损失,当事人即可要求增加。在前一种模式下,即使采用管制视角,仍不宜认可"选择性竞合",因为若认可,实际上使得"过分低于"的要求被架空,只要当事人选择法定损害赔偿,不论违约金与之相比是否显得"过分"低于,都可以得到支持;在后一种模式下,自管制视角来看,不妨认可"选择性竞合",因为只要违约金"低于"实际损失,当事人即可要求增加,其效果和不要求违约金、径直要求法定损害赔偿,是一样的。

② 如最高人民法院在一起判决中认为:"由于案涉《施工合同》依法被认定为无效,故双方在合同中关于拖欠工程款的违约金等的约定也应当属于无效条款,因此融港侨公司基于双方所签《施工合同》主张按照工程总价款20%计算违约金的请求,本院不予支持",参见"福建融港侨装饰设计工程有限公司与新疆天山实业发展有限公司建筑装饰工程施工合同纠纷二审民事判决书",(2013)民一终字第12号。

171条第3款"履行债务"时①，相对人亦应履行相应义务。此时，合同所约定的违约金是否对双方适用？在无权代理人应承担履行利益赔偿，或相对人不履行相应义务而须赔偿时，其赔偿实质就是违约责任。由于违约金支付义务是对违约责任的部分或全部替代，因此，应认为合同所约定的违约金对双方都适用。②另外，《民法典》第502条第2款中规定："未办理批准等手续影响合同生效的，不影响合同中履行报批等义务条款以及相关条款的效力。应当办理申请批准等手续的当事人未履行义务的，对方可以请求其承担违反该义务的责任。"当事人就报批义务的履行约定违约金时，自无不可，且违约金支付义务自不会因为合同未报批不生效而受影响。

其次，违约责任未被豁免时，违约金支付义务也不会被豁免。此点主要涉及合同解除与违约金之关系。因违约而法定解除时，违法方须赔偿损失。"合同解除场合的损害赔偿，依然是违约损害赔偿"③，其责任依然是违约责任（《民法典》第566条第2款），即约定债务不履行的责任，而非法定债务不履行的责任。因此，就可导致违约责任发生的特定违约情事，当事人双方约定了违约金时，由于违约责任和

---

① 无权代理人何种情形下须对相对人"履行债务"，以及承担何种责任，相关争论，参见纪海龙：《〈合同法〉第48条（无权代理规则）评注》，载《法学家》2017年第4期，第171页。

② 《民法典》关于无权代理人责任的规定延续了《民法总则》第171条的规定，但《合同法》和《民法通则》并没有无权代理人"履行债务"的明确规定。在《民法总则》施行前，实践中，反对或支持无权代理人承担违约金责任的判决皆有出现，参见潘重阳：《无权代理人对善意相对人责任之析分——以〈民法总则〉第171条第3款的解释为中心》，载《华东政法大学学报》2019年第3期，第103页，注释〔2〕；迟颖：《〈民法总则〉无权代理法律责任体系研究》，载《清华法学》2017年第3期，第124页。《民法总则》施行后，以无权代理合同不生效为由不支持违约金诉请的判决并未查找到；支持的判决例如"张伯养、姚铸滨房屋买卖合同纠纷二审民事判决书"，(2020) 粤01民终20684号。无权代理未被追认的情形下，违约金条款效力问题，另可参见夏昊晗：《无权代理人对恶意相对人之责任》，载《比较法研究》2019年第5期，第167页；冉克平：《狭义无权代理人责任释论》，载《现代法学》2020年第2期，第58页。

③ 韩世远：《合同法总论》（第四版），法律出版社2018年版，第686页。

违约金支付义务的对应性，违约金支付义务自然不会被豁免。① 另外，合意解除时，常常已经有违约情事（如履行迟延）发生。如果当事人并无免除既有违约责任的意思，那么，与该违约情事相对应的违约金支付义务并不会被免除。②

最后，违约金支付义务根源于相应的违约情事。"同一违约情事同时触发的违约金和法定违约责任"③ 具有对应性。就某一违约情事，最先可能发生法定损害赔偿责任，然后须考察违约金约定针对的违约情事与该违约情事是否属于"同一情事"。若属于"同一情事"，可请求违约金；若不属于"同一情事"，则不可请求违约金。④

---

① 2010年第5期《最高人民法院公报》刊载"广西桂冠电力股份有限公司与广西泳臣房地产开发有限公司房屋买卖合同纠纷案"，其"裁判摘要"认为："合同解除导致合同关系归于消灭，故合同解除的法律后果不表现为违约责任，而是返还不当得利、赔偿损失等形式的民事责任。"此观点遭到学者较为一致的批判，如陆青：《合同解除效果与违约责任——以请求权基础为视角之检讨》，载《北方法学》2012年第6期，第72—86页；冉克平：《论违约解除后的责任承担》，载《法律科学》2013年第5期，第142—150页；王成：《合同解除与违约金》，载《政治与法律》2014年第7期，第2—11页。此后，《最高人民法院关于审理买卖合同纠纷案件适用法律问题的解释》（法释〔2012〕8号）于第26条中规定："买卖合同因违约而解除后，守约方主张继续适用违约金条款的，人民法院应予支持。"该条规定从违约金条款效力角度，认可了法定解除时可能的违约金支付请求权。不过，根本上说，条款效力角度是不够的，因为若违约责任不存在，即使违约金条款有效，也不会发生违约金支付请求权。更合理的逻辑是，违约责任的存在，推导出违约金条款效力应予维持，而不是相反。假如合同解除后，法定违约损害赔偿责任的条款（《民法典》第584条）应予适用，那么意在就此规定进行添加或删减的违约金约定，自然也应适用。就合同解除后的责任承担，《民法典》第566条在沿袭《合同法》第97条规定的基础上，新增第2款规定："合同因违约解除的，解除权人可以请求违约方承担违约责任，但是当事人另有约定的除外。"该规定直言解除后违约方应承担"违约责任"，可免争议。

② 相关案例，参见"肖锋与任跃青房屋租赁合同纠纷二审民事判决书"，（2019）京01民终3477号。

③ 姚明斌：《〈合同法〉第114条（约定违约金）评注》，载《法学家》2017年第5期，第162页。

④ 最高人民法院审理的一起二审案件可资说明。其中，原被告双方的协议书中第三条规定了违约金计算方法。"一审法院认为，中天公司将第一条、第三条连贯起来作为支付违约金的依据存在问题，具体理由如下：其一，从第一条、第三条约定的内容来看，缺乏关联性，即是针对不同事项的约定；……"该结论和理由被二审法院采纳，因此，就案涉协议书第一条涉及的违约情事，最高人民法院并未支持违约金支付义务，而是按照法定损害赔偿标准予以处理。参见"中天建设集团有限公司与新疆温商房地产开发有限公司建设工程施工合同纠纷二审民事判决书"，（2014）民一终字第4号。

三、酌减违约金——管制层次的法律适用

《民法典》第 585 条第 2 款后半句的"酌减规范"属于强制性规定，体现了事后管制的特点，即事先并不否定违约金约定的效力，只是事后强制对过高违约金进行酌减，意味着事先若约定"不得酌减"，则该约定无效。[①] 本条第 2 款后半句的内容为："约定的违约金过分高于造成的损失的，人民法院或者仲裁机构可以根据当事人的请求予以适当减少。"其法律适用涉及三个层次的问题：违约金的判定标准、酌减准则（即"过分高于"或"适当减少"的判断）以及当事人请求的法律意义。

（一）在"酌减规范"视角下违约金的判定标准——第 585 条第 2 款后半句的适用

1. 违约金的类型与第 585 条第 2 款后半句的适用

本条第 2 款后半句的"酌减规范"以本条第 1 款所规定之违约金为其适用范围。凡符合本条第 1 款所规定之情形，即约定"违约时应支付一定数额（包括事前仅确立计算方法而事后可以确定的一定数额）"者，皆可适用本条第 2 款后半句的"酌减规范"。

首先，约定该"一定数额"在法定损害赔偿之外支付时，仍有本条第 2 款后半句的适用余地。有观点将在法定损害赔偿之外支付的违

[①] 个案中无须"酌减"，并不意味着"酌减规范"不具有强制性。假如个案中当事人就违约金约定"不得酌减"，法院最终也没有判决酌减，那么该判决的理由只能是违约金依据《民法典》第 585 条第 2 款并未"过高"，而不能是"不得酌减"的约定在本案中较为公平因而有效。"不得酌减"的约定依然是无效的。司法实践中常常出现的"关于违约金不得调整的约定应以不违反公平原则为限"等表述并不妥当，此种表述可参见"大同市天力房地产开发有限责任公司与山西同至人商业管理有限公司、吴建功房屋租赁合同纠纷申诉、申请民事裁定书"，(2016) 最高法民申 1780 号；"北京美悠堂食品有限公司与北京新中关摩尔资产管理有限公司房屋租赁合同纠纷一审民事判决书"，(2017) 京 0108 民初 50066 号。

约金称为"惩罚性违约金",可与法定损害赔偿同时主张的违约金,则称为"赔偿性违约金",并认为"惩罚性违约金"不在酌减规范的适用范围,对"惩罚性违约金"的规制仅可类推适用定金"不得超过主合同标的额的 20%"的相关法律规定。[①] 此种观点不宜支持[②],理由是:其一,自比较法看,在有"酌减规范"的欧洲立法例中,似乎未见"酌减规范"之适用将此种"惩罚性违约金"予以排除的做法。[③] 其二,此种"惩罚性违约金"会超出损害额是必然的,而"赔偿性违约金"会超出损害额仅是可能的,由此,以违约金超出损害额为视角来看,可能超出时,应适用"酌减规范"的强制性规定,必然超出时,反而不能适用"酌减规范"的强制性规定,"法律评价上存在矛盾"。[④] 其三,即使可对法定损害赔偿之外支付的违约金类推适用定金"不得超过主合同标的额的 20%"的相关法律规定,也不能由此得出结论认为,就该类违约金不适用"酌减规范"。类推适用定金"不得超过主合同标的额的 20%"的相关法律规定时,体现了事先的效力控制[⑤],并无理由排除"酌减规范"的事后控制。其四,就不能和法定损害赔偿同时主张的违约金支付请求权而言,若判定违约金"过分高于造成的损失",则意味着违约金和"造成的损失"相比有个差额,且该差额过大。"违约金是否过分高于造成的损失"的问题,即等同于"差额是否过大"的问题。由此,就法定损害赔偿之外支付的违约金适用"酌减规范"而言,并无任何不同,亦属于"差额

[①] 此主张参见韩世远:《合同法总论》(第四版),法律出版社 2018 年版,第 834—835 页。

[②] 支持此种观点的判决似乎未见。不支持此种观点的判决,参见"王洋、冯春华股权转让纠纷二审民事判决书",(2020)鲁民终 245 号。

[③] 欧洲民法典研究组、欧盟现行私法研究组编著,〔德〕克里斯蒂安·冯·巴尔、〔英〕埃里克·克莱夫主编:《欧洲私法的原则、定义与示范规则:欧洲示范民法典草案(全译本)》(第 1—3 卷),高圣平等译,法律出版社 2014 年版,第 836—837 页。

[④] 姚明斌:《违约金论》,中国法制出版社 2018 年版,第 295 页。

[⑤] 因此,作此类推适用时,判断违约金数额应否酌减的标准不是事后的实际损失,而是事先的主合同标的额(的 20%)。

是否过大"问题的裁断。

其次，约定的"一定数额"，不论是否超出通常可预期损害，也不论债权人的目的和意图，皆有本条第 2 款后半句的适用。以约定支付的"一定数额"和"预期损害"相比较，属于事前合同订立时的比较。以此为视角，可将"违约时支付一定数额"的约定分为两类：脱离预期损害型（为了讨论酌减，这里仅指"向上脱离"，即高于预期损害）和贴合预期损害型。为防止债权人事先压榨债务人，法律可对双方约定进行事前的特别管制，就有关违约方须支付脱离预期损害金额的约定，否定其效力。[①]但是，除利息管制外，中国法上并无此类特别管制，更无以"违约时应支付一定金额"约定的债权人意图或目的——意在赔偿还是意在惩罚或督促履约——为视角，控制约定效力的特别管制。因此，在中国法上，以"一定数额"和"预期损害"相比较为视角，或者以债权人意图或目的为视角，讨论涉及违约金的各种分类，并无必要[②]，或引困扰[③]。中国法上，"酌减规范"属于事后

[①] 所谓特别管制，是指在显失公平、公序良俗等制度之外控制合同或合同条款效力的制度。显失公平、公序良俗等制度并非特别针对"违约时应为支付"的约定而为管制。

[②] 以上述视角讨论涉及违约金的分类，在英国法、2002 年之后的德国法和 2016 年之前的法国法上，是有可能或有必要的，因为英国普通法区分"liquidated damages"（预定损害赔偿额）和"penalty"（惩罚性违约金），否定后者的效力；2002 年债法改革之后的《德国民法典》第 309 条第 5 项和第 6 项区分"Pauschalierung von Schadensersatzansprüchen"（损害赔偿概括计算）和"Vertragsstrafe"（约定违约金）；2016 年之前的《法国民法典》在第 1152 条和第 1226 条以下分别规定了"une certaine somme à titre de dommages-intérêts"（作为损害赔偿的一定数额）和"la peine convenue"（约定违约金）。不过，法国债法改革后取消了分别规定的做法，就有关违约时应支付一定金额的约定，统一规定在新的第 1231-5 条，且不再维持原第 1226 条有关违约金的定义（即强调违约金应具有"确保债之履行"的目的）。参见法国司法部 2016 年关于《关于合同法、债的一般规则与证明的改革法令》的报告，"Rapport au Président de la République relatif à l'ordonnance n°2016—131 du 10 février 2016 portant réforme du droit des contrats, du régime général et de la preuve des obligations", Journal Officiel de la République Française（11 février 2016），https：//www. legifrance. gouv. fr/jorf/id/JORF-TEXT000032004539? init = true&page = 1&query = + r％C3％A9forme + du + droit + des + contrats&searchField＝ALL&tab _ selection＝all，2025 年 3 月 8 日访问。

[③] 此种讨论，参见王洪亮：《违约金功能定位的反思》，载《法律科学》2014 年第 2 期，第 115—125 页；韩强：《违约金担保功能的异化与回归——以对违约金类型的考察为中心》，载《法学研究》2015 年第 3 期，第 47—61 页。

控制。事后控制违约金支付额时应考虑作出约定的当事人的意图与约定时的"预期损害",以维持管制和自治之间适度的平衡,此为"酌减规范"意旨的应有内容。因此,在适用"酌减准则"时,应考虑违约金的功能,尤其是个案中违约金约定的目的和功能,实属应当。惟由此讨论违约金的类型,并无必要。

2. 第585条第2款后半句的适用范围

首先,虽然以违约为支付条件,但仅就损害赔偿的最高额作出约定的,不应适用"酌减规范"。理由是:其一,预定损害赔偿最高额,不同于预定损害赔偿的计算方法,不会确定应支付数额的全部或部分;也不同于预定损害赔偿最低额,后者至少确定了应支付数额的一部分。其二,预定损害赔偿最高额,给法定损害赔偿规定了上限,属于限制责任的约定,自然不在"酌减规范"的适用范围。

其次,虽然涉及支付"一定数额",但并非以违约为支付条件的约定,不应适用"酌减规范";违约则丧失权利的约定,如失权约款,仍可适用"酌减规范"。

违约金约定,就法定损害赔偿责任的任意性规定(《民法典》第584条)来说,属于"另有约定的,除外"。违约金支付义务是对法定损害赔偿责任的部分或全部替代。责任是第一次义务违反引发的第二次义务,作为法定责任的替代,违约金支付义务也属于第二次义务,构成约定的违约责任。从概念角度而言,若支付"一定数额"并非第二次义务,就不能直接适用本条第2款后半句的"酌减规范"。因此,在解约定金或其他解约金的情形,合同约定赋予一方当事人以支付"一定数额"为条件的解除权。当事人支付"一定数额"并非义务违反,而是行使权利的结果。此类约定不在"酌减规范"的事后管制范围;相反,在履约保证金等失权约款的情形,合同约定债务人违约时其请求返还保证金等权利即告丧失,此类约定中以违约为发生条件的并非支付"一定金额"的义务,而是权利丧失。但是,义务产生和权利丧失，可予以一体评价。① 此类约定仍不妨适用"酌减规范"的事后管制。② 但是，应注意履约保证金等失权约款情形与继续性合同中已付报酬不予退还情形之区别。在继续性合同中，若一方已经支付报酬，由另一方提供继续性的服务或标的物的使用等，合同有时会约定，在已经支付报酬一方不愿继续享受服务或标的物的使用机会时，已经支付的报酬租金等不予退还。此时，除非合同解除，保留已经支付的报酬等乃合同权利，自然不在违约金"酌减规范"管制的范畴。

最后，再以中介合同（原《合同法》中称为居间合同）中的"跳单"纠纷为例加以说明。《民法典》第963条第1款第1句规定："中介人促成合同成立的，委托人应当按照约定支付报酬"，可见，中介合同的特点为委托人支付报酬义务以中介人促成合同成立为发生条件。另外，若委托人利用中介公司提供的信息却绕开中介公司与第三人订立合同，构成"跳单"，常被中介合同禁止。此类"跳单"常被合同定性为违约行为，就此约定的后果常常是委托人仍有义务支付约定的报酬（或与该报酬相等数额的金钱），以作违约金。③ 此时，就跳单情形下仍应支付报酬以作违约金的约定，若将其作为约定违约金支付（第二次义务），应受"酌减规范"之事后管制；若将其作为约

---

① 比如，在"履约保证金"的场合，当事人双方通常约定一方违约时，交给对方的履约保证金不予退还。假如当事人双方约定：一方违约时，应向对方支付相当于履约保证金数额的金钱，且在违约发生时，一方支付违约金义务和对方退还保证金义务相互抵销。如此，则和直接约定"保证金不予退还"并无实质区别。

② 有关解约金以及失权约款与违约金的关系，另可参见姚明斌：《〈合同法〉第114条（约定违约金）评注》，载《法学家》2017年第5期，第157页。更多关于违约金和其他支付条件并非违约之情形的区别，参见 Treitel，*The Law of Contract*，Eleventh Edition，Sweet & Maxwell，2003，p.1004。

③ 最高人民法院"指导案例1号——上海中原物业顾问有限公司诉陶德华居间合同纠纷案"（2011年12月20日发布）的"裁判要点"中有"房屋买卖居间合同中关于禁止买方利用中介公司提供的房源信息却绕开该中介公司与卖方签订房屋买卖合同的约定合法有效"，认可中介合同中此类禁止跳单条款的效力。

定报酬支付（第一次义务），则不受"酌减条款"之事后管制。本书赞成后者，理由是：其一，若委托方利用中介公司提供的信息并绕开中介公司与第三人磋商，但并未成功订立有效合同，则通常按中介合同的约定，委托方并无义务向中介人支付违约金。由此可见，支付报酬作为违约金的义务，着重点并非在于委托人的行为不妥，而是（与第三人）合同订立之结果与"利用中介公司提供的信息"之间的关联。其二，此种关联意味着，支付报酬作为违约金的义务，此种约定的模式和居间合同中报酬请求权约定的模式相同，都属于《民法典》第963条第1款第1句所言"中介人促成合同成立的，委托人应当按照约定支付报酬"的模式。解释合同可不拘泥于当事人所用之词句，对此种约定，仍应解释为性质上乃关于报酬请求权之约定。① 虽然本书赞成"第一次义务"的解释，但实践中不乏作"第二次义务"解释的案例，并由此适用"酌减规范"而进行酌减。②

（二）酌减准则

何时可酌减与如何酌减实为一体两面，皆以酌减因素的考量为核心。何时可酌减，最高人民法院的态度比较一贯，认为"违约金具有补偿和惩罚的双重性质""但以赔偿非违约方的损失为主要功能"。若

---

① 参见孙维飞：《"居间人"的违约金请求权——最高人民法院公布的1号指导案例评析》，载黄卉主编：《福鼎法律评论》（创刊号），法律出版社2012年版，第84—85页；另外，关于此种约定之性质争论的更多分析，参见周江洪：《"上海中原物业顾问有限公司诉陶德华居间合同纠纷案"评释》，载《浙江社会科学》2013年第1期，第88页。另外，实践中，中介合同也常约定跳单时须支付双倍佣金，此时，应有"酌减规范"的适用。此类约定与"酌减规范"的适用，参见《北京市金星金属制品厂与北京中外房地产经纪有限公司居间合同纠纷上诉案》，（2017）京03民终8154号。

② 例如，《李金辉、邵武市城关远丰职业介绍所居间合同纠纷二审民事判决书》，（2020）闽07民终772号。在此案例中，合同约定"违约金为佣金金额"，法官依据《最高人民法院关于适用〈中华人民共和国合同法〉若干问题的解释（二）》第29条第2款之规定——"当事人约定的违约金超过损失的百分之三十的，一般可以认定为合同法第一百一十四条第二款规定的'过分高于造成的损失'"，将违约金酌减至佣金的30%。

违约金高于实际损失，则包含惩罚性，若过分高于实际损失，则脱离了"补偿为主，惩罚为辅"的精神，需要酌减。① 不过，这说法只是重复了法条所言的前提条件"过分高于"，并无实际意义。有意义的是在《最高人民法院关于适用〈中华人民共和国合同法〉若干问题的解释（二）》（法释〔2009〕5号）（以下简称《合同法解释（二）》）第29条两款中就如何酌减提出的考量因素，其中，第1款规定："当事人主张约定的违约金过高请求予以适当减少的，人民法院应当以实际损失为基础，兼顾合同的履行情况、当事人的过错程度以及预期利益等综合因素，根据公平原则和诚实信用原则予以衡量，并作出裁决"；第2款规定："当事人约定的违约金超过造成损失的百分之三十的，一般可以认定为合同法第一百一十四条第二款规定的'过分高于造成的损失'"。第1款前半句提出的是酌减考量涉及的质的因素：主要以实际损失为基础，兼顾合同履行情况、预期损失（含预期利益的不能获得）、过错程度三种因素；第2款提出的是酌减考量涉及的量的因素：即一般超过损失30%的违约金即为过高；第1款后半句提出的是酌减考量的基本原则：公平原则和诚实信用原则。②

1. 讨论酌减考量涉及的质的因素

（1）以实际损失为基础，兼顾合同的履行情况（不履行情况）

实践中，若违约金约定较为笼统，此时可结合履行情况（不履行情况）进行酌减。比如，针对迟延付款，通常会约定为逾期一天应支付多少迟延违约金，但也有笼统的约定，如"逾期付款应承担合同总

---

① 参见"毛光随与焦秀成、焦伟等股权转让纠纷二审民事判决书"，（2016）最高法民终18号；"新疆维吾尔自治区农村社会养老保险基金管理中心与乌鲁木齐市商业银行股份有限公司科技支行存单纠纷上诉案"，（2007）民二终字第150号；"青岛市光明总公司与青岛啤酒股份有限公司啤酒买卖合同纠纷上诉案"，（2004）民二终字第125号。

② 此两款的内容在《最高人民法院关于适用〈中华人民共和国民法典〉合同编通则若干问题的解释》（法释〔2023〕13号）第65条中基本被保留，并增加了第3款："恶意违约的当事人一方请求减少违约金的，人民法院一般不予支持。"

金额20%的违约金",此时可结合履行迟延天数等情况考虑是否予以酌减。① 也有不区分履行迟延等情形,一揽子规定"任何一方违约或因任何一方违约而给守约方造成损失的,违约方应赔偿守约方违约金1000万元",此时也应结合具体不履行的情形考虑是否予以酌减。② 比较法上,《法国民法典》第1231-5条第3款和我国台湾地区"民法"第251条皆就债务人已为部分履行时特别明确违约金可予酌减。③ 不过,若违约金原本仅针对部分不履行,或原本仅针对全部不履行,那么,或者不存在依据上述条文调整的问题(原本仅针对部分不履行),或者无须依据上述条文亦应调整(原本仅针对全部不履行)。因此,部分履行时违约金的调整,常常意味着违约金的规定较为笼统,不论何种违约情形都适用统一的违约金数额,此时应结合不同违约情形造成的实际损失的状况,考虑是否予以酌减。对此没有上述条文,也无妨碍。④

(2) 以实际损失为基础,兼顾预期损失(含预期利益的不能获得)

实际损失是事后的,是违约发生后的计算结果;预期损失是事前的,是合同订立时的预估结果。英美法就违约金的管制是事前管制,评估的是违约金与预期损失的差距,前者高于后者时,若差距过大,则违约金条款无效,即使事后算出违约金与实际损失相比差距并不

---

① "哈尔滨红光锅炉总厂有限责任公司、通榆县三一风电装备技术有限责任公司定作合同纠纷再审审查与审判监督民事裁定书",(2018)最高法民申4245号。

② 就上述约定,最高人民法院的评论是:"第十条约定的违约金则既可为迟延或瑕疵履行违约金,亦可为不履行违约金",正说明该违约金约定的笼统性。参见"合肥鑫城国有资产经营有限公司与安徽实嘉房地产开发有限公司、安徽蓝鼎控股集团有限公司股权转让纠纷二审民事判决书",(2013)民二终字第67号。

③ 《法国民法典》第1231-5条第3款规定:"义务已经部分得到履行时,约定的违约金可由法官——甚至主动依职权,依据部分履行给债权人的利益的比例,而减少……"(第1231-5条第4款明定前款规范为强制性规定)。我国台湾地区"民法"第251条规定:"债务已为一部履行者,法院得比照债权人因一部履行所受之利益,减少违约金。"

④ 有关部分履行时的独立酌减模式和一体规制模式,参见姚明斌:《违约金司法酌减的规范构成》,载《法学》2014年第1期,第136页。

大。我国法就违约金的管制,是事后管制,评估的是违约金与实际损失的差距,若违约金低于或等于实际损失时,不应酌减;若违约金高于实际损失时,是否酌减应参考预期损失等而定。

假设两种情形,第一种情形是:事前预期损失为100单位,事前违约金约定为200单位,事后实际损失为200单位;第二种情形是:事前预期损失为200单位,事前违约金约定为200单位,事后实际损失为100单位。就第一种情形,若依据英国法,因过分高于预期损失,违约金约定无效。此时,实际损失虽为200单位,与违约金相等,但违约金约定仍为无效,如何赔偿以及赔偿多少按法定损害赔偿处理。就第一种情形,若依据中国法,由于违约金约定具有排除法定损害赔偿范围规定(《民法典》第584条)的特点,即赔偿范围无须考虑可预见性,因此,实际损失都在赔偿范围内,既然违约金并未超出该实际损失,自然无须酌减。就第二种情形,若依据英国法,因违约金与预期损失相当,违约金约定有效。此时,实际损失只有100单位,违约金是其两倍,违约方依然有义务支付全部的违约金。① 就第二种情形,若依据中国法,由于违约金显著高于实际损失,法院可予以酌减,但酌减时应参考预期损失为200单位这一因素,此时与假如预期损失仅为100单位时相比,酌减的力度自然要小。这也印证了采取僵化的酌减违约金使其不超过实际损失30%的量化做法并不可取。

(3) 以实际损失为基础,兼顾当事人的过错程度

从非违约方视角看,通常违约金约定具有排除法定损害赔偿范围规定(《民法典》第584条)的特点,但并未排除其他有关减轻责任规范的适用,比如《民法典》第592条第2款规定的"当事人一方违约造成对方损失,对方对损失的发生有过错的,可以减少相应的损失

---

① 就两种情形下,英国法的处理,参见 Treitel, *The Law of Contract*, Eleventh Edition, Sweet & Maxwell, 2003, p. 1003.

赔偿额"。考虑非违约方的过错，通常并未超出违约金约定的意旨。即使违约金约定具有排除此类规范适用的意思，从"酌减规范"的强制性出发，在强制酌减时，仍应考虑非违约方对损失造成的过错的因素。

从违约方视角看，违约的法定损害赔偿虽然不一定需要考虑违约方过错，但在"酌减规范"的适用时，无疑应当考虑。此种考虑可顺应违约金常具有的督促履行功能的发挥，而"过错情节是观察债务人之履约态度的重要因子"。[①] 但不能认为只要违约方故意违约，则一律无须酌减。因为"酌减规范"的意旨含有效率因素的考量，即防止履行从社会角度看并非有效率的选择时，债务人因违约金过高而不得不守约履行。所谓故意违约，并非订立合同时就意图违约，而常常是在订立合同时意图守约，但客观情况等变化使得当事人事后意图违约。此时仍需"酌减规范"的事后管制。[②]

2. 讨论酌减考量涉及的量的因素

《合同法解释（二）》第29条第2款规定："当事人约定的违约金超过造成损失的百分之三十的，一般可以认定为合同法第一百一十四条第二款规定的'过分高于造成的损失'。"此规定在实践中多有适用。[③] 但是最高人民法院强调须"全面、正确地"理解该规定，在《最高人民法院公报》2011年第9期刊登的一起案件"裁判摘要"中认为："一方面，违约金约定是否过高应当根据案件具体情况，以实际损失为基础，兼顾合同的履行情况、当事人的过错程度以及预期利益等综合因素，根据公平原则和诚实信用原则综合予以判断，'百分

---

① 参见姚明斌：《违约金司法酌减的规范构成》，载《法学》2014年第1期，第137页。

② 关于故意违约时的酌减问题，参见雷继平：《违约金司法调整的标准和相关因素》，载《法律适用》2009年第11期，第27—28页。

③ 新近适用这一规范的最高人民法院案例，如"南宁经济技术开发区管理委员会、南宁绿港建设投资集团有限公司合同纠纷二审民事判决书"，(2019)最高法民终438号。

之三十'并不是一成不变的固定标准;另一方面,前述规定解决的是认定违约金是否过高的标准,不是人民法院适当减少违约金的标准。因此,在审理案件中,既不能机械地将'当事人约定的违约金超过造成损失的百分之三十'的情形一概认定为合同法第一百一十四条第二款规定的'过分高于造成的损失',也不能在依法'适当减少违约金'数额时,机械地将违约金数额减少至实际损失的百分之一百三十。"①实际损失的30%的量的标准有助于裁判的统一,但不能是机械的统一,该"裁判摘要"突出酌减时质的考量因素,值得赞同。

3. 讨论酌减考量的公平原则和诚实信用原则

在前述质的和量的考量因素的分析中,实际上都须结合公平原则和诚实信用原则。这里单独提出,是意图说明前述司法解释未能言及的考量重点。最高人民法院主张"违约金具有补偿和惩罚的双重性质"②"但以赔偿非违约方的损失为主要功能",须"补偿为主,惩罚为辅",这些都是公平原则和诚实信用原则的要求。不过,公平原则和诚实信用原则更需要对个案中违约金约定的意旨进行分析,以探寻"酌减规范"适用的合理界限。下面举常见的"假一罚十"情形进行阐述。③

实践中,常有商家与产品或服务的购买方签订含有"假一罚十"内容的合同,一旦发生违约,司法实践中也常见不予酌减,并不考虑

---

① "韶关市汇丰华南创展企业有限公司与广东省环境工程装备总公司、广东省环境保护工程研究设计院合同纠纷案",(2011)民再申字第84号。
② 需注意的是,此处所谓"惩罚",应是债权人督促债务人履约(压力功能)的体现。参见姚明斌:《违约金双重功能论》,载《清华法学》2016年第5期,第134—150页。
③ 结合个案对违约金功能的分析,也可参考英国法上相关案例法的新进展。参见赵自轩:《英国法中的惩罚性违约金判断标准:历史流变与启示》,载梁慧星主编:《民商法论丛》(第67卷),社会科学文献出版社2018年版,第365—386页。

前述实际损失的 30% 的量的标准。① 大致来说②，本书赞同"不予酌减"的做法，理由是：其一，此种"假一罚十"的承诺，常常是一个商家针对潜在的千万个顾客而发出，也常常会采用单方允诺的形式；其二，此种意图针对潜在的千万个顾客而适用的"假一罚十"的承诺，具有发送信号的功能，以惩罚性赔偿表明自己的信誉；其三，此种以惩罚性赔偿建立信誉的做法，又常常是新商家等进入新领域，面对信息不对称所需之必要手段之一；其四，"酌减规范"之管制不应干扰具有合理经济效率之商业做法，"假一罚十"之不予管制，主旨并非保护消费者，而是维护经济效率。③ 在一些案件中，商品是否为"假"或"假"的程度可能会有争论，但不应影响"假一罚十"的约定的适用，商品完全符合约定的"假"时，"罚款"不应酌减。④ 此时并非不适用"酌减规范"，而是适用"酌减规范"的结果为无须酌减。

(三) 当事人请求与法官释明

依本条第 2 款后半句的规定，人民法院或仲裁机构可以"根据当事人的请求"对违约金进行酌减，从文义看，排除了人民法院或仲

---

① 如"上海依德实业投资有限公司诉黄德民装饰装修合同纠纷一案二审民事判决书"，(2013) 沪一中民二（民）终字第 3193 号；"詹惠芳与上海华瑞捷门窗有限公司定作合同纠纷二审民事判决书"，(2015) 沪二中民四（商）终字第 306 号；"刘金花等买卖合同纠纷二审民事判决书"，(2015) 二中民（商）终字第 12709 号；"朱喜文与上海飞鹰服饰有限公司买卖合同纠纷二审民事判决书"，(2016) 苏 02 民终 1567 号。

② 之所以限定为"大致来说"，是以情形符合理由中所陈述的为前提。而"假一罚十"的情形应大致符合理由中所陈述的前提。

③ 自传递信息发送信号的角度，对惩罚性赔偿约定之理解，参见杨志利：《惩罚性违约金的经济分析》，载《北大法律评论》编辑委员会编：《北大法律评论》（第 11 卷·第 2 辑），北京大学出版社 2010 年版，第 644—645 页；〔美〕理查德·波斯纳：《法律的经济分析（第七版）》，蒋兆康译，法律出版社 2012 年版，第 180—181 页。

④ 就出售红酸枝木家具的两个案件来看，法官都予以酌减，但一者从完全符合约定的"假"入手［"单学泽与包中鹏买卖合同纠纷上诉案"，(2007) 二中民终字第 02759 号］；另一者则无此考虑，直接认为"假一罚十"情形下应予酌减（否则"假一罚万"怎么办？）［"姚某某与顾某买卖合同纠纷一案二审民事判决书"，(2010) 沪二中民一（民）终字第 2062 号］。前者思路更值得赞同。至于所言"假一罚万怎么办"的问题，可委诸公序良俗原则处理。

机构"依职权"主动进行酌减的权力。解释此规定的意旨可能有两种：第一种可能是"酌减规范"意在贯彻公平原则和诚实信用原则，既然当事人都没觉得违约金过高，从而提出请求，法官自然无须越俎代庖地加以酌减，否则反而违反诚实信用和公平原则；第二种可能是"酌减规范"限制了意思自治，但不可限制过度，只要当事人没有就违约金过高提出抗辩，法院就不应予以酌减，以尽可能地维护意思自治。在第一种意旨下，法官应当向违约人进行释明，以询问其是否觉得违约金过高。若违约方缺席审判，或者违约方坚持认为不应承担违约责任从而不会就违约金是否过高表达意见，那么法官可依职权进行酌减。① 在第二种意旨下，违约金是当事人事先约定好的支付，不论什么原因，只要当事人没有提出请求，法官既不应主动依职权进行酌减，也不应就"酌减规范"进行释明，以尽可能地维护意思自治。② 最高人民法院在《关于当前形势下审理民商事合同纠纷案件若干问题的指导意见》（法发〔2009〕40号）第8条中认为："为减轻当事人诉累，妥当解决违约金纠纷，违约方以合同不成立、合同未生效、合同无效或者不构成违约进行免责抗辩而未提出违约金调整请求的，人民法院可以就当事人是否需要主张违约金过高问题进行释明……"《最高人民法院关于审理买卖合同纠纷案件适用法律问题的解释》（2020年修正）第21条第1款规定："买卖合同当事人一方以对方违约为由主张支付违约金，对方以合同不成立、合同未生效、合同无效或者不构成违约等为由进行免责抗辩而未主张调整过高的违约金的，人民法院应当就法院若不支持免责抗辩，当事人是否需要主张调整违

---

① 接近第一种意旨主张的，如张景馨：《合同约定违约金过高的调整》，载《人民司法·应用》2019年第34期，第89页。

② 接近第二种意旨主张的，如靳学军、李颖：《违约金调整的司法难题及解决》，载《人民司法·应用》2008年第19期，第49—50页；石冠彬、彭宛蓉：《司法视域下民法典违约金调减规则的解释论》，载《苏州大学学报（哲学社会科学版）》2020年第4期，第41—44页。

约金进行释明。一审法院认为免责抗辩成立且未予释明,二审法院认为应当判决支付违约金的,可以直接释明并改判。"司法解释中的立场偏向第一种意旨,值得赞同。① 只是在缺席审判情形,无法释明时,如何处理,是个难题。本书赞成,若违约金约定过高,达到违背公序良俗程度,可宣布其无效,直接按法定损害赔偿处理;否则,因缺席审判,法官无法释明,从而无法探求当事人是否觉得过高,不应酌减。

---

① 《最高人民法院关于适用〈中华人民共和国民法典〉合同编通则若干问题的解释》(法释〔2023〕13号)第66条也维持了之前司法解释的做法。更多关于司法实践中有关司法酌减启动的不同做法的介绍,参见孙良国:《论法院依职权调整违约金——〈民法典〉第585条第2款之评判》,载《北方法学》2020年第5期,第50—53页。

第六章　比较法与案例视角下的深层求同
——以占有推定运作机理之考察为例[*]

[**理论提示**]　所谓"深层求同",这里是指在表面上因国别不同而不同的规则中寻找出共通的精神;所谓"案例视角",则是指用实际或假想的案型去测试,以体现共同精神对法律适用的意义。比较法中,比较我国与他国或国际组织就某一法律适用问题的不同见解并评判优劣与主张借鉴,是一种常见现象。但案例视角下的深层求同,更倾向于发掘出"人同此心、心同此理"的一面,并以此一面去解决内国法中未决的法律适用问题。比较德国和法国有关占有推定的规定,发掘出的共同精神是私法领域的"无罪推定"和善意取得,以此共同精神则可解决动产占有可推定的其他权利之范围是否应包括债权的未决问题。

---

[*]　本章内容修改自孙维飞:《占有推定之运作机理》,载《华东政法大学学报》2011年第4期,第131—139页。

一、问题的提出

2005年7月8日公布的《中华人民共和国物权法（草案）》（征求意见稿）曾对动产的占有推定制度作出若干规定[1]，因涉及国有资产保护等问题[2]，最终出台的《物权法》中这些规定都消失了，2021年实施的《民法典》也未再作规定。但占有推定制度所要解决的问题并不会因为未规定而不复存在，现实中若发生权利人不明等情形时，如何从客观上分配证明责任就是一个不得不解决的主要属于实体法领域的问题。[3]而法律推定其实就是对证明责任的一种分配，只是与一般的证明责任规则相比，法律推定是法律对法官在方法上如何解决问题作出了直接的命令。[4]正因为相关立法欠缺，而问题不可避免，所以实践中或多或少出现无意识地和随意地运用推定制度的局面。[5]对此局面的形成，学者研究不够细致或许也是原因之一。以占有推定制度为例，学界对相关的"具体操作性的微观问题"就很少予以关注和

---

[1] 分别是其第4条："……动产的占有人是该动产的权利人，但有相反证据证明的除外……"和第260条："不动产或者动产的占有，除有相反证据证明外，推定有权占有。"第261条："……无权占有，除有相反证据证明外，推定善意占有。"上述第4条和第260条所确立的规则属于法律推定，不同于第261条所确立的事实推定。本章所述仅限于法律推定，也称权利推定，其推定的标的是权利，而非作为"事实构成要件"因素的事实。参见〔德〕汉斯—约阿希姆·穆泽拉克：《德国民事诉讼法基础教程》，周翠译，中国政法大学出版社2005年版，第279页。另外，本章对货币或其他有价证券也不做探讨，仅讨论一般动产。

[2] 参见郑小敏：《"物权法与构建社会主义市场经济体制理论研讨会"会议综述》，载《法学杂志》2007年第2期，第9—10页。

[3] 之所以认为它主要是一个实体法上的问题，是因为即使在没有诉讼的情况下，也需要确定权利人究竟是谁。参见〔德〕普维庭：《现代证明责任问题》，吴越译，法律出版社2006年版，译序，第2—3页。

[4] 参见〔德〕普维庭：《现代证明责任问题》，吴越译，法律出版社2006年版，第73—74页。

[5] 参见焦鹏：《诉讼证明中的推定研究》，中国政法大学2007年博士学位论文，第165—168页。

讨论。①本章试图在设例的基础上，从比较法的视角出发，探寻占有推定制度的微观运作机理，并同时揭示指导占有推定制度运作的理念，以弥补这一不足。

本章设如下事例和问题：

案例一：已知甲先前 t_1 时自主占有某动产（已知事实1），乙现在自主占有某动产（已知事实2），其他情况不知②，问：本案中，在甲乙之间，应最终推定谁是该动产的所有人？

案例二：已知甲先前 t_1 时自主现实占有某动产（已知事实1），并且在 t_2 时甲将该动产交给乙保管（已知事实2），乙现在自主现实占有某动产（已知事实3）③，其他情况不知，问：本案中，在甲乙之间，应最终推定谁是该动产的所有人？

案例三：已知甲先前 t_1 时自主现实占有某动产（已知事实1），并且在 t_2 时甲将该动产交给丙保管（已知事实2），乙现在自主现实占有该动产（已知事实3）④，其他情况不知，问：本案中，在甲乙之间，应最终推定谁是该动产的所有人？

案例四：已知甲先前 t_1 时自主现实占有某动产（已知事实1），并且在 t_2 时该动产从甲处遗失（已知事实2），乙现在自主现实占有

---

① 常鹏翱：《物权法中的权利证明规范——比较法上的考察与分析》，载《比较法研究》2006年第2期，第63页。

② 原先在甲处占有的某动产如何到了乙的手中而被乙占有，此情况不知。比如：某大学老师甲在新认识的同事乙家看见一本旧书，此旧书上写满了甲的眉批，扉页上还有"甲某年某月某日购于某地"的字样，的确为甲亲笔书写。甲认为这本书曾经是自己所有，要求乙返还此书给自己；乙同意甲曾经拥有这本书的说法，但认为自己现在是所有人，因此不同意返还该书；甲举不出证据证明这本书怎么就到了乙的手中，乙对此也同样举不出证据。就此，究竟应推定甲乙二人现在谁是旧书的所有人呢？对正文中后续的案例二至案例四，可以比照此旧书纠纷案件相应变化，以得到更情境化的设例。

③ 在 t_2 时甲将该动产交给乙保管（已知事实2），说明 t_2 时乙的占有为他主占有；案例中现在乙的占有则有不同，为自主占有，说明现在乙主张自己是所有人。但案例中，乙对自己如何从他主占有人变为所有人举不出证据。

④ 案例三和案例二唯一的不同处在于：在 t_2 时甲将该动产交给了第三人丙而不是乙保管。同样在案例三中，乙对该动产如何从第三人丙的手中转移到自己手上举不出证据。

该动产（已知事实 3）①，其他情况不知，问：本案中，在甲乙之间，应最终推定谁是该动产的所有人？

在接下来的部分，本章将依次依据德国法和法国法来尝试回答上述问题，然后比较两者解决问题的方式和宗旨，并以此出发，对如何构建我国的占有推定制度作一些探索。

二、依德国法对设例的处理

《德国民法典》第 1006 条规定了"占有人的所有权推定"的内容②，主要解决前占有人和现占有人之间在所有权推定问题上的争执，特点在于：其解决问题的方法是只适用其中一个所有权推定。究竟适用哪一个所有权推定主要依据下述规则：第一，仅适用现占有人的所有权推定（《德国民法典》第 1006 条第 1 款前段）；第二，若前占有人能举证证明其物"被盗、遗失或以其他方式丧失"（《德国民法典》第 1006 条第 1 款后段），则仅适用前占有人的所有权推定，且前占有人被推定的所有权存续至现在（《德国民法典》第 1006 条第 2 款）。另外，如果现占有人的推定被推翻，自然就适用前占有人的所有权推定。接下来，利用上述规则，尝试回答案例一至案例四中所提的问题。

案例一之答案：应最终推定乙为该动产的所有人。理由：因为前占有人并不能举证证明其物"被盗、遗失或以其他方式丧失"，所以仅适用现占有人的所有权推定。另外，在案例一中，并无其他证据可

---

① 案例四和案例二、案例三的不同在于：在 t_2 时甲并非出于自己意愿地丧失占有。

② 《德国民法典》第 1006 条［有利于占有人的所有权推定］规定：

(1) 为动产占有人之利益，推定其为物的所有人。但物从前占有人处被盗、遗失或以其他方式丧失的，对前占有人不适用前句的规定，但物为金钱或无记名证券的除外。

(2) 为前占有人之利益，推定其在占有存续期间曾经是物的所有人。

(3) 在间接占有的情况下，这一推定适用于间接占有人。

以推翻现占有人的所有权推定。

案例二之答案：应最终推定甲为该动产的所有人。理由："权利推定仅对取得占有时之权利取得而作出，而不适用于占有人自称在占有取得之前或之后，已取得所有权之情形。"①德国的通说认为，占有人被推定为所有权人是以其自主占有为前提的，如果可以确定占有人之前已经获得的是他主占有，而现在其主张自主占有，那么现占有人应当就其从他主占有转变为自主占有举证证明其有合法的根据。②本案中甲可证明乙在开始取得占有即甲将动产交由乙保管时不是所有权人，因而推翻了现占有人的所有权推定。现占有人若主张自己尽管当时——从甲那里接受动产交付时——不是所有权人，但现在是所有权人，那么其就必须提供证据对此加以证明，不能再依赖推定了。③

案例三之答案：应最终推定乙为该动产的所有人。理由：与案例二比较，由于 t_2 时甲将该动产交给丙而不是乙保管，因此甲不能证明乙——只能证明丙——在开始取得占有时不是所有权人，因此，现占有人乙的所有权推定并未被推翻。

案例四之答案：应最终推定甲为该动产的所有人。理由：在 t_2 时该动产从甲处遗失，因此，前占有人可以举证证明其物"被盗、遗失或以其他方式丧失"④，以此为理由排斥适用现占有人的所有权推定，转而适用前占有人的所有权推定，即适用《德国民法典》第1006

---

① 〔德〕鲍尔、施蒂尔纳：《德国物权法》（上册），张双根译，法律出版社2004年版，第178页。

② Vgl. Harry Westermann, Sachenrecht: ein Lehrbuch, 7. neubearb. Aufl., C. F. Müller, 1998, S. 248.

③ 德国联邦最高法院曾判决过类似的案例，案例内容参见〔德〕鲍尔、施蒂尔纳：《德国物权法》（上册），张双根译，法律出版社2004年版，第179页。

④ 此处的"丧失"不包括自愿地失去直接占有的情形，参见陈卫佐译注：《德国民法典》（第2版），法律出版社2006年版，第355页，脚注[103]。正因为此处的"丧失"不包括自愿地失去直接占有的情形，由此，案例四和案例三区别开来，在案例三中，丙获得动产的直接占有是基于甲的自愿。

条第 2 款"为前占有人之利益，推定其在占有存续期间曾经是物的所有人"。①

上文结合学者论述依据《德国民法典》第 1006 条对设例作出了回答，令人疑惑的是，上述四个案例的答案是否体现一个和谐的基于一定法理念的内在体系？本章接下来叙述依据法国法对上述四个案例的处理情况，比较之后或许会有有益的发现。

三、依法国法对设例的处理

2008 年后的《法国民法典》第 2276 条（2008 年前为第 2279 条）第 1 款规定："涉及动产时，占有即等于所有权证书。"欲明确该条规定的内容，首先须弄清法国法上动产所有权转移的规则。以买卖为例，《法国民法典》第 1583 条规定："当事人一经对买卖之物与价金协议一致，买卖合同即告完全成立，买受人对出卖人从法律上取得标的物的所有权，即使该物尚未交付，价金尚未支付。"由此可知，在法国法上，合意即可移转所有权。所谓"证书"（titre）正是体现这种合意或交易的文件，并非直接记载产权的证书，如我国的房屋产权证。有了这样的证书即表明有了正当的交易。即使有正当的交易，如果出卖人没有所有权，若依据罗马法传下来的规则——任何人都无法将自

---

① 不过《德国民法典》第 1006 条第 2 款的表述，即推定前占有人在其"占有期间"为物的所有权人，实具误导性，参见〔德〕鲍尔、施蒂尔纳：《德国物权法》（上册），张双根译，法律出版社 2004 年版，第 179 页。以案例二来说，乙一旦对从甲那里接受交付而来的动产实行自主的现实占有，甲的占有（间接占有）就消失了，因为占有是事实，一旦乙对动产实行自主占有，相当于事实上取消了间接占有人的占有，至于动产上的权利应归谁则是另一回事。因此，若严格按照《德国民法典》第 1006 条第 2 款"占有期间"的字面解释，似乎只能推定甲的所有权持续到乙实行自主占有之前，这样就等于还是适用了现占有人的所有权推定，显非立法者的本意。立法者的本意应当是如果不适用现占有人的所有权推定，则前占有人推定为过去是、直到现在还是所有权人。

己没有的东西给予别人,则买受人并不能取得买卖标的物之所有权。[1]不过,在《法国民法典》制定之前的 18 世纪,法国大多数地区承认动产的 3 年取得时效,只要拥有正当证书的买受人是善意的,3 年时效经过后可以取得标的物之所有权。《法国民法典》第 2276 条(原第 2279 条)通过规定"占有即等于所有权证书"免除了善意买受人举证证明有正当证书的要求,并且一旦完成占有即可取得所有权[2],无须经过 3 年的时效,相当于时效于取得占有的瞬间完成(即时时效),这也是第 2276 条在《法国民法典》中的位置处于"动产取得时效"一节下的原因。另外,依《法国民法典》第 2276 条(原第 2279 条)第 2 款之规定,当动产是被丢失或盗窃的物时,善意占有人若要获得所有权仍需满足自物品被丢失或盗窃之日起满 3 年时效期间经过的条件。

上述占有作为一种证书的功能是取得功能(une fonction acquisitive),也就是使得善意占有人可以从非所有人处取得所有权;另外,当动产的占有人与向其转移该动产的人(以下简称前手)之间发生争执时,《法国民法典》第 2276 条(原第 2279 条)第 1 款之规定也有证明功能(une fonction probatoire)。由于占有即等于所有权证书,这就意味着推定占有人是通过正当的交易获得了所有权,如果前手想要追还动产,就必须举证证明有交易无效、可撤销或应予解除等情形,或者举证证明交易并不能转移所有权,如借用、租赁等。[3]

总的来说,法国法是将占有作为正当交易存在的表现,由此实现占有的取得功能和证明功能。当向现占有人主张追还动产的人是前手时,现占有人仅须主张占有的证明功能即可。如果向现占有人主张追

---

[1] V. Serge Guinchard, Thierry Debard, *Lexique des termes juridiques 2011*, 18ᵉ édition; Dalloz; 2011, p.791.

[2] 参见〔法〕弗朗索瓦·泰雷、菲利普·森勒尔:《法国财产法》(上),罗结珍译,中国法制出版社 2008 年版,第 515 页。

[3] 同上书,第 512、538 页。

还动产的人不是其前手，那么现占有人仅主张占有的推定功能还不能解决可能从非权利人处得到占有时如何获得权利的问题，《法国民法典》第 2276 条还赋予（善意）占有人的占有以取得功能来解决此问题。另外，占有人的善意亦为法律所推定，是为占有状态的推定，即事实推定。[①]以上述论述为基础，下文尝试依据法国法回答前文案例一至案例四中所提的问题。

案例一之答案：应最终推定乙为该动产的所有人。理由：假使甲非乙的前手[②]，依据占有的取得功能，应推定乙善意取得该动产的所有权。这里的取得所有权还是推定的结果，因为乙并不能举证证明现实证书（titre réelle）之存在，只是推定证书的存在而已（titre putatif）。

案例二之答案：应最终推定甲为该动产的所有人。理由：甲系乙的前手，依据占有的证明功能，可推定乙具有所有权证书。但是，案例中显示甲系让乙保管该动产，因此，乙的所有权证书的推定被推翻。换一种说法，道理一样。由于甲系让乙保管该动产，因此，按照法国法，对该动产，乙不能获得占有，而只能获得不确定的持有（détention précaire）[③]。不确定的持有不能适用"涉及动产时，占有

[①]《法国民法典》第 2274 条（原第 2268 条）规定：善意总是被推定的，认为他人系恶意者，应对此加以证明。

[②] 案例中并无证据显示甲是或不是乙的前手，假使甲是乙的前手，乙的占有使得推定其通过正当的交易获得了所有权，因为"占有即等于权利证书"。这里仅分析假使甲非乙的前手的情况。

[③] précaire 一词具有"不稳固、不确定"的含义，在此意指实际持有某一动产的人预定将来要将该动产交还别人，并非稳固地持有。另外，比如，出租人因承租人迟延交付租金而解除合同时，承租人就得交还租赁的标的物。这样，承租人对标的物的持有（的时间长度等）就具有了受限于该债的关系的不确定性。

即等于所有权证书"的推定。[1]

案例三之答案：应最终推定乙为该动产的所有人。理由：甲非乙的前手，因此，依据占有的取得功能，推定乙善意取得该动产的所有权。

案例四之答案：应最终推定甲为该动产的所有人。理由：虽然，甲非乙的前手，乙似乎可依占有的取得功能而推定取得所有权。但是依据《法国民法典》第2276条（原第2279条）第2款之规定，即"丢失物品的人或者物品被盗的人，自其物品丢失或被盗之日起3年以内，得向现时持有该物品的人请求返还；该持有物品的人得向其取得该物品的人请求赔偿"，乙占有的取得功能受到限制。除非乙能证明物品丢失或被盗已逾3年，否则不能被推定取得所有权。

四、德国法和法国法的共通之处与指导占有推定制度运作的理念

依据德国法和法国法对上述四个案例问题的处理得出了相同的结论的事实，本书认为其背后实有相同的法理逻辑，而法国法则更好地揭示了该法理逻辑。下文将结合对其他国家或地区的比较法考察就此予以说明。

首先，《德国民法典》第1006条的推定是一种静态的权利归属的推定。

其第1款前段"为动产占有人之利益，推定其为物的所有人"之

---

[1] 法国法跟随罗马法，不认可对物的他主占有的说法。当某人以承租人或用益权人的态度（主观意图）"占有"某动产时，非将该动产作为自己之物来对待，在罗马法和萨维尼的占有体系中作为"持有"来对待。《德国民法典》吸收了耶林的见解，偏离了罗马法，认可承租人等的他主占有。参见〔意〕萨尔瓦多·里科波诺：《罗马法中关于占有关系的理论——兼论现代法学理论及立法》，贾婉婷译，载《比较法研究》2009年第3期，第148—160页。

规定反映的推定过程是：从某事实——自主占有推定得出某静态的状态——所有权归属（于占有人）。此推定方式的实质是将行使权利的表象——占有事实——推定为权利。我国台湾地区"民法"第943条规定："占有人于占有物上行使之权利，推定其适法有此权利。"该规定更为清晰地反映了占有推定的此一特征。[①] 此规定在解决只涉及一个占有人情形下的问题时尚够用，例如：若某人家里的一台电视机被来宾故意或过失弄坏，该人无须拿出购买发票等证据，只须证明自己占有该电视机即可要求赔偿。[②] 但是针对前后两个占有人的情形，仅有这样的规定就不够用，因为这两个占有人的占有必须都要被推定为"适法有此权利"[③]，由此而产生了两个占有人的推定效力之间何者优先的问题。对此问题，《德国民法典》第1006条第1款后段作出了明确的规定，即"但物从前占有人处被盗、遗失或以其他方式丧失的，对前占有人不适用前句的规定，但物为金钱或无记名证券的除外"。该规定确定了推定的顺序和条件，即首先仅适用对现占有人的权利推定，在特定条件下不适用对现占有人的权利推定，而仅适用对前占有人的权利推定。此种解决方式仍是静态的权利归属的推定，是有适用顺序的推定方式。

---

① 如果占有人以自主占有的意思占有某动产，则其占有的表象为行使所有权，因此，可推定其为所有人；而自主占有也是被推定的。后一推定为事实（表象）的推定，前一推定则是根据事实表象推定为权利。

② 例如，(2008) 豫法行终字第00126号判决书中提到一审法院的观点——"但禄久顺、邢瑞英作为该处房屋的居住人，可以推定对房屋中的物品拥有所有权或使用权"，此种观点可以赞成，中间其实省略了一个过渡语——房屋的居住人是其房屋中物品的占有人。

③ 和《德国民法典》第1006条一样，《瑞士民法典》第930条也对前后占有人的问题作出了明确的规定："(1) 动产的占有人，应推定为该动产的所有人；(2) 前占有人，应推定在其占有期间曾为该动产的所有人。"不过，《瑞士民法典》第930条并未对前后占有人的占有推定效力何者优先的问题作出规定。有些情况下似乎只需肯定对前占有人亦适用占有的权利推定即可，不涉及前后占有人的占有推定效力何者优先的问题，"例如甲占有某琵琶，被乙所毁损后，出售于丙，并未交付。在此情形，甲虽非现占有人，亦得援用其过去占有期间为所有人的推定，向乙请求损害赔偿"。此例见王泽鉴：《民法物权（第二册）：用益物权·占有》，中国政法大学出版社2001年版，第237—238页。

其次,《德国民法典》第 1006 条的推定背后的法理逻辑是动态的权利来源的推定,并由此而和法国法在本质上具有相通之处。为了说明此点,须针对《德国民法典》第 1006 条第 1 款后段之规定问一个问题:为什么在物品被盗、遗失或以其他方式丧失时不适用对现占有人的权利推定?原因在于:依据《德国民法典》第 932 条和第 935 条之规定,如果前占有人是因被盗、遗失或以其他方式而丧失物之占有的,动产的善意取得制度不能适用。进一步的解释如下:

假设前占有人于其占有之时就是所有人,那么,现占有人只要是通过合法有效的以转让所有权为目的之交易关系取得现占有的,其就可以取得所有权,因为:要么其前手(即向其转让所有权的人)有处分权,现占有人乃从有处分权人手中继受取得;要么其前手无处分权,现占有人乃从无处分权人手中善意取得。不过,当前占有人因被盗、遗失或以其他方式而丧失物之占有时,现占有人就无法善意取得了。因此,只要推定现占有人是通过合法有效的以转让所有权为目的之交易关系取得现占有,那么《德国民法典》第 1006 条之规定也就得到了完全合理的解释。[1] 所谓合法有效的以转让所有权为目的之交易关系正是对动态的权利来源的描述,《德国民法典》第 1006 条背后隐含的也正是对动态的权利来源的推定。[2]

如前所述,《法国民法典》第 2276 条第 1 款中"占有即等于所有权证书"中的"所有权证书"并非指权利归属式的证书,而是指完成权利变动的交易的证明,即对动态的权利来源的证明。当揭示出《德

---

[1] Harry Westermann, Sachenrecht: ein Lehrbuch, 7. neubearb. Aufl., C. F. Müller, 1998, S. 248, 249.

[2] 在本书看来,"德国通说对于占有推定的效力作出了背离文义的解释,使得占有推定不再是整个所有权状态的推定,而只是对占有人取得占有那个时刻的所有权推定。由此相对人不必否认占有人的每个所有权取得可能性,有助于减轻推定相对人苛刻的证明重担"。此种做法实际上也正是侧重于权利动态来源的推定的体现。上述德国通说,参见庄加园、李昊:《论动产占有的权利推定效力——以〈德国民法典〉第 1006 条为借鉴》,载《清华法学》2011 年第 3 期,第 134 页。

国民法典》第 1006 条背后隐含的对动态的权利来源进行推定的法理逻辑后，德国法和法国法的相通之处自然也就比较明了。

从上述德国法和法国法的相通之处可以看出，占有推定制度以善意取得制度为前提而不是相反。有学者认为"占有的权利（推定）规则确立了善意取得制度的产生的前提"[1]，然而这样的说法并不能经得起进一步的推敲。善意取得制度是"将错就错"，即使事后发现转让人并无处分权，只要受让人是善意的，仍可取得所有权，就好像转让人有处分权似的；而所谓"推定"就是要允许真实情况的纠正[2]，即使法律推定转让人为有处分权人，当事后发现转让人无处分权时，按推定的法理就应当认定转让人无处分权，此时推定就被推翻，并不能发挥作用，此时若要认可受让人仍可取得所有权显然并非基于占有的权利推定规则的前提。相反善意取得制度倒是占有推定的前提，是构建占有推定制度的基础性材料。例如，当有前后两个占有人，若前占有人已明确是后占有人之前手时，可推定后占有人为从前占有人处通过合法有效的交易继受取得；若不能明确前占有人是否为后占有人之前手时，可推定后占有人乃从其前手处通过合法有效的交易善意取得，例外情况为前占有人非基于自己之意思而丧失占有时。这时关于受让的继受取得和善意取得制度正是占有推定制度运用的基础性材料，是为其前提。[3]

---

[1] 程啸、尹飞：《论物权法中占有的权利推定规则》，载《法律科学》2006 年第 6 期，第 106 页。

[2] 另有所谓"不可推翻的推定"，但占有的权利推定并非"不可推翻的推定"。

[3] 触及这一思想的说法，如："有所不同的是，旨在化解权利证明难题的权利推定规范，因须以实体法关于权利产生或消灭的法律规范为根基，所以，其建立的前提不再局限于，由公示生效要件主义物权变动模式作支撑的占有之权利表现力，但凡以占有为权利取得前提的一切权利取得规范，如善意取得、先占、遗失物之拾得等动产物权取得规范，皆可作为其推定的基础材料。之所以如此，在于权利推定规范仅仅具有推定权利存在或不存在的作用，并不能终局性解决权利归属问题。"朱广新：《论物权法上的权利推定》，载《法律科学》2009 年第 3 期，第 105 页。本书实际上通过具体的比较法分析揭示占有制度的运作机理，为此说法补充了更细致的论证。

最后，综合德国法和法国法，本书对占有推定制度运作的理念作如下阐述。占有推定制度的运作依赖两个理念：第一，由占有人行使权利的表象推定为占有人有该权利，此为占有推定制度静态层面的指导理念；第二，该权利被推定为通过合法有效的取得方式而取得。在有前后占有人时，所谓占有推定就是推定的继受取得或推定的善意取得。[1] 此为占有推定制度动态层面的指导理念。上述两个理念中，后一个层面更为根本，原因有三：第一，静态层面占有推定的结果即使离开具有一定实体法性质的占有推定制度也可能通过程序法中的证据规则的运作而达到。例如，法官径直依据自由心证即可认定房屋所有人对其房屋内被其占有的动产拥有所有权，也就是说，法官认为占有这一事实对证明动产所有权来说已经足够。也正因如此，才有学者认为根本无需占有推定制度。[2] 第二，静态层面的占有推定实际上也蕴含了动态层面的权利来源的推定。当推定一个人对某动产有所有权时，因为不会无缘无故产生所有权，实际上也就推定了该人是通过合法的方式取得所有权，至于这种合法的方式是生产、先占、还是交易等都有可能。[3] 第三，动态层面的占有推定包含着不同于重视权利外观的理念，其结果不能通过自由心证等单纯程序法上的证据规则的运作而达到。（自主）占有之事实是行使所有权的表象，但不是其合法取得的表象。当民法推定占有人是通过合法方式取得所有权时，其理

---

[1] 当有前后占有人时，既然从静态的角度来看，前占有人和后占有人都被推定为所有人，那么如果最终推定后占有人具有所有权，就必须对所有权如何从前占有人转移到后占有人手中作出解释，即使这种解释在德国法中是被隐含的。当有前后占有人时，后占有人的合法取得方式显然不能推定为先占、生产等，而应解释为推定通过交易的方式取得。

[2] 例如有学者这样阐述："因为动产的权利外观就是对动产的占有。因此，对吴氏族人长期占有五牛坛的事实就应当直接认定为其享有所有权而非什么事实上的占有，就应当按照侵犯所有权的规定直接进行认定，而不是按照什么占有推定予以认定。"王明锁：《论所有权占有权能与他物权控占权二元制法律体系的构建》，载《法律科学》2009年第6期，第121页。

[3] 也就是说，实际上推定该人"通过先占，或者生产，或者……，而合法取得所有权"。

念和刑法中的无罪推定的理念实际上具有相似性。在法院定罪之前，犯罪嫌疑人被推定为无罪，并非因为其行为具有无罪的表象，而是出于保障人权之需要。与之类似，推定占有人是通过合法渠道取得其所有权也是出于保障财产权之需要。[①]

五、关于我国法上占有推定制度构建的个别主张——以动产善意取得制度为视角

在揭示了指导占有制度运作的理念后，下文将以此为视角，提出构建我国法上占有推定制度的一些主张：

1. 动产占有的所有权推定须以以下两项占有状态推定为前提：自主占有和善意占有的推定。无需举证也可知，我国学界和司法实践接受的占有概念与德国相同而不是法国，因此，须区分自主占有和他主占有。对于动产所有权而言，推定现占有人的受让继受取得和善意取得需要首先推定现占有人的自主占有和善意占有，自不待言。若作他主占有和恶意的推定，即使推定真实，也不可能使现占有人获得继受取得或善意取得所有权之效果。

2. 以善意取得制度为依据，我国法上的动产占有可推定的其他权利之范围不应包括债权。

除动产占有的所有权推定外，德国法和法国法上都承认其他权利的推定。《德国民法典》第1065条和第1227条分别规定了用益权和

[①] 我国《刑法》第395条规定，国家工作人员的财产、支出明显超过合法收入，差额巨大的，可以责令其说明来源。本人不能说明其来源的，差额部分以非法所得论，处五年以下有期徒刑或者拘役，财产的差额部分予以追缴。该规定构成无罪推定原则的例外情况，同时也构成占有推定的例外情况。本人不能说明其来源的，差额部分以非法所得论，这意味着推定为非法所得，在本人能说明其来源时该推定被推翻。不过，从民法角度来看，应注意的是，这里不适用占有推定的条件和范围是：第一，只针对国家工作人员，第二，只在国家工作人员和国家的关系范围内。如果其他民事主体对此情况（即国家工作人员占有着巨额财产）也主张适用非法所得的推定不应允许。

质权受侵害时对所有权制度的准用。占有的权利推定也在准用之列，之所以能够准用，是因为用益权和质权的设立都以移转占有为要件，从而占有人若主张其具有用益权或质权，其占有本身可作为权利的表象并进而推定权利的存在。而债权的成立不以转移占有为要件，不在可推定的权利之列。①《法国民法典》第2276条的权利推定从字面意思上看，仅适用于（法国法上的）动产占有——以所有人的意思而持有动产，其他不确定的动产持有人欠缺"像所有权人一样拥有财产的心素"，但是不确定的持有人毕竟事实上在行使着某种权利，因此也可认其为事实上占有着某种权利。②正因为如此，法院判例承认，《法国民法典》原第2279条（现第2276条）第1款的格言式规定可扩张适用于占有某项物权的动产持有人，如质权债权人（le créancier gagiste）。③但一般的债权人并不享有《法国民法典》原第2279条（现第2276条）第1款的推定效力。④

与德国法和法国法不同，《瑞士民法典》第931条第2项明确规定："依因限制物权或对人权利所生之请求权而占有动产者，推定有此权利之存在；但对于由其受领该动产之人不得主张该项推定。"我国台湾地区"民法"第943条规定："占有人于占有物上行使之权利，推定其适法有此权利。"我国台湾地区有学者对此处之"权利"解释

---

① Vgl. Harry Westermann, Sachenrecht: ein Lehrbuch, 7. neubearb. Aufl., C. F. Müller, 1998, S. 250.

② 比如某人以质权人的意思占有某动产时，虽然不能认为其占有该动产，因为其欠缺物之所有人的意思；但是又不妨认为其占有着该动产上的质权，因为其实际上是在认可或主张自己而不是别人拥有一项质权。

③ 〔法〕弗朗索瓦·泰雷、菲利普·森勒尔：《法国财产法》（上），罗结珍译，中国法制出版社2008年版，第245、517—519页。另须说明的是，依据2006年3月23日第2006-346号法令，《法国民法典》中原来的质押（gage）一词不再只针对以移转占有为生效要件的动产担保方式，也指称不移转担保而以登记为公示要件的动产担保方式。关于gage一词含义的复杂性，参见«Le gage de droit commun»; http://fiches.dalloz-etudiant.fr/droit-prive/detail/fiche/83/h/bb6f733274.html，2025年1月25日访问。

④ Louis Bach, Droit civil; Tome 1; 13e édition; Sirey, 1999; p. 437.

为："无论其为物权（例如所有权、典权、地上权、质权等），或债权（例如租赁权、借贷物之使用权），均在所不问。"[1] 2005年7月8日公布的《中华人民共和国物权法（草案）》（征求意见稿）第260条曾规定："不动产或者动产的占有，除有相反证据证明外，推定有权占有。"从文义来看，该规范似乎包括了推定为依据债权产生的有权占有。但是我国大陆地区有学者并不赞成将占有推定的权利范围涵盖债权的做法。[2]

本章从善意取得制度之视角出发，认为动产占有推定之权利范围不应包括债权。分两种情况讨论：一是有前占有人时，另一是无前占有人时。

在有前占有人的情形下，动产现占有人不得主张推定其依据合法债权而占有。理由有三：第一，若前占有人并非其前手（即向其交付占有物之人），至少可推定现占有人依据善意取得制度获得其占有之权利，但此时的权利并不包括债权。为说明此点，先以非推定的真实权利取得过程为例。例如：无权处分人甲将乙之所有物出租于丙并交付，不论甲和丙之间的租赁合同是否有效，当乙向丙请求返还所有物时，丙并不能以其与甲之间的租赁合同对抗乙而抗辩不予返还，此为债权的相对性所决定。如果丙不是依据租赁合同占有该物，而是依据甲为其设定的质权而占有该物，依据《民法典》第311条第3款之规定"当事人善意取得其他物权的，参照前两款规定"，只要丙是善意以合理价格受让该物并取得占有的，即可善意取得在该物之上的质权，此种物权可对抗原所有人。可见，依据善意取得制度进行推定，

---

[1] 谢在全：《民法物权论》（下册），中国政法大学出版社1999年版，第963页。同此见解的，如王泽鉴：《民法物权（第二册）：用益物权·占有》，中国政法大学出版社2001年版，第238页。另外，我国台湾地区"民法"第943条之规定和《日本民法典》第188条之规定相同。

[2] 张双根：《占有的基本问题——评〈物权法草案〉第二十章》，载《中外法学》2006年第1期，第121—122页。

不可能使丙获得可对抗前占有人的债权[①]，但却可以使其获得可对抗前占有人的他物权。造成此种分别的关键实际上就是债权相对性和物权绝对性之分别。第二，若前占有人为现占有人之前手，如果可推定现占有人乃依据其与前手——此时即为前占有人——之间的债权关系而有权占有，前述因债权的相对性而产生的对现占有人的难题似乎可以避免。但仔细考察之后，便会发现困难仍在。因为如果不推定所存在的债权的具体内容，那么实际上仍无法决定现占有人的占有是否仍在债权的范围之内。例如若推定为依据承租人的债权而占有，那么其占有须在租赁期限内才属于有权占有，但是如何推定租赁债权的存续期限呢？这样的具体内容实际上是无法推定的。在本书看来，我国台湾地区"民法"物权编修正案所增列的第943条第2项之规定"前项规定，于占有人行使所有权以外之权利时，对使其占有之人，不适用之"，在现占有人与其前手之间不适用对现占有人债权的推定，其道理也正在于此。[②]

在无前占有人的情形下，动产现占有人亦不得主张推定其依据合法债权而占有。理由主要是：占有并非行使债权之表象，因此，依据前述"由行使权利的表象推定为有该权利"之指导占有推定制度运作的理念，不能推定占有人为债权人。这一理由对有前占有人的情况也适用，因为"由行使权利的表象推定为有该权利"是指导整个占有推

[①] 此处若要做到和质权善意取得制度类似，就要承认丙因信赖甲的占有而善意取得其针对原所有人乙的债权。在大陆法系中，似乎并未见到这么怪异的善意取得制度。应注意的是，本书并非泛泛反对债权的善意取得制度，只是反对前述这样怪异的债权善意取得制度。

[②] 关于我国台湾地区"民法"物权编修正草案，参见王泽鉴：《民法物权（第二册）：用益物权·占有》，中国政法大学出版社2001年版，第238页。王泽鉴先生认为：之所以不能对现占有人推定针对其前手依据债权（如租赁权）而占有，其原因在于"对妨碍所有权存在之障碍事实，应负举证之人"。本书认为道理不在此，而在本书正文中所述之理由。另外，动产质权虽为"所有权以外之权利"，仍可推定现占有人针对其前手适法行使此权利，只是质权具有从属性，现占有人仍需举证证明债权之存在，才可以彻底获得有权占有之推定。

定制度运作的理念。① 债权之表象应为债权凭证，占有债权凭证的人是否可推定其为债权人以及信赖非债权人对债权凭证的占有而受让债权之人是否可善意取得债权是另外的问题。此处的问题是：占有某动产的人是否可推定其为依据债权而有权占有该动产。如前所述，对此问题的回答应为否定。

---

① 基于同样的理由，占有人也不能被推定为动产抵押权人。比较棘手的是我国《物权法》实施后，汽车、船舶和飞机等特殊动产所有权行使的表象究竟为占有还是登记，此确是一疑难问题。此疑难问题和这些动产的善意取得究竟适用信赖登记还是信赖占有这一问题的疑难之处实具相同性。本书暂不解决此一问题，尚只满足于提出：对这些特殊动产是否可以适用占有推定制度，应视善意取得制度中信赖之对象标准的确立，与其保持一致。

第七章　概念与语境：中度抽象的意义
——以"清偿"概念对"物权行为"概念的替代为例*

[理论提示]　所谓"中度抽象"是指注重语境和场景的抽象，而"高度抽象"则是指撇开语境和场景的抽象。通过语词体现的概念对法律事实进行抽象时，高度抽象撇开语境和场景，易于表现不同语境和场景下的共同精神，但若仅依据高度抽象的概念语词来解决具体语境和场景中的问题，也容易产生忽视具体语境和场景的失误。当事人履行买卖合同，会有导致所有权变动的法律行为。高度抽象是用"物权行为"概念去描述分析此物权变动，而中度抽象则可以用"清偿（或履行）"概念去描述分析。采用物权行为概念去描述买卖合同履行时，脱离履行的语境，会从意思自治和契约原则的视角，接纳一个不假思索的前提：履行买卖合同时的物权变动仅有出卖人的意思表示还不够，尚需买受人与之合致的另一意思表示。此种视角忽视了履行买卖合同的语境是买卖合同已订立——此时更重要的是意思已经受拘束。从这个视角出发，完全没必要认可买卖合同履行时的物权变动需要物权合意，仅有单方转移所有权的意愿即可。另外，高度抽象不

---

* 本章内容修改自孙维飞：《论物权变动的"清偿模式"》，载《中外法学》2023年第1期，第221—240页。

可能面面俱到，物权行为的抽象仅能描述以物权变动为内容的清偿行为，由此，那些不以物权变动为内容的清偿行为，和以物权变动为内容的清偿行为的解释说明被割裂开来，从而不能得到妥善的理解，并由此不能产生妥当的法律适用。

一、问题之提出

从基于买卖等债权行为的履行而发生的物权变动来看，既有涉及此类物权变动之模式可大致分为三种：债权意思主义、物权形式主义和债权形式主义。其中，债权形式主义认为，物权变动经由债权行为和形式（交付或登记）而完成。[①] 此观点有一个令人疑惑的点：以动产买卖为例，仅有债权行为和形式，似乎不足以导致物权变动。比如，一所学校和一个电脑公司同时签订了两份合同：购买20台电脑的买卖合同和租赁20台电脑的租赁合同，对这40台电脑要求的配置完全相同。两份合同的交货履行期都届至时，公司运来20台电脑，学校签收，双方并未就这20台电脑究竟属于履行哪一份合同作出任何说明和暗示。此时，公司和学校之间有买卖合同，属于有关物权变动的债权行为，且有20台电脑的交付，但不能由此径行得出结论认为此20台电脑上发生了物权变动。因为，假如这20台电脑属于履行租赁合同，则电脑物权并未变动。由此可见，以动产买卖为例，交付作为形式必须和买卖合同的债权行为"匹配"，才得以转移所有权。此"匹配"问题，即为清偿问题。既有的有关债权形式主义模式的说明忽视了对该"匹配"要求的阐述。就债权行为加交付不足以导致物权变动的问题，赞成物权行为理论学者提出一种解决办法，即认为在

[①] 不同物权变动模式的介绍以及我国民法应采债权形式主义的主张，参见梁慧星、陈华彬：《物权法》（第五版），法律出版社2010年版，第79—84页。

动产买卖时,于交付之外须存在常常独立于债权行为的物权合意(物权行为),才能发生物权变动。[1]此种解决办法实质上并未触及"匹配"问题。若支持物权行为无因性,此种解决办法可充分地说明物权是否变动,因为无因性意味着物权变动与否仅依据物权合意和形式(交付)而定,无须考虑交付与债权合同匹配的问题。但是,假使支持物权行为有因性,此种解决办法对物权是否变动尚不足以充分说明。比如,就前所设例加以变换,一所学校和一个电脑公司先后签订了两份购买20台配置要求完全相同的电脑的买卖合同。两份合同履行期都届至后,公司运来20台电脑,学校签收,双方作出了让与所有权的物权合意。此后,其中一份买卖合同因意思瑕疵而被撤销,自始无效。此例中,若支持物权行为有因性,虽然学校和公司之间的物权合意明确无误,但若不能解决该物权合意和哪份合同"匹配"的问题,所交付20台电脑的物权是否变动仍无法得到说明。因为,若匹配有效合同,则物权变动;若匹配无效合同,则物权不变动。此例中,若支持物权行为无因性,由于学校和公司之间的物权合意明确无误,即使不能解决该物权合意和哪份合同"匹配"的问题,电脑所有权的变动仍属确切无疑,"匹配"哪份合同涉及的仅是学校是否构成不当得利的问题。另外,有反对物权行为理论的学者认为买卖合同中已经包含了移转所有权的合意,"因为该合意的存在,从而使动产一经交付便发生移转所有权的效果"。[2] 此观点和物权行为有因性理论一样,也有"匹配"的问题。如果交付不能匹配到某买卖合同,从而不能匹配到该买卖合同中所包含的移转所有权的合意,买卖标的物的

---

[1] 参见葛云松:《物权行为理论研究》,载《中外法学》2004年第6期,第712—713页。另外,前文关于电脑买卖和租赁的设例系从此文(第712页)借鉴并加以改编。有关物权变动模式争论的文献,亦请参见该文注释〔1〕,以及葛云松:《物权行为:传说中的不死鸟——〈物权法〉上的物权变动模式研究》,载《华东政法大学学报》2007年第6期,第103—105页。

[2] 参见王利明:《物权行为若干问题探讨》,载《中国法学》1997年第3期,第62页。

物权变动仍无法准确地说明。

除地役权和动产抵押权等特殊情形外,我国《民法典》物权编第二章就物权变动的生效延续一贯做法,要求满足交付或登记的形式。仅就需要形式的物权变动之模式而言,假如从解释论上不接受物权行为无因性理论,那么可能接受的解释论上的模式有两种:债权形式主义或物权行为有因性理论(有因的物权形式主义)。两种模式的共同点在于:都不认可物权行为无因性;两者的分歧在于:前者不认可物权行为的独立性,而后者认可。究竟应采物权形式主义还是债权形式主义,是否应采物权行为理论,这些问题早有争论[1],但并未解决。《民法典》实施后,独立的物权行为的意义这一解释论上的重要议题仍有"老调重弹"的空间和必要。[2]

从基于买卖等债权行为的履行而发生的物权变动来看,排除地役权和动产抵押权等物权变动仅合意即可生效的情形,在假定不接受物权行为无因性的前提下,本章试图通过对既往被忽视的"匹配"(清偿)问题的思考,借助新的视角,深入探讨清偿与物权变动模式之间的关系,并由此重新认识物权行为独立性的意义。

二、清偿的法律性质

(一)清偿的法律性质——债务人视角的分析

《民法典》第 557 条规定:"有下列情形之一的,债权债务终止:(一)债务已经履行……"依此,所谓清偿是指使债权债务终止之债

---

[1] 参见王轶:《物权变动论》,中国人民大学出版社 2001 年版,第 48—75 页。有关物权行为理论的争论,另参见柳经纬主编:《共和国六十年法学论争实录·民商法卷》,厦门大学出版社 2009 年版,第 160—182 页。

[2] 参见茅少伟:《民法典编纂视野下物权变动的解释论》,载《南京大学学报(哲学·人文科学·社会科学)》2020 年第 2 期,第 119 页。

务履行。由于非使债务消灭不可谓履行,因此,清偿即为履行,只是与履行一词相比,从字面上提示了履行的法律后果。

探明清偿的法律性质,须先弄清清偿之组成。依本书看,清偿包括两个部分:清偿内容以及该内容与债务的"匹配"。清偿内容依其与意思表示的远近可有各种不同表现,有两个极端:离意思表示最远的,是"不作为",如约定不弹琴,不弹琴为清偿内容;离意思表示最近的,是"法律行为",如预约中,订立本约为清偿内容。德国法上,物权行为亦构成买卖合同的清偿内容。"匹配"是将上述内容与某特定债务联系起来,并导致该债务之消灭。决定清偿法律性质的是"匹配"。正如无因管理的内容可能包括与他人订立法律行为,但无因管理本身不是法律行为,因为决定无因管理法律性质的是"管理意思(为他人管理)"。①

就清偿法律性质持事实行为说的主要策略之一正是将清偿内容与"匹配"进行分离。也就是说,即使清偿内容中包含着意思自治的因素,如订立本约或物权行为等,但清偿本身体现为"匹配",清偿内容与债务客观上符合,即可依法律规定而导致债务消灭,无须清偿人主观上有将清偿内容与债务联系起来的"匹配"意思即清偿意思。②另外,事实行为说的主要理由之一是认为不作为义务的履行无需清偿意思(Erfüllungswille),为了建立统一的清偿理论,或者说,为了

---

① 史尚宽:《债法总论》,中国政法大学出版社 2000 年版,第 58 页。
② 法国法上,有观点认为依据《法国民法典》第 1599 条,商品按重量、数量与度量出售时,事后出卖方或出卖方与买受方一起进行商品的称重、计数或量度,此种特定化(individualisation)可导致所有权转移,且可能包含着当事人自愿(volonté des parties)的因素,但这只是清偿的内容或一个步骤,清偿(paiement)本身仍仅为无需意思的事实行为(fait juridique)。V. N. Catala, La nature juridique du payement, Paris, L. G. D. J., 1961, p. 184, n°111. 德国法上,强调仅需"客观可识别的联系(objektiv erkennbarer Beziehung)"即可的早期文献,如 Gustav Boehmer, Der Erfüllungswille, C. H. Beck'sche Verlagsbuchhandlung, 1910, S. 89.

在概念上建构清偿，只能采取事实行为说。①

本书并不赞成事实行为说，理由之一是：清偿意思是指使清偿内容与（债务人意图消灭的）债务匹配的意思，如果没有债务人清偿意思的介入，仅清偿内容与债务客观上的符合不足以导致"匹配"的完全发生，因为某清偿内容是否被"联系于某特定债务（Beziehung zu einer bestimmten Obligation）"仍不确定。清偿效果之发生有赖于客观上的"符合"和主观上的"联系"同时具备。这种"联系"事实上或许隐而不彰——生活中的清偿意思多非明示，但在清偿的概念建构上不可或缺。假如债务人的不作为乃出于无意识，其不能构成清偿/履行，而仅构成债权人的偶然满足（satisfaction fortuite）。② 由于无法重回过去而重新履行不作为的义务，债权人的不作为债务构成履行不能。③ 况且，债务人若不履行，可对其强制执行，这是债权实现中可违背债务人自主的一面，但是履行不同于强制执行，属于债务人自主（die Privatautonomie des Schuldners）的领域④，无清偿意思之介入，不可称之为履行。另外，从侵权责任和债务不履行责任区分的角度看，也有必要在履行的概念建构中加入清偿意思的要素。引发侵权责任的不作为义务并非债务，并无履行的问题，只有是否违反的问题。从侵权角度看，一个人出于无意识而未伤害他人，也是尽到了古罗马法学家乌尔比安所言之"不伤害他人（alterum non laedere）"

---

① Vgl. Gustav Boehmer, Der Erfüllungswille, C. H. Beck'sche Verlagsbuchhandlung, 1910, S. 80.

② V. C. Populin-Deschamp, *La cause du paiement?: une analyse innovante du paiement et des modes de paiement*, Larcier, 2010, p. 156.

③ Vgl. Hermann Bauer, Die rechtliche Natur der Erfülllung, Dissertation, Rostock, 1903, S. 62. 关于履行以外途径目的达到而导致的履行不能，另参见〔德〕迪特尔·梅迪库斯：《德国债法总论》，杜景林、卢谌译，法律出版社2004年版，第333页。

④ 即使持事实行为说的学者，也不否认债务人自主的重要性，并认为，当债务人具有"并非履行该项债务"之否定式清偿决定（eine negative Tilgungsbestimmung）时，其并非清偿/履行。Vgl. Karl Larenz, Lehrbuch des Schuldrechts, Erster Band, Allgemeiner Teil, 14. Auflage, C. H. Beck'sche Verlagsbuchhandlung, 1987, S. 241.

的义务。而合同中的不作为义务可分为两类：一类是作为给付义务的不作为义务，如约定不弹琴而换取对价；另一类是作为保护义务的不作为义务，如不得因提供瑕疵产品而伤及对方当事人。前者有履行问题，而后者无履行问题，只有是否违反的问题。正因为后者无履行问题，在附随于给付义务的场合，其违反可构成侵权责任和违约责任（债务不履行）的竞合。概念建构上将清偿意思自清偿/履行中排除，意味着不作为义务不论有无履行问题，实际上都只是"是否违反"的问题，由此，有混淆侵权和债务不履行之嫌疑。[1]

不过，即使认为清偿意思对于清偿/履行的概念建构是必不可少的，若该清偿意思并非法律行为上的意思，那么，清偿仍为广义的事实行为，可构成准法律行为。因此，反对事实行为说，尚需理由之二，即清偿意思乃法律行为上的意思。主张清偿效果（债务消灭）之发生需要清偿意思，但该清偿意思并非法律行为上的意思的见解[2]，将重点放在债务消灭的原因探究上，并认为：债务被清偿而消灭并非因为清偿意思，而是因为清偿内容符合债务要求。清偿意思将清偿内容与债务联系起来后，一旦清偿内容与债务符合，则债务消灭，且消

---

[1] 就不作为义务之履行，主张无须清偿意思者，常认为行为意思也是不必要的，因此，更准确地描述其观点，应为"事实清偿效果说（Theorie der realen Leistungsbewirkung）"。本书考虑到清偿总是至少和（债务）人相关的状态，为求简明起见，使用"事实行为说"一词，用词时有意忽略了此点。另外，对"事实清偿效果说"的详细反驳，参见赵文杰：《给付概念和不当得利返还》，载《政治与法律》2012年第6期，第102—105页。

[2] 严格来说，既然该见解认为意思并不构成法律行为上的意思，对其用"清偿意思"来描述并不准确，更准确的应为"目的决定的意思"，即将清偿内容与债务联系起来的目的决定。为了简化，也为了方便不同观点的比较，本书保留了"清偿意思"的表述。所谓"有目的实现清偿说（Theorie der finalen Leistungsbewirkung）"适合用来描述此种见解。关于此说，参见赵文杰：《给付概念和不当得利返还》，载《政治与法律》2012年第6期，第101页。支持"目的给付效果说"的我国学者文章，参见缪宇：《清偿性质"目的给付效果说"的展开》，载《法学家》2023年第6期，第130—146页。

灭的原因不再是"这个意思",而仅是"这个符合"。[1]此种观点并不值得赞同。以请求履行的催告为例,催告可产生中断时效之法律效果,此效果之发生需要意思——请求履行的意思。但是,催告并非法律行为,而是准法律行为,原因在于:催告所要求的意思并非追求催告法律效果——中断时效的意思,即并非法律行为中的效果意思。但是,清偿意思与之不同,导致清偿效果发生的意思必然包含追求此种效果(债务消灭)的意思。既然须探究清偿内容与债务是否符合而判明债务是否消灭,那么,为什么会探究"是否符合"?原因在于:债务人将清偿内容与债务联系起来的目的正是"以供探明是否符合",从而"以供探明债务是否应当消灭"。债务人没有消灭债务的意思时,探明"是否符合"的思维程序,事理上不会启动。正是因为清偿意思中包含了消灭债务的意思,从而在清偿内容与债务符合时,债务消灭。债务仅因"符合",而非因"清偿意思"而消灭,不合事理。[2]

总之,清偿之法律效果为债务消灭,须清偿人有使债务消灭之意思,清偿人将清偿内容与债务联系起来的"匹配"意思中正包含着使债务消灭之意思,因此,清偿为法律行为。

(二)清偿的法律性质——债权人视角的分析

清偿的法律性质,就德法两国来说,早先以双方法律行为说(契约说)为主流。后来,契约说在德国衰落,衰落的重要原因之一是《德国民法典》颁布后,其第 362 条有关清偿的法条并未提及涉契约

---

[1] Vgl. Hans Georg Ettingshausen, Die rechtliche Natur der Erfüllung, Dissertation, Erlangen, 1935, S. 27.

[2] 另外,主张清偿意思并非法律行为上的意思的见解,常以清偿为准法律行为,仍可参照法律行为相关规则而可撤销等。由此,此种见解与主张清偿为单方法律行为的见解,区分实益并不明显,但概念建构上不认可清偿意思为法律行为上的意思,从而不认可清偿为法律行为,并不妥当。vgl. Chris Thomale, Leistung als Freiheit: Erfüllungsautonomie im Bereicherungsrecht, Mohr Siebeck, 2012, S. 22.

的因素。① 在法国，契约说一直得到广泛赞同，② 而清偿若为契约，就其证明常会有书面形式的要求，这成为法国司法实践反思契约说的重要原因之一。③ 本书从上述简明的比较法观察试图得出的结论是：抛开德法两国法条，仅从法理而言，清偿的契约说也是有相当理据的见解，否则不至于曾占据主流。

德国民法学说中，有观点认为不论清偿内容是否为提供服务甚至不作为等事实行为，清偿皆为契约，此为一般契约说（allgemeine Vertragstheorie）；另有观点认为仅当清偿内容为订立契约——如物权合意时，清偿才为契约，此为限制契约说（beschränkte Vertragstheorie）。一般契约说强调清偿法律效果之发生皆需债权人处分其债权的意思，也即接受债权消灭之意思；限制契约说则认为在清偿内容为订立契约时，如德国法上的所有权让与，该清偿内容包含着债权人接受的意思表示。而清偿人为所有权让与等行为时，实际上表示了"为清偿之目的"（zum Zwecke der Erfüllung），而债权人接受所有权让与时，也就接受了该让与出于"为清偿之目的"。所谓"为清偿之目的"即等同于接受债权消灭之意思，是处分债权的意思。而清偿内容并非契约（如事实行为）时，清偿效果之发生则无需上述处分债权的意思。④ 由此看，限制契约说是在清偿内容为契约时，通过于其上附加一个清偿契约的方法认可清偿契约的存在。当附加的条件不存在，即清偿内容为事实行为时，清偿契约不存在。

---

① 参见〔德〕迪特尔·梅迪库斯：《德国债法总论》，杜景林、卢谌译，法律出版社2004年版，第191页。

② V. F. Terré, Ph. Simler, Y. Lequette et F. Chénédé, *Droit civil*：*Les obligations*, 12^{e}éd., Dalloz, 2018, n° 1412, p. 1491.

③ V. G. Loiseau, 《Réflexion sur la nature juridique du paiement》, *JCP* 2006, I, 171. 另外，2016年法国债法修订，于《法国民法典》第1342-8条新增规定："清偿可以任何方式证明。"此做法虽然没有直接为清偿定性，但消除了关于清偿证明的不确定性。

④ Vgl. Karl Larenz, Lehrbuch des Schuldrechts, Erster Band, Allgemeiner Teil, 14. Auflage, C. H. Beck'sche Verlagsbuchhandlung 1987, S. 237.

本书并不赞同一般或限制契约说。理由是：对清偿效果之发生来说，债权人接受债权消灭的意思并不重要，即无需债权人处分债权的意思。《民法典》第 570 条规定："有下列情形之一，难以履行债务的，债务人可以将标的物提存：（一）债权人无正当理由拒绝受领……"一般动产买卖中，第 570 条第 1 款第 1 项中导致债务人"难以履行债务的"，不应指债权人接受权利变动（所有权转移和债权消灭）的权利变动层面上的意思，而应指债权人接受占有转移的事实层面上的意思及意思下的行为。因为在买卖合同已经生效的情形下，出卖人即为债务人，其消灭债务、解脱负担的利益不应受制于作为债权人的买受人单纯的接受权利变动的意思。实证法上并未见对此意思之要求，价值观上也无必要有此要求。[1] 如果出卖人提供的标的物合乎合同要求，且有通过转移所有权而消灭债务的意思，则只要交付完成，买受人拒绝权利变动（所有权转移和债权消灭）的意思并无法律意义。[2] 从因履行而造成债权消灭的角度看，假如债权人接受清偿以消灭债务的意思对于清偿法律效果之发生是必不可少的，那么这将意

---

[1] 即使德国民法明确以物权合意作为所有权变动的前提（《德国民法典》第 925 条和第 929 条），但是在《德国民法典》第 433 条第 2 款规定买受人义务时，内容为支付价款并"受领所购买的物（die gekaufte Sache）"，并未提及接受"物之所有权"。由此，在多大程度上，第 433 条第 2 款中的买受人的受领义务还包括权利变动层面的协作，成为疑问。Vgl. H. P. Westermann, Kommentar zum § 433, in Münchener Kommentar zum BGB, 5. Auflage, 2008, Rn. 79. 有学者认为：显然第 433 条第 2 款只提及了针对交付的协作义务，而非针对所有权取得的协作义务。参见 Vgl. Gustav Boehmer, Der Erfüllungswille, C. H. Beck'sche Verlagsbuchhandlung, 1910, S. 63. 不过，德国法院认可了债务人完成不动产物权合意的协作义务。尽管如此，此种协作义务对于买卖合同类型来说仍非本质性的。Vgl. Karl Larenz, Lehrbuch des Schuldrechts, Zweiter Band, Besonderer Teil, 1. Halbband, 13. Auflage, C. H. Beck'sche Verlagsbuchhandlung, 1986, S. 94.

[2] 这一点体现了在是否需要意思介入问题上的不对称性。在债务人基于清偿意思而行动时，清偿内容与债务的"匹配"已被确定，无需债权人意思的配合；而如果没有债务人清偿意思的介入，仅清偿内容与债务客观上的符合不足以导致"匹配"的完全发生，即使在清偿抵充（《民法典》第 560 条）时亦如此。因为清偿抵充须以债务人"为清偿"为前提，而依本书见解，债务人"为清偿"须以其有对债权人清偿债务的意思为前提，只是在《民法典》第 560 条所规定的情形，无须债务人表明清偿哪一笔债务。

味着，无论出卖人基于履行而交付给买受人的标的物多么正确和符合义务，只要债权人拒绝将其作为履行（als Erfüllung）——自物权变动有因性角度看，这同时也意味着拒绝接受所有权移转，则债务人就无法获得解脱。这样的结果对交易来说，显然不可接受。①总之，为了保障已经交付合乎要求标的物情形下出卖人自债务中解脱的正当利益，即不应认可清偿法律效果之发生需要债权人接受物权变动之意思和接受清偿（从而债务消灭）之意思。②

本章在上段径直将出卖人转移所有权意思和消灭债务意思合并进行阐述，尚未提示合并阐述的理由。接下来，本章将就此进行更深入

---

① 参见 Vgl. Gustav Boehmer, Der Erfüllungswille, C. H. Beck'sche Verlagsbuchhandlung, 1910, S. 63f. 虽然作者阐述债务消灭要求债权人接受清偿意思的不合理性时，是以德国法物权变动无因性模式为背景，意味着买受人仅接受所有权移转而不接受清偿（即不接受所有权移转导致债务消灭）时，所有权移转但债务未消灭，显然不合理。但是，本书认为，债务人解脱的关键在于债务消灭，不论有因或无因性模式，买受人无接受所有权移转的意思，即不可能有接受清偿以消灭债务的意思，因此，如果彻底关注已经交付合乎要求的标的物的情形下买受人自债务中解脱的正当利益，即不应认可履行过程中的物权变动需要物权合意。

② 有此结论，根源在于履行合同中即使涉及"意思自治"，该意思自治与订立合同时的意思自治亦不可同日而语。抛开公法或公序良俗原则限制不论，前者是受约束下的自愿，后者则是纯粹的自愿。前者中的约束即为债权债务关系，自债务人一面而言，如果其不去自愿履行合同，可强制其履行；自债权人一面而言，债务人已经提出合格的履行，须债权人协作受领的，债权人不为协作，可构成受领迟延，或债务人可通过提存而使债务消灭。就权利变动层面而言，可以将买受人接受出卖人合乎要求而履行时的标的物所有权移转的意思解释为在买卖合同订立时已经默示地预先作出，这样买卖合同中既包含有物权变动之意思在内，接受（合格）清偿以消灭债务的意思（这种意思也是不可撤回的）亦可包括在内。本书认为，即使如此解释，清偿时，债权人接受物权变动之意思和接受清偿（从而债务消灭）之意思对于清偿效果之发生并无法律意义，这一点并无疑问。测试性的例子可设想为：出卖人以清偿为目的向买受人完成了合格标的物之交付，交付时，买受人有接受交付之法律效果的意思，且有不接受所有权变动之法律效果的意思，以及不接受债务消灭之法律效果的意思。此时，依本书之看法，所有权转移，且债务消灭。不过，本书更愿意采取另一种解释，即债权的效力使然。因为，如果债权人一方面并未抛弃债权，另一方面却拒绝债务人转移所有权（以使其债权实现）之意思，为自相矛盾，在不能解释为抛弃债权的情形，应认为拒绝无意义。这可用来解释向非合同当事人的第三人清偿（《民法典》第522条）的情形，第三人拒绝债务人转移所有权的意思，要么解释为拒绝债权取得，要么解释为抛弃债权，要么应认定其拒绝无意义。

的阐述，并着重以买卖合同的履行为例，分析清偿中的物权变动意思。

（三）清偿中的物权变动意思

清偿意思并非单一的追求债务消灭的意思，否则无法与追求债务免除的意思（或者抵销的意思等）相区别。清偿意思是通过清偿内容并借助其与债务的匹配而使债务消灭的意思，体现出复合的结构。其中的追求可分为两个层次：希望清偿内容发生以及希望通过清偿内容与债务匹配而消灭债务。清偿意思体现了清偿中的主观要素。清偿内容之发生，不论其为法律行为或事实行为，均为清偿中的清偿意思外要素——与清偿意思相对应，本书称为清偿中的客观要素。下文将进一步分析清偿中的物权变动意思，揭示其与清偿意思的关联。

首先，债务人清偿意思中"希望清偿内容发生"的意思与清偿内容中的意思相重合，不妨皆称为"内容意思"。并且，由于可对清偿做整体看待，因此，上述意思虽相重合，但可能会有个数的不同。例如，当清偿内容为某法律行为时，如订立本约，则债务人"希望清偿内容发生"的清偿意思即为订立本约的意思；而当清偿内容为事实行为时，如提供服务，则债务人的清偿意思即为提供服务的意思。如果着眼于清偿意思中"希望清偿内容发生"的意思，其他的意思仅为附加的意思，则前述德国的"限制契约说"本书虽不赞成，但认为变得容易理解，因为在此时，清偿内容为法律行为，则清偿为法律行为；清偿内容为事实行为，则清偿为事实行为。但是，即便如此，还是有可能将清偿内容与清偿本身分开。比如，当预约的内容为有义务订立三个本约，实际依约订立了三个本约时，不妨认为清偿内容有三个法律行为，但清偿本身仍为一个法律行为。①

其次，由于单纯的消灭债务的追求不足以将清偿意思与债务免除或抵销等意思区分，必须有通过清偿内容与债务的匹配而消灭债务的意思才可称为清偿意思，另外，由于希望清偿内容与债务匹配时必然有追求债务消灭的意思，因此，本书将匹配的意思和使债务消灭的意思合二为一表述，即希望通过清偿内容与债务匹配而消灭债务的意思，不妨称之为"匹配消灭债务意思"。

再次，就清偿的客观要素——清偿内容来说，其可分为两种：一种，清偿内容中法律效果的发生与"匹配消灭债务意思"无关；另一种，清偿内容中法律效果的发生以有效的"消灭债务意思"为前提。前一种主要指清偿内容为事实行为的情形，比如，只要提供了服务，不论所意图履行的债务是否存在，从而不论是否存在有效的"匹配消灭债务意思"，提供服务所产生的事实效果依然会发生。但是，前一种也包括清偿内容为法律行为的情形，例如，甲为履行对乙的债务而与第三人丙订立合同，债务的内容即为"与第三人丙订立合同"，但是，甲在与丙订立合同时并未就其"对乙履行债务的目的"有丝毫的明示或默示，此时，即使甲乙间债务不存在，甲丙合同依然有效。反之，假如甲丙双方都认可甲的"对乙履行债务的目的"成为合同的内容，则当甲乙间债务不存在时，甲丙合同无效。此种情形即为后一种——清偿内容中法律效果的发生以存在有效的"匹配消灭债务意思"为前提。前一种不妨称为"不受匹配消灭债务意思影响的清偿内容"，后一种则不妨称为"受匹配消灭债务意思影响的清偿内容"。

最后，以一般的动产买卖时的履行为例，在有因性模式下，交付作为事实行为，属于"不受匹配消灭债务意思影响的清偿内容"，

---

① 清偿为义务之履行，在行为个数计算上，若以清偿对应债务，则有可能将多个清偿内容中行为合并计算为一个。Vgl. Wolfgang Fikentscher, Andreas Heinemann, Schuldrecht, 10. Auflage, De Gruyter Rechtswissenschaften Verlags-GmbH, 2006, S. 164.

而债务人转移所有权的"内容意思",属于"受匹配消灭债务意思影响的清偿内容",从而其法律效果之发生受意图清偿之债是否存在的影响。对于"不受匹配消灭债务意思影响的清偿内容",如交付中的意思,须单独分析,不可混淆于物权变动意思。比如,即使认为交付并非事实行为,而为契约[1],该契约的效力也不受债务是否存在的影响,也就是说,履行无效合同而为交付时,占有移转的法律效果并不受合同效力的影响。[2] 但是,物权变动的"内容意思",无须单独分析,可以为"匹配消灭债务意思"所涵盖。理由有二:一是"匹配消灭债务意思"必然含有债务人转移所有权的"内容意思",且前者效力影响后者法律效果之发生,两者完全可以合并,如果不嫌烦累,可称为"通过转移所有权匹配债务从而消灭债务之意思"。此时,有因的物权行为和清偿在概念上可以重合,皆为"为了依约消灭债务而转移所有权之法律行为"。二是由于依本书看法,依约清偿导致物权变动,无须债权人接受转移所有权意思,仅债务人单方的意思即足够,无须涉及债权人或第三人,因此,上述合并不影响物权变动"内容意思"的完整性,自无不妥。不过,此处分析也意味着,假如法律制度允许当事人约定无因的物权行为,物权变动的"内容意思"必须单独分析,不可用"匹配消灭债务意思"去涵盖。

总之,以一般的动产买卖合同的履行为例,就清偿的法律性质及其与物权变动意思的关联,可认为:清偿属于无须债权人同意的单方

---

[1] 王泽鉴:《民法物权》(第二版),北京大学出版社 2010 年版,第 453 页。
[2] 依本书看法,这一点对于观念交付或交付之替代,也应适用。比如,出租人甲将所出租动产出卖给乙,并为指示交付(《民法典》第 227 条)。即使采物权变动有因性模式,买卖合同无效时,因指示交付而发生的(甲对承租人的返还请求权)债权让与依然有效,乙仍继受取得自主占有,并有义务向甲返还。这并非因为债权让与一定是无因的——假如买卖债权而为债权让与时则不同,而是因为此时的债权让与仅为清偿中"不受匹配消灭债务意思影响的清偿内容"。

法律行为，其中，有因性模式下，清偿意思可涵盖物权变动所需之债务人转移所有权之意思。

三、清偿视角下的物权变动模式

债权行为是产生债权债务的法律行为，债权合同则是产生债权债务的合同，其中，买卖合同是产生一方转移所有权债务的合同。债权合同的履行意味着债权合同约定内容的实现，买卖合同中出卖人的履行意味着出卖人债务的清偿，也就是出卖人允诺内容的实现——所有权移转。从这个视角看，物权变动模式可分为两种：一种是无因性模式，通过无因的物权行为，切断物权变动和清偿意思之间的联系；另一种是有因性模式，除了有因物权行为模式外，可通过清偿视角统一说明。

只要有物权合意，且物权合意生效，则物权变动，此为无因性模式。在此模式下，物权变动无须考虑其原因，即使所清偿的债权不存在时，物权依然变动。因此，对无因性模式来说，不可通过清偿视角对物权变动进行说明。否则，会令人产生误会，误以为是否构成有效清偿会影响物权变动之效力。而有因性模式与之不同，其中所包括的债权形式主义和债权意思主义模式，不妨通过清偿视角作统一说明。接下来，本章先以一般买卖合同的完全履行为例对上述两种有因性模式与清偿的关联作出阐述，再仅就我国法上可能适用的债权形式主义模式，以保留所有权买卖及不完全履行等特殊情形为例，就该模式与清偿之间的关联作进一步的分析。

首先，在一般的买卖合同情形下，出卖人履行买卖合同的清偿行为，导致标的物所有权的转移，并同时导致买卖合同项下转移所有权义务的消灭。当交付是转移所有权的必要条件时，出卖人履行了买卖合同项下转移所有权义务，即意味着已经履行了买卖合同项下的交付义务。① 假如以债权形式主义作为我国物权变动模式的解释论，就不动产而言，出卖人通过过户登记履行了买卖合同项下的转移所有权义务，尚须另行完成买卖合同项下的交付义务；就动产而言，出卖人履行了买卖合同项下的转移所有权义务，即意味着已履行了买卖合同项下的交付义务。② 由此可得出结论：债权形式主义的物权变动模式下，买卖合同中，交付或登记是出卖人清偿行为的组成部分，清偿的法律效果为所有权转移，所有权因清偿而转移。另外，债权意思主义的物权变动模式，比如法国民法的物权变动模式，自债权行为效力会影响物权变动角度而言，与债权形式主义同属于有因性模式，对其也不妨通过清偿的视角加以认识。《法国民法典》第1583条规定："当事人对标的物和价金达成合意时，尽管该标的物尚未交付，价金尚未支付，买卖即为完全的（parfaite），针对出卖人，买受人法律上取得该标的物之所有权。"此条仅适用于特定物买卖。③ 对此条的理解不妨是：特定物的买卖合同产生出卖人转移所有权的义务，且该义务在产生的同时即视为被履行（exécutée）。④ 所谓买卖（la vente）即为

---

① 这里的交付取广义，即简易交付、指示交付和占有改定等观念交付或交付的修正形式皆包括在内。

② 此处就动产占有改定补充说明：占有改定须出卖人由自主占有意思改变为他主占有意思，使买受人获得自主占有。占有改定完成后，出卖人的义务即履行完毕。嗣后，出卖人再向买受人转移占有或现实交付时，不再是买卖合同的履行，而是有效或无效占有媒介关系中返还义务的履行。有关占有改定，另参见庄加园：《民法典体系下的动产所有权变动：占有取得与所有权让与》，法律出版社2020年版，第108—134页。

③ V. F.-C. Dutilleul et Ph. Delebecque, *Contrats civils et commerciaux*, 11e éd., Dalloz, 2019, n° 179, p. 188.

④ V. F. Terré, Ph. Simler, *Droit civil：Les obligations*, 8e éd., Dalloz, 2010, n° 399, p. 320.

完全，实际含义和出卖人转移所有权义务已经得到完全履行相同。[1]由此，也可以解释，即使采债权合同生效时特定物所有权即可移转的立法例，当因出卖人对标的物并无所有权或处分权而导致所有权不能移转时，出卖人的义务仍在，出卖人未能采取必要措施使买受人取得所出卖之财产，仍可视为因其过错而不履行。[2] 英国动产买卖时所有权变动模式与法国相似，也是买卖标的物一旦特定（ascertained），

---

[1] 2016年法国债法修订前，《法国民法典》第1138条曾规定："交付标的物之债（l'obligation de livrer la chose）仅依缔约当事人的合意而为完全（parfaite）"，此条规定的章标题为"关于债的效力（De l'effet des obligations）"，规定的内容为债的履行和不履行的损害赔偿等，可见，交付标的物之债是完全的，所针对的其实是债务的履行。由于此处"完全"实际是指转移所有权而非"交付（livraison）"义务的履行，原《法国民法典》第1138条"交付标的物之债"的表述不够精准，于2016年民法典修订时最终被删去，改为新的第1196条第1款，即"以转让所有权或其他权利为目标之合同情形，权利移转发生于合同订立时"。参见法国司法部2016年关于《关于合同法、债的一般规则与证明的改革法令》的报告，Rapport au Président de la République relatif à l'ordonnance n°2016—131 du 10 février 2016 portant réforme du droit des contrats, du régime général et de la preuve des obligations, Journal Officiel de la République Française（11 février 2016），https：//www. legifrance. gouv. fr/jorf/id/JORFTEXT000032004539/，2025年3月8日访问。2016年法国债法修订，增设了债务不履行或不完全地（imparfaitement）履行的总括规定（第1217条），于第1223条新采用了"不完全履行（une exécution imparfaite）"的表述，由此可见，parfaite或imparfaite可用来修饰履行一词。从出卖人转移所有权义务履行的角度来理解买卖的完全，应无问题。另外，也有讨论物权变动模式的文章将原《法国民法典》第1138条第1款中完全（parfaite）一词，直接翻译为履行（performed），see Eleanor Cashin Ritaine, National Report on the Transfer of Movables in France, in Wolfgang Faber & Brigitta Lurger（eds.）, National Reports on the Transfer of Movables in Europe, Volume 4：France, Belgium, Bulgaria, Poland, Portugal, Sellier European Law Publishers, 2011, p.76, note 467.

[2] 参见唐晓晴：《〈澳门民法典〉中的将来物与将来物买卖合同》，载《政法论丛》2006年第1期，第40页。另参见〔葡〕若昂·德·马图斯·安图内斯·瓦雷拉：《债法总论（第一卷）》，唐晓晴译，社会科学文献出版社2020年版，第198页。另外，虽然《法国民法典》第1599条规定出卖他人之物的合同无效，传统上认为该无效为绝对无效，买受人和出卖人都可以提出。V. Aubry et Rau, Cours de Droit Civil Français：d'Après l'Ouvrage Allemand de C.-S. Zachariae, Tome 3, Paris, 1856, p.246. 但亦有人认为仅相对无效，即出卖人不可提出，V. Ch. Larroumet et S. Bros, Les obligations-Le contrat, 9ᵉ éd., 2018, Economica, n° 380 bis, p.348. 2013年一则司法判例也否认了真正权利人提出的无效之诉，认为其仅可以提出返还之诉（une action en revendication），就出卖他人之物订立的合同，有资格提出无效之诉的人仅为买方。V. Cass. Com., 15 octobre 2013, n° de pourvoi：12-19.756.

所有权即告移转。甚至，在卖方已经收到价金的情况下，依据"衡平将应该做的视为已经做的（equity looks upon done that which ought to be done）"的衡平法原则，即使标的物尚未完全特定（unascertained），买方也可能会就相关财产拥有衡平法权益（equitable interest）。这里，将"应该做的"视为"已经做的"，其实也正是义务和其履行合一的体现。①

其次，就保留所有权买卖的物权变动，依我国法可能适用的债权形式主义模式，也不妨用清偿视角加以说明。当事人订立保留所有权买卖的合同，此为债权合同。此债权合同为出卖人设定转移物权期待权的义务，出卖人完成清偿行为时，此义务的内容得到实现，即买受人获得期待权。出卖人完成清偿行为，须交付。由此，买受人自出卖人因清偿而交付时起获得期待权。此期待权，在停止条件满足后无须当事人另有行为，即可成为所有权。借用《奥地利普通民法典》第900条之用语，即为"附停止条件而约定的权利（Ein unter einer aufschiebenden Bedingung zugesagtes Recht）"。②

再次，采债权形式主义模式时，以清偿视角来看，就买卖合同不完全履行中的所有权变动应如何理解，亦须说明。在出卖人的履行数量短少、质量瑕疵，甚至构成异种给付时，都可构成不完全履行③，

---

① see Sandra Frisby & Michael Jones, *National Report on the Transfer of Movables in England and Wales*, in Wolfgang Faber & Brigitta Lurger (eds.), *National Reports on the Transfer of Movables in Europe*, Volume 2: *England and Wales, Ireland, Scotland, Cyprus*, Sellier European Law Publishers, 2009, p. 67.

② 如此解释保留所有权买卖中的物权变动，更侧重于使"条件"一词所设限制针对的是法律效果，而非法律行为本身。参见袁治杰：《法律行为的条件理论》，载《私法研究》2010年第1期，第40—88页。另外，有关保留所有权的法律构成的争论，参见王轶：《论所有权保留的法律构成》，载《当代法学》2010年第2期，第21—26页。另外，以功能主义视角看待抒，应认为通过交付，买受人的所有权和出卖人的抵押权同时产生。此时就物权变动即无须以"条件"术语进行描述。

③ 参见〔日〕我妻荣：《新订债权总论》，王燚译，中国法制出版社2008年版，第135页。

从都应适用瑕疵检验期间的角度看[1]，可认为此三种情形下都发生了物权变动。理由是：假如瑕疵检验期间经过，买受人怠于通知，则依据《民法典》第621条第1款之规定，"视为标的物的数量或者质量符合约定"。有此"视为"时，出卖人转移所有权义务自应消灭，或无须受强制承担违约责任[2]，从而已经交付的标的物的所有权也应发生移转。此时三种情形被同等对待。无此"视为"时，亦不妨认为，出卖人的履行有质量瑕疵或构成异种给付时，也应和数量短少同等对待，皆导致所有权的移转，只是因构成不完全履行，出卖人仍应承担违约责任。另外，就过量履行，在有因性模式下，不论采债权形式主义或物权形式主义，皆会发生疑难，因为就超出部分，所有权应不移转[3]，但是却可能无法分辨哪一部分标的物的所有权没有移转。此时，不妨适用《物权法》中有关混合的规范（第322条），以决定所有权的归属。[4]

最后，依我国法可能适用的债权形式主义模式，就一般动产买卖中自主占有移转的特殊情形，如简易交付、占有改定或指示交付，以及不动产买卖中的登记过户而言，其中虽可能包含着合意的因素，但这些因素自清偿视角看，仍只是买卖合同清偿中的替代交付或观念交付的部分，转移所有权和使债务消灭的意思仍仅在清偿意思中。但是，简易交付、占有改定和指示交付，皆非买卖合同的本义交付，应

---

[1] 参见金晶：《〈合同法〉第158条评注（买受人的通知义务）》，载《法学家》2020年第1期，第176页。

[2] 参见《最高人民法院关于审理买卖合同纠纷案件适用法律问题的解释》（法释〔2012〕8号，2021年1月1日起修正施行）第20条。

[3] 这里就过量履行，并未采瑕疵履行的视角观察。若采瑕疵履行的视角，亦不妨认为所有权可以移转。不过，本书认为，在当事人并非明知而过量履行的情形下，认同所有权移转，价值观上似有不妥。就过量履行与瑕疵履行的关系，亦请参见吴香香：《〈民法典〉第598条（出卖人主给付义务）评注》，载《法学家》2020年第4期，第181页。

[4] 最早提出此一疑难问题并主张有因性模式下所有权归属只能采买卖双方共有这一见解的文章，参见葛云松：《物权行为理论研究》，载《中外法学》2004年第6期，第733—734页。不过，自混合的视角看，就所有权归属，共有的解决方案是否合理，仍可探讨。

以双方同意通过此种观念交付或交付替代方式以完成所有权移转和消灭债务为前提。① 也就是说，就一般的动产买卖，在未经买受人同意的情形下，买受人不得主张通过观念交付而为清偿。此时，与代物清偿类似，并非以合乎债务本旨的方式进行清偿的，此种"清偿"并非依约履行，若可消灭债务，须双方同意，构成"清偿契约"。② 此与清偿为单方法律行为的观点并无矛盾。

总之，自清偿视角观察买卖合同履行时的物权变动，物权变动构成清偿的一部分，且效力上没有独立性。清偿发生效力，则物权变动；清偿不发生效力，则物权不变动。而清偿发生效力，须以债务的存在为前提，因此，物权变动为有因的。无因的物权形式主义模式的特点在于从效力上切断物权变动和清偿之间的联系，即清偿有效与否，不影响物权变动，物权变动仅依物权合意和形式而决定其效力。

四、清偿视角下独立的物权行为概念

就需要形式的买卖合同履行而发生的物权变动而言，有因性模式下，物权变动为清偿的一部分，且效力上没有独立性，因此，清偿无效，物权变动自然也无效。另外，有因性模式下，清偿意思可涵盖物权变动所需之债务人转移所有权之意思，清偿为单方法律行为，在清偿之外再承认独立的物权行为于法律适用并无实益。在功能上，由于履行过程中涉及物权变动的意思表示瑕疵可从作为法律行为的清偿的

---

① 参见吴香香：《〈民法典〉第598条（出卖人主给付义务）评注》，载《法学家》2020年第4期，第178页。

② 如果是即时履行之更改，则不在本书所谓"代物清偿"的范畴，因为在即时履行之更改情形，作出不同于原定给付之他种给付时，实为清偿，只是清偿的为更改后的债务。依本书的主张，代物清偿时，债务并未发生变化，只是债务消灭的"清偿内容"发生了变化。有关代物清偿的性质争议，参见史尚宽：《债法总论》，中国政法大学出版社2000年版，第815页。

视角加以说明，不妨以清偿概念覆盖或替代物权行为概念以解决问题；但是，诸如提供服务等履行中的意思表示瑕疵，是物权行为概念解决不了的问题，不得不依赖作为法律行为的清偿的概念加以解决。例如，双方约定，买卖契约生效3个月后履行。假设履行期届至时，买受人以欺诈或胁迫手段诱使或迫使出卖人履行义务，如果清偿仅为事实行为，则"由于欺诈、胁迫不能影响事实行为的法律效果，而此等效力瑕疵因素又不存在于之前已经生效的买卖契约当中，故纵然实施了欺诈、胁迫等行为，买受人亦可无障碍地从出卖人的履行行为中获得所有权，出卖人难以寻求法律救济"。[1]但是，假如清偿为法律行为，则该清偿可撤销[2]，清偿若被撤销，物权变动效力也随之不发生，出卖人救济自无问题。此时，清偿概念可覆盖或替代物权行为概念以解决涉物权变动的履行过程中的欺诈、胁迫问题。但是，物权行为概念仅涉及物权变动，就提供服务等的履行过程中的欺诈、胁迫问题的解决，却覆盖或替代不了作为法律行为的清偿概念。比如，甲乙约定：甲先支付报酬2万元，乙后为甲某年生日献歌一首。不过，由于各种原因，乙实际上订了一份亏本的合同，乙生日献歌的市场价应为3万元。此后，甲没有先支付报酬，却胁迫乙在合同约定的生日时不得不献歌一首。此例中乙的履行不涉及物权变动，自然也就无涉物权行为概念。假如清偿仅为无须考虑清偿意思的事实行为，则乙已经为清偿，仅得请求甲支付约定报酬2万元；假如清偿为法律行为，则乙可撤销清偿。撤销后，因生日已过，再为生日献歌已不可能，因

---

[1] 上述设例及支持物权行为独立性的见解，参见朱庆育：《物权行为的规范结构与我国之所有权变动》，载《法学家》2013年第6期，第68页。

[2] 清偿的撤销，在破产制度中即已存在，如《企业破产法》第32条规定："人民法院受理破产申请前六个月内，债务人有本法第二条第一款规定的情形，仍对个别债权人进行清偿的，管理人有权请求人民法院予以撤销。但是，个别清偿使债务人财产受益的除外。"

此，债务人的给付义务构成履行不能。[①] 同时，因可归责于债权人甲而履行不能，债务人乙有权行使法定解除权（《民法典》第 563 条第 1 款第 4 项），甲无须支付报酬。但是，由于乙的献歌并不构成清偿，甲因此而不当得利，应予返还（《民法典》第 985 条）。[②] 此例中无法依得利的原来形态返还，应返还其价值。因为乙并非强迫得利，甲无权主张仅按其主观价值计算，应依客观价值计算，从而应返还 3 万元。[③]

由于本书将清偿界定为单方法律行为，因此，债务人依约履行时，不存在债权人受欺诈胁迫等意思瑕疵问题。但是这并不意味着清偿是无相对人的单方法律行为。清偿作为单方法律行为，应和其他意思表示一样，原则上应为相对人须受领的意思表示[④]，即清偿意思表示须通知或到达债权人。但依据交易习惯，或依当事人双方的默示的约定等，对于不作为义务等的履行不妨放弃通知的要求。[⑤] 清偿受领须有清偿受领之能力，债权人欠缺行为能力时，应按照一般的受领能力缺乏处理。[⑥] 另外，债权人接受清偿的意思不重要，并不意味着债权人的认识或应有的认识不重要，因为有相对人的意思表示的解释（《民法典》第 142 条），须考虑通常债权人会有的认识。[⑦]

---

① 参见〔德〕迪特尔·梅迪库斯：《德国债法总论》，杜景林、卢谌译，法律出版社 2004 年版，第 333 页。

② 此处返还的请求权基础并非《民法典》第 566 条第 1 款。理由是：该款中返还的前提是"已经履行"，而此处，清偿被撤销后，不再构成"履行"。

③ 得利无法依原样返还时的价额偿还义务的数额确定，《民法典》并无明文。此处考虑到得利人甲的恶意，以高于合同价的市价返还并无任何不妥。

④ 意思表示原则上为须受领的，此点参见〔德〕维尔纳·弗卢梅：《法律行为论》，迟颖译，法律出版社 2013 年版，第 163—164 页。

⑤ vgl. Gesa Kim Beckhaus, Die Rechtsnatur der Erfüllung, Mohr Siebeck, 2013, S. 391f.

⑥ 由于《民法典》并未就受领能力作出规定，而意思表示之受领并非法律行为，因此就受领能力欠缺的法律适用问题仅能通过类推适用《民法典》第 144 条和第 145 条等来解决。

⑦ 参见〔德〕卡尔·拉伦茨：《德国民法通论》（下册），王晓晔等译，法律出版社 2003 年版，第 463—464 页。

第七章　概念与语境：中度抽象的意义　233

　　总之，由于清偿是法律行为，自然可对其适用法律行为的相关规定，从而就履行过程中的欺诈、胁迫等意思瑕疵问题的解决，仅依据清偿概念即可，无须再用物权行为的概念。况且，即使用物权行为的概念，其解决范围仅限定于涉物权变动的清偿，对提供服务等的清偿而言仍力有未济。此时若采独立的物权行为概念，其将具有"高度抽象"的功能，在涉及物权变动时，构成"清偿""代物清偿""第三人清偿""抛弃""提供借款"（《民法典》第679条）等概念的上位概念；若不承认清偿中独立的物权行为概念，则无须将"清偿"上升为"物权行为"，仅以"清偿"对待之即可，亦无须将"抛弃"等上升为"物权行为"，仅以"抛弃"对待之即可。此时，不承认清偿中独立的物权行为概念，意味着满足于概念的"中度抽象"，不再添加不必要的抽象。[1] 所谓"不必要"，是指有"法律行为"，再加上"清偿"或"抛弃"等概念[2]，即可解决问题，添加"物权行为"概念，实属于叠床架屋。[3]

　　可见，持有因的物权变动模式时，若履行过程中的欺诈、胁迫等问题可通过清偿概念而解决[4]，独立的物权行为概念因为无实益，不追求高度抽象时，不妨是多余的。而无因的物权变动模式要求须将物

---

[1] 阐述物权行为概念时所涉及的"中度抽象"的用语借鉴自苏永钦：《私法自治中的经济理性》，中国人民大学出版社2004年版，第155页。不过，本书并不赞同其有关中度抽象与物权行为独立性的相关主张。

[2] 出卖人清偿，会涉及处分权问题。出卖人对标的物没有处分权，则不能导致物权变动，从而产生清偿法律效果。就此，或许还需要"处分行为"的概念。法律适用上，无须独立的物权行为概念，并不意味着无须独立的处分行为概念。

[3] 解决处分权问题的途径，或者可通过清偿中的相关规定，或者依赖于有关"处分行为"的相关规定或法理。《法国民法典》2016年修订之前，第1238条第1款曾规定："清偿有效，须为清偿者对被给予之物有所有权，且得为转让。"此种解决处分权问题的途径属于前者；2016年修订后删除此条，解决处分权问题的途径则应属于后者。

[4] 当清偿为法律行为时，这些问题可通过清偿概念而解决。即使清偿不是法律行为，只要清偿发生效力，需要清偿意思，那么受欺诈、胁迫而履行问题的解决也可以通过清偿概念而解决。此时，清偿构成准法律行为，通过类推适用法律行为的相关规定而解决上述问题。

权变动法律效果之发生完全系于物权行为一身，因此，独立的物权行为是自然而显然的。在德国法上，就物权行为，有学者主张不应该允许将其和清偿在效力判断上视为一个整体，原因正在于无因性的考量。如果允许将物权行为和清偿在效力判断上视为一个整体，从而可依据《德国民法典》第139条的有关"部分无效、整体无效"的规定，那么清偿作为部分而无效时，清偿和物权变动作为整体也一起无效（意味着物权变动也随之无效）。[1] 也就是说，若不是为了维持物权行为无因性，学者是不会对"不独立"的物权行为抱有那么高的警惕的。[2]

五、结语

假如中国法就买卖合同履行时的物权变动不采无因性模式，那么，由于可从清偿视角分析物权变动，独立的物权行为概念是不必要的。由此，即无必要采取有因物权行为的模式。在基于法律行为的物权变动中，可停留于"清偿""抛弃"等概念的中度抽象状态。就履行过程中的意思瑕疵，从清偿作为法律行为的视角来看，清偿概念可解决物权行为概念能够且应当解决的问题，而物权行为概念并不能解决清偿概念能够且应当解决的问题。因此，独立的物权行为概念对于问题的解决既不足，又多余。另外，从清偿视角来看，通常对于所谓

---

[1] 参见〔德〕维尔纳·弗卢梅：《法律行为论》，迟颖译，法律出版社2013年版，第209页。尽管该书是从债权行为和物权行为的"行为一体化"角度加以阐述，但是，本书认为以清偿和物权行为的（效力问题上）"行为一体化"为视角，能更清晰地说明问题。由此，德国物权行为无因性的特点更准确的表述是：效力上，物权行为独立于清偿，从而无因。

[2] 在德国，有反对清偿为法律行为的见解，认为清偿时不能再将债务消灭的清偿意思归入法律行为下的处分意思，处分意思在物权合意中即已经"用尽"（erschöpft sich）。此见解的着眼点也正是维护物权行为的无因性。Vgl. Gustav Boehmer, Der Erfüllungswille, C. H. Beck'sche Verlagsbuchhandlung, 1910, S. 59.

债权形式主义的物权变动模式的描述是不准确的,因为仅依债权行为和形式并不足以解释物权变动之发生,须加之以清偿之视角,即买卖合同之清偿导致所有权变动,清偿既包括交付等事实行为,也包括法律行为下的清偿意思。所有权变动的意思包括在清偿意思中。

第八章　社会学概念与法律教义学落实：情感化仪式之一
——家庭伦理、婚姻身份与法律[*]

[理论提示]　婚姻家庭领域的意思表示常无法表现为明确的白纸黑字，甚至明确的言语，其解释多须结合礼俗与习惯而为之。社会学或人类学对社会习俗与伦理的见解常有助于我们更好地理解生活，理解一方水土与一方人。社会学或人类学透过相关概念，如"伦理压力"或"情感的义务性表达"等，对社会生活进行描述。教义学所处理的法律适用问题并不隔离于社会生活而是嵌入其中，法教义学学者可以通过法教义学中的概念，如"意思表示解释的理性受领人视角"和"真意保留"等，将社会学或人类学的概念落实到法律适用中，为更合理清晰地解决问题提供指引。这也是社会科学和法教义学应有的交叉。从落实角度看，这是可以由法教义学学者借助社会科学理论资源所完成的交叉。

[附加说明]　在本章写作的 2023 年，《最高人民法院关于适用

---

[*] 本章内容修改自孙维飞：《家庭伦理、婚姻身份与法律——对〈婚姻关系中房产归属与份额的理论重构〉一文的评议》，载王洪亮等主编：《中德私法研究》（第 22 卷），北京大学出版社 2023 年版，第 94—106 页。

《中华人民共和国民法典》婚姻家庭编的解释（二）》（法释〔2025〕1号）尚未颁布，其相关条款可用来观察本章的阐述，如其第8条第1款的规定："婚姻关系存续期间，夫妻购置房屋由一方父母全额出资，如果赠与合同明确约定只赠与自己子女一方的，按照约定处理；没有约定或者约定不明确的，离婚分割夫妻共同财产时，人民法院可以判决该房屋归出资人子女一方所有，并综合考虑共同生活及孕育共同子女情况、离婚过错、对家庭的贡献大小以及离婚时房屋市场价格等因素，确定是否由获得房屋一方对另一方予以补偿以及补偿的具体数额。"

汪洋教授的文章《婚姻关系中房产归属与份额的理论重构》就相关实践和学理争议进行了详细梳理[1]，给出了清晰的论点，作出了很有说服力的论证。其中，就一方父母为已结婚子女购房出资如何解释问题，给出的答案是：应推定为对自己子女的赠与，成为自己子女的个人财产；作为夫妻共同财产的房屋，产权登记在夫妻一方时，就该方以登记房屋对外交易是否应适用善意取得制度的问题，给出的答案是否定的，理由是夫妻财产共同应仅具有内部效力，发生外部交易时，登记一方的处分应为有权处分。下文对上述观点尚无能力作出批评性的回应，仅试图提出不同思考的可能。[2] 由于着眼于可能性，下文也无法提出严密的论证，仅限于尽力把某种不同的思考呈现出来。

---

[1] 汪洋：《婚姻关系中房产归属与份额的理论重构》，载王洪亮等主编：《中德私法研究》（第22卷），北京大学出版社2023年版，第64—93页。

[2] 《婚姻关系中房产归属与份额的理论重构》一文还涉及对区分父母婚前或婚后出资所具有的"纯粹形式化逻辑推演的低劣趣味"进行的批判等内容，皆较具启发。不过，能力所限，本章的评论并不涉及父母在子女结婚前为子女购房出资应如何解释的问题。

一、家庭伦理的隐与现

父母为已结婚子女购房提供支持，排除父母以自己名义购房再转移给夫妻的不常见情形，常见情形是：男女二人结婚后，男方父母部分或全部出资，所购房屋登记在男方一方或双方名下。

首先要问的是，子女成年，结婚买房，父母并无出资的法律义务，其何以要为子女购房进行出资？若父母为子女购房出资，仅为个别现象，需要探究的仅为个别父母子女的特殊的所思所想；若父母为子女购房出资已成为广泛存在的现象，就其"广泛存在"，不妨提供一般性的解释。本书认为，表达慈爱亲情的伦理压力与声誉或许是较为合适的解释。伦理压力意味着男方父母如果不为子女购房进行出资，内心有愧，会觉得没有尽到父母的关爱之责任。伦理声誉意味着男方父母如果能为子女购房进行出资，能收到较好的社会评价，尤其是女方以及女方父母的好评。依据中国传统的伦理观念进行解释，此种现象体现的是社会对男方父母的美德（virtue）要求。与规范伦理学不同，中国传统的伦理观念更偏向于美德伦理学。前者侧重的是符合道义或产生最优后果的行为，后者侧重的则是拥有美德（即良好品性）的人。对后者来说，行为是否合乎道德或合乎伦理，应以一个拥有美德之人会如何去做而为标准。在本书看来，中国传统的美德观念根源于情感，美德之人所作所为实乃美好情感的生发，有恻隐之心，自会有恻隐之举，同样，有慈爱之心，自会有慈爱之举。用美德伦理学的话语说，慈爱的父母自然会在子女成家时给予资助，此种资助使子女的小家庭得享上一代的恩惠，开启代际接续的新历程。[1]不过，也要注意到，从社会现象上看，资助出于情感，却可能走向礼仪。此时，男方父母为子女购房进行出资，成为表达慈爱亲情的外在仪式。社会更容易关注到的是外在的仪式，而非内在的情感。于是，欠缺外在仪式，即表征着欠缺内在情感，伦理压力和声誉由此产生。即使缺乏慈爱之心，亦得表现慈爱之举。[2]男方父母为子女购房进行出资的慈爱之举，体现的是上一代对下一代的爱，并非仅男方父母对儿子的爱。如果仅将爱投入到家庭中的一方，这种爱不再是支撑小家庭成长的爱。小家庭成立后的婚后购房，男方父母的出资作为外在仪式，观看评价的主体除了自己的儿子外，儿媳妇及其父母自不能被排除在外，甚至更为重要。

当代法律并未将上述慈爱情感表达的仪式——为子女购房出资——上升为法律义务，但私法自治容许了此种伦理义务借由法律行为的途径来实现。也就是说，基于伦理压力或声誉的考虑，男方父母给结成婚姻的儿子和儿媳妇购房实施资助，其资助在法律上被评价为向结婚夫妻作赠与。[3]出于亲情伦理的原因，不可期望此种赠与合同的呈现，有较清晰的形式边界，法律解释上不妨灵活一些。例如，女

---

[1] 这里本书并未将父母在子女结婚时的出资定性为传统"同居共财"观念下的分家析产制度（偏向于此种定性的文章，参见赵晓力：《中国家庭资本主义化的号角》，载《文化纵横》2011年第1期，第32页），理由是此种定性假设当今社会的家庭财产观念仍属于清朝及之前的"同居共财"观念，难以得到认可。关于"同居共财"观念下的分家析产制度，参见〔日〕仁井田陞：《中国法制史》，牟发松译，上海古籍出版社2011年版，第169—181页。

[2] 表达情感的象征，成为催生伦理压力的仪式，此时，仪式即成为情感的义务性表达。"情感的义务性表达"（L'expression obligatoire des sentiments），借自 Marcel Mauss, L'expression obligatoire des sentiments (rituels oraux funéraires australiens), Journal de psychologie, 18, 1921.

[3] 与赠与相区分，我国《民法典》第985条第1项尚规定有排除不当得利返还之一种情形——"为履行道德义务进行的给付"。本书认为，父母为子女购房出资尚不足以成为该条所言之"道德义务"。就赠与，有《民法典》第663条"悖德撤销权"之适用；而就履行道德义务进行的给付，并无"悖德撤销权"之适用。

方实际知道此出资，哪怕是经由男方之口得知，亦不妨认定出资的男方父母的赠与意思表示已经到达或经由传达而到达女方当事人。

2020 年年底颁布的《最高人民法院关于适用〈中华人民共和国民法典〉婚姻家庭编的解释（一）》（法释〔2020〕22 号，下文简称为《新婚释一》）第 29 条第 2 款规定："当事人结婚后，父母为双方购置房屋出资的，……没有约定或者约定不明确的，按照民法典第一千零六十二条第一款第四项规定的原则处理。""按照民法典第一千零六十二条第一款第四项规定的原则处理"，将使出资成为对男女双方的赠与，并非借贷，亦非仅向一方为赠与。《新婚释一》第 29 条第 2 款的上述任意性规定，其实质是通过对"父母为购房出资"的解释，将表达慈爱亲情的伦理义务显性化。无视伦理压力或不在乎伦理声誉的父母，其不希望履行上述伦理义务的内心意图在法条上并未得到显现，须借助更为明确的外在表征而显现。比如，和儿媳妇讲好，出资只能算借贷。男方父母私下和自己儿子签订的借贷合同不足以否定外表上经由表达慈爱亲情的伦理义务显示出来的赠与双方的意图。① 此种借条，对儿媳妇言，在法律上看，更类似于真意保留，除非对方明知，不影响赠与双方的效力，或者，至少不影响对另一方即儿媳妇赠与的效力。② 另外，《新婚释一》第 29 条第 2 款不再延续 2011 年《最高人民法院关于适用〈中华人民共和国婚姻法〉若干问题的解释（三）》第 7 条之规定——"婚后由一方父母出资为子女购买的不动

---

① 实践中，有法官强调男方一方出具的借条，因为没有女方的签名，不予认可。本书认为，值得赞同。参见"陈凤林、崔巍等民间借贷纠纷民事二审民事判决书"，（2021）鲁 03 民终 3168 号。

② 对男方父母出资购房性质认定上产生纠纷的，通常是男方父母和夫妻中另一方（儿媳妇）。把父母的出资分解成两部分来处理，即父母与自己儿子，以及父母与儿媳妇，如此分解有助于有针对性地处理现实争议。当男方与父母私下事先（即出资时）写有证明出资为借贷的文书时，法官也不妨如此处理。在法律体系上，将使夫妻共同财产增加的父母出资行为分解为男方父母分别与夫、妻达成的法律行为，形式上可能略显别扭，但实质价值观上本书觉得依然可行。在伦理性较强的领域发生的财产变动，法律解释上不妨灵活，更注重实质，而非形式。

产，产权登记在出资人子女名下的，可按照婚姻法第十八条第（三）项的规定，视为只对自己子女一方的赠与，该不动产应认定为夫妻一方的个人财产。"这意味着《新婚释一》出台后，婚后一方父母为子女购房出资，仅产权登记在出资人子女名下，不足以遮盖显露出的表达慈爱亲情的伦理义务的实践，在意思表示的解释（偏重客观的社会意义）上仍会作为对夫妻双方的赠与，父母仅赠与一人的意图相当于仅停留在真意保留的层次。[①]

上述讨论父母为子女购房出资，侧重于男方父母的伦理义务。假如女方父母亦受此种伦理义务之影响，或者，假如仪式化的伦理压力或声誉的影响不大，以至于近似单纯的无关伦理压力或声誉的慈爱亲情表达，那么，也宜与男方父母出资同样对待。因为不论有无伦理压力和声誉的影响，父母为子女购房出资所具有的仪式化的特点并未消失，即依然是表达慈爱亲情的一种仪式和象征，在法律行为的解释上，不妨同等处理。[②]

在个别案件中，父母为子女婚后购房出资时，对非亲生子女的夫妻另一方附加了如下约束条件："只要你保持婚姻都是你们的"，并保

[①] 不论将父母出资解释为借贷或赠与，前提都是父母并无法律义务。由此，有判决认为："在当前高房价背景下，部分子女经济条件有限，父母在其购房时给予资助属于常态，但不能将此视为理所当然，也绝非法律所倡导；子女成年后，父母已尽到抚养义务，并无继续供养的义务。子女买房时父母出资，除明确表示赠与的以外，应视为以帮助为目的临时性资金出借，子女负有偿还的义务。"（"李莹、郎志强等民间借贷纠纷民事二审民事判决书"，（2021）辽01民终13462号）问题是，如果"在购房时给予资助属于常态"，那么究竟赠与式的资助为常态，还是借贷式的资助为常态？依本书看法，父母为子女婚姻生活提供借贷式的临时性资助并不合乎伦理压力与声誉下的生活实践。若真有此种意愿，须明确表达，方可得到法律的认可。在这里，本书认为法律应顺从伦理习俗，并不存在通过法律"移风易俗"的实质理由。因此，父母通过出资而赠与，"绝非法律所倡导"，也绝非法律所排斥。

[②] 不过，在当事人未明言的情形下，父母为结婚子女购房出资依然有解释为借贷的可能。本书认为，这主要发生在子女婚后购买第二套房屋时，此时，若无明确约定，宜认为父母只是一个更方便的借款渠道。参见"卢莹莹、李秀德等民间借贷纠纷民事二审民事判决书"，（2021）鲁05民终1352号。

留了证据，法院由此支持了在夫妻离婚时让另一方返还 50% 所赠与财产的请求。① 就此须思考的问题是：此种将赠与和婚姻维持的约束联系起来，从社会伦理角度看，更可能是个例中的特殊观念，还是普遍存在着的通常观念？在本书看来，更可能是后者。虽然父母为子女购房出资不再属于传统"同居共财"制度下的分家析产，但在伦理观念上，此种出资依然体现着财产的代际传承，这种传承体现着上一代家庭与下一代家庭的伦理上的联系。此种伦理上的联系意味着父母为结婚子女购房进行出资的赠与不大可能和子女婚姻家庭的维持没有关系。期待下一代家庭能够立起来，应该是赠与财产转移中父母无需明言的动机背景，此动机背景对受赠方来说亦难说无从领会。假如父母为子女购房出资体现着某种伦理仪式，那么此仪式中所包含的意义，实为参与者所共享，却不一定须明言的知识。赠与中无需明言的背景意义，不妨先从《民法典》第 663 条进行观察。该条第 1 款规定："受赠人有下列情形之一的，赠与人可以撤销赠与：（一）严重侵害赠与人或者赠与人近亲属的合法权益；（二）对赠与人有扶养义务而不履行；（三）不履行赠与合同约定的义务。"在本书看来，该款规定应为任意性规定，而非强制性规定，实为对当事人意思的推定。此种推定将赠与中常未予明言的意义显性化。对于赠与人的伤害和（有扶养义务而）不扶养，有违伦理。第 663 条第 1 款将此种常未予明言的伦理意义表达出来②，构成赠与的一般场景，如果当事人意图的是不一样的场景，可通过约定排斥该款之适用。《民法典》第 663 条第 1 款

---

① "陈某、郑某离婚后财产纠纷民事二审民事判决书"，(2021) 闽 01 民终 5702 号。
② 侧重于第 663 条第 1 款的伦理意义，可帮助我们解决该款适用的一个争议话题，即该款第 1 项中的"严重侵害"是否仅限于故意。该争议内容，参见最高人民法院民法典贯彻实施工作领导小组主编：《中华人民共和国民法典合同编理解与适用（二）》，人民法院出版社 2020 年版，第 1204—1205 页。在本书看来，侧重于伦理意义显性化的角度，宜认为该款第 1 项中的"严重侵害"仅限于故意。道德偏向于对人内心动机的考察，非故意的行为形成侵害时，从伦理道德意义上看，尚不足以被评价为忘恩负义的行为，而悖德撤销权之规定应视为对赠与关系中忘恩负义行为的制裁。

为赠与设置了一个一般化的伦理意义的场景，更偏向于慷慨与感恩的伦理意义，即接受他人慷慨施惠的人不应严重违背感恩的道德。就父母为子女购房出资中的赠与而言，法律需要为其设置的是一个更具体化的伦理意义的场景。其中，父母对下一代夫妻的赠与体现了慈爱，但这种慈爱有着常常未予明言的动机，即资助下一代家庭，期待夫妻守好、培育好两者组成的家庭。本书认为宜将此种常为隐性的伦理意义，通过法律解释使其显性化。在没有任意性规定的情况下，不妨通过法官的补充性解释，认定父母为结婚子女购房出资所构成的赠与是附解除条件的，即以夫妻离婚为解除条件的赠与。不过，父母的资助实质上是对下一代家庭生活的支持，家庭生活在持续，父母的资助就被享用着。因此，夫妻离婚时，已经在婚姻生活中被享用、被消耗的部分应认为无须返还。在如此法律构造下，父母为结婚子女购房的资助，与附解除条件（有溯及力）的赠与相比，实质上更接近于附终止条件（无溯及力）的无偿持续性供给。[①] 尽管尚有如何认定家庭生活中父母资助有多少已经被享用或消耗等难题，但本书希望这一方向的努力能够开启，在以后的实践中不断解决其中的难题。对父母为结婚子女购房提供的资助，目前司法实践似乎未见此种处理，但本书相信这可能是正确的方向。

二、婚姻身份的隐与现

即使登记在夫妻一方名下的房产属于夫妻共同财产，该登记方向第三人出售或赠与该房产并因而为处分行为时，其处分行为为有权处

[①] 解除或终止条件为离婚而非一方死亡，因此，就父母为婚后子女买房出资，房屋登记在出资方子女一方名下的情形，上述处理方案，与推定为仅对出资方子女一方为赠与相比，有一个不同，即在一方死亡而非双方离婚导致婚姻终止时，该房屋将作为夫妻共同财产，而非一方个人财产。

分。此种观点意味着共同财产制中的"共有"针对的并非夫妻与第三人的关系,而仅为夫妻的内部关系。夫妻一方以共同财产对外处分房产时,在对外关系上,仅以登记来确定所有权归属,因此登记一方的对外处分应属有权处分,而非无权处分。有关夫妻共同财产的"债权方案"和"潜在共有方案"共享上述观点。汪洋教授所赞成的"债权方案"与"潜在共有方案"相比,不同之处在于,其主张:即使夫妻离婚或一方死亡,登记在一方名下的尚未分割的夫妻共同财产,其所有权仅属于登记一方,未登记的另一方仅拥有对登记的所有权一方的债权;另外,若登记一方与第三人的交易影响到另一方因"共同财产制"而享有的债权时,按照一般的债权保全规定——债权人撤销权处理即可。该"债权方案"的实质是将夫妻身份的信息排斥在交易关系之外,即使与房屋登记一方进行交易的第三人知道其有配偶,且房屋属于夫妻"共同财产",第三人亦可对夫妻身份"视而不见",仅将其配偶理解为普通的债权人。

"债权方案"首先遇到的难题是,此债权的内容是什么,《民法典》第538条和第539条债权人撤销权的构成要件中"影响债权的实现"如何判断?由于夫妻并无随时请求分割夫妻共同财产的权利,若债权的内容是指在离婚或一方死亡时未登记一方的就夫妻共同财产中应得份额的给予请求权,那么"影响债权的实现"即应指交易(含无偿行为在内)影响非对外交易的夫妻另一方在未来离婚或一方死亡情形下的给予请求权之实现,从责任财产角度看,即交易一方未来陷入无资力之状态。而未来夫妻离婚或一方死亡时,究竟能有多少夫妻共同财产面临分配,以及各自尚有多少个人财产,面临巨大的不确定性。如何在此基础上,建立债权人撤销权行使的基准条件,颇难思量。以交易时"赠与或低价转让的财产价值超过共同财产一半份额"基准来说,似乎也仅是给了一个看似可行的判断,并未能结合债权人撤销权制度之宗旨给出正当性的说明。

"债权方案"下，作为"夫妻共同财产"的房屋登记在一方名下时，该方在对外交易中即为所有权人，婚姻身份对交易不发生影响。其效果有二：一是与夫妻中登记一方为交易的相对人若已经办理了受让过户登记，不必依赖善意取得制度，即可确定获得所有权，交易安全得到极大维护；二是交易相对方若尚未办理受让过户登记，即使其知道了登记房屋为夫妻共同财产，亦可要求与其交易的夫妻登记一方履行合同办理过户登记，而非登记的夫妻另一方无法阻止。效果一侧重交易安全之维护，效果二侧重交易相对人债权之实现。司法实践并未采用"债权方案"，可观察到的现象是：就夫妻登记一方对外出售（或抵押）房屋的情形，若已经办理过户（或抵押）登记，多认定善意取得之成立。[1] 其中道理，如"在通常情况下，只要受让人信赖了登记，就应当推定为善意，不以受让人进一步核实登记事项为前提。"[2] "无相关法律法规要求抵押权人签订合同时必须对担保人婚姻状况……尽到审查义务。"[3] 若尚未办理过户登记，未登记的夫妻另一

---

[1] 例如："杨明秀与钟治强确认合同无效纠纷再审申请案"，(2016) 最高法民申第 1047 号；"韩金龙、兰州市公航旅小额贷款股份有限公司企业借贷纠纷再审审查与审判监督民事裁定书"，(2017) 最高法民申 1078 号。

[2] "张华、绵阳富家众联房产经纪服务有限公司、原野等确认合同效力纠纷再审审查与审判监督民事裁定书"，(2019) 川民申 1160 号。

[3] "程晓春与重庆文化产业融资担保有限责任公司合同纠纷再审案"，(2019) 最高法民申 4188 号。此案中，判决同时引用了《最高人民法院关于适用〈中华人民共和国担保法〉若干问题的解释》(法释〔2000〕44 号) 第 54 条第 2 款的规定，即"共同共有人以其共有财产设定抵押，未经其他共有人的同意，抵押无效。但是，其他共有人知道或者应当知道而未提出异议的视为同意，抵押有效"。在认定其他共有人同意（不论抵押合同订立或抵押权设定）的情况下，理论上不应再适用善意取得制度。但判决仍以善意取得为依据，支持了第三人有效取得抵押权。另外，《最高人民法院关于适用〈中华人民共和国婚姻法〉若干问题的解释（一）》(法释〔2001〕30 号) 第 17 条第 2 项规定："夫或妻非因日常生活需要对夫妻共同财产做重要处理决定，夫妻双方应当平等协商，取得一致意见。他人有理由相信其为夫妻双方共同意思表示的，另一方不得以不同意或不知道为由对抗善意第三人。"该项规定在《民法典》出台后被删除，相近的条文则为《民法典》第 1064 条第 1 款："夫妻双方共同签名或者夫妻一方事后追认等共同意思表示所负的债务……属于夫妻共同债务。"

方阻止办理过户（或抵押）登记，则由于不符合善意取得之成立要件，交易相对人要求办理过户（或抵押）登记的请求通常得不到法院的支持。其中，有法院一并错误地认为登记一方与第三人的买卖合同无效①，将出卖人有处分权作为负担行为的生效要件，并不妥当；有法院则正确地认定登记一方与第三人的买卖合同有效，但由于未登记的夫妻另一方不同意过户，合同无法继续履行，判决支持交易相对人要求承担违约责任的请求②，或者判决驳回交易相对人要求继续履行的请求。③

以登记一方对外出售作为夫妻共同财产的房屋案型为例，比较"债权方案"和现行司法实践可以看出，若已经过户登记，由于司法实践并不主张交易相对人有审查处分人婚姻状况以及房产是否属于夫妻共有财产的义务，在交易安全的维护上与"债权方案"差别并不大。④若尚未办理过户登记，未登记的夫妻另一方阻止时，此时交易相对人无法受善意取得制度的保护，亦无法要求登记一方过户以履行合同，而"债权方案"认可登记一方对外拥有所有权，交易相对人自然可以要求登记一方过户以履行合同。由此，既有司法实践和"债权方案"差别甚大。此时并不涉及登记公信力以及与此相关的交易安全维护的问题，因为登记公信力支持的是过户后确定取得所有权，而不是订立合同后继续履行请求权的保障。另外，交易安全的维护通常并不要求在一切场合下否认登记错误的可能性，只是尽量让错误的登记

---

① "张泽花与张玉梅、田成勇等确认合同无效纠纷再审审查与审判监督民事裁定书"，（2020）青民申 11 号。

② "任建国、宋爱军与解鹏房屋买卖合同纠纷申诉、申请再审民事裁定书"，（2019）陕民申 1524 号。

③ "杨洋、聂军商品房销售合同纠纷二审民事判决书"，（2021）皖 04 民终 914 号。

④ 本书对司法实践的了解，也仅限于北大法宝数据库中搜集案例所形成的印象。假如这个印象并不确切，不妨将正文中的观点改变为建议性的或假设性的，即假设（并建议）司法实践并不强调交易相对人有审查处分人婚姻状况以及房产是否属于夫妻共有财产的义务，则其在交易安全的维护上，与"债权方案"差别并不大。换句话说，即在房屋出售交易中，"债权方案"所要维护的交易安全，在替代方案下，也可实现。

不影响已经实现的物权变动。而"债权方案"的实质是要求在婚姻身份造成"共有财产"的场合下否认登记错误的可能性，从而确保交易相对人的继续履行请求权。因此，就"债权方案"来说，需要论证的是，是否在一切场合下都要否认错误登记的可能性？若不是，那么对婚姻身份的场合要否认错误登记的可能性，区别对待的依据是什么？①

只要将有关"夫妻共同财产"法律条文中"共同"二字限缩（或限缩解释）为仅在夫妻关系内部有意义，则"债权方案"让婚姻身份面对财产交易时隐而不彰，自可构成逻辑自洽的方案。本书则愿意提出反对意见，更希望大致依循既有司法实践，让婚姻身份面对财产交易时"表现"的机会不至于被死死掐住。不过，赞成或反对，都涉及价值层面的考量，如何更好，恐怕还得在交流碰撞中慢慢呈现。

---

① 另外，假如认为有意识地造成的错误登记应不予认可，那么，认可或不认可的根据应在于有意识与否。在有意识地造成"错误"登记的情形下，体系上统一不予认可，婚姻身份的场合并非成为区别对待的根据。

第九章　社会学概念与法律教义学落实：情感化仪式之二
——祭奠纠纷的类案研究[*]

[理论提示]　司法实践形成的"活法"可以通过类案研究加以发现和描述。历史和传统形成的"活法"中包含着学者所要面对而非意图改进的价值判断，其如何为所面对的价值判断在教义学上画成合理的图像，既需要通过社会学或人类学的概念进行总结，也需要通过法教义学的概念进行落实。比如，就祭奠利益纠纷形成的"活法"，可通过"情感化仪式或仪式化情感"的概念进行社会学或人类学上的总结，并通过"侵害与损害"的法教义学概念进行落实。

[附加说明]　本章写作时《民法典》尚未颁布，当时针对祭奠纠纷的"现行法"是《物权法》（2007年实施）和《侵权责任法》（2010年实施）。本章有关祭奠纠纷讨论的相关法律规范的内容，在《民法典》中基本被保留下来，因此，为了配合针对当时搜集案例的实证法适用问题的讨论，这里并未对本章涉及法条进行更新处理，相关案例也没有进行重新检索确定。本章的重点在于举例展示如何用法

---

[*]　本章内容修改自孙维飞：《祭奠纠纷的类案研究》，载《交大法学》2012年第1期，第163—174页。

教义学的概念去落实社会学或人类学的观察结论，因此，保留写作时的原样，可能更有助于此种展示。

一、导言

设若历史与传统是当下的民法学研究所不能忽视的，那么，1986年《民法通则》制定以来中国民法实践和学术发展的这一段历史和传统则尤为值得重视，因为，这一段历史和传统体现的是现行实证法的发展历程。设若对于当下的民法学研究来说，除了应关注作为实证法的成文法条文之外，尚须将目光投向经由实践而形成的"活法"，那么，1986年《民法通则》制定以来的司法案例应当是目光转向的一个重要领域，因为这些司法案例体现的正是法律对现实生活所作的活生生的应答——所谓法律对社会关系的"调整"。设若司法过程不仅仅是一个单纯的或单向的将既有不变的实证法应用到社会生活中的过程，它还蕴含着法律在应用于社会生活过程中丰富自身、发展自身的意味，那么，经由司法案例（而不仅是成文法条文）探寻法律的发展不失为一条值得尝试的法学研究的道路。对于民法——尤其是侵权法领域来说，由司法过程所体现的权利生成机制正是本章意欲采用的路径。

司法过程所具有的权利生成的功能，诉讼法学者已有论述。[1] 本章从实体法角度着意的并非该权利生成的具体过程和诉讼法上的运作机理[2]，而是司法案例中所体现的实践中实体法律关系的面貌，并利用法教义学的概念工具进行观察和描述，以达致体系化的结果。关于如何借助法教义学上的概念工具对司法案例进行观察和描述以达致体

---

[1] 参见杨秀清：《论司法过程的权利生成功能——以民事权利救济为视角的分析》，载《法律适用》2007年第11期，第42—44页。

[2] 对于权利生成在诉讼法上的运作机理，首先即牵涉到"诉的利益"的概念，参见〔日〕谷口安平：《权利概念的生成与诉的利益》，载〔日〕谷口安平：《程序的正义与诉讼》，王亚新、刘荣军译，中国政法大学出版社1996年版，第149—166页。

系化的结果,此处不妨试举一例加以说明,由此亦可阐明本章所用之方法。以 2001 年南京发生的所谓"全国首例'性'权利"案为例,原告的丈夫因被告的过失致使生殖器官受损,原告起诉要求精神损害赔偿,理由是原告的健康权受到了侵害,因为"其性生理需求得不到满足,根本无法达到健康的标准",原告的请求得到了法院的支持。① 似乎没有疑问的是,夫妻结婚后应有权要求和对方"过夫妻生活"以获得性愉悦,但即使如此,这也只是夫妻间的内部关系。当夫妻间的此种内部关系因外部干扰(此案中干扰是指被告致使丈夫的生殖器官受伤)而不能圆满实现时,身体并未受到伤害的一方(此案中的原告)是否可以要求精神损害赔偿成为问题。② 此案法官给出了肯定的回答,并将其理由建立在原告健康权受到侵犯的基础上。法官的裁决涉及价值判断和体系衡量两个方面,价值判断体现为赞成对夫妻性生活的圆满实现予以保护,体系衡量体现为将此种保护放在健康权保护的框架中。法教义学的研究者观察此案时,可以不对此案的价值判断发表意见,保持其作为描述者的立场,但应当在体系衡量的层面予以分析检讨,否则,研究者对案例的研究就只剩下记录而已,殊无其作为研究的价值。从体系衡量的角度看,本书认为,本案将对夫妻性生活的圆满实现的保护放置在健康权保护的框架中有所不妥。最大的不妥之处在于使得作为既有体系中的一个概念——健康权——的内涵不恰当地扩大,从而冲击了既有的体系。③ 夫妻不能有正常

---

① 参见刘万福:《论"性"健康与民法保护——全国首例"性"权利胜诉案的思考》,载《中国性科学》2005 年第 5 期,第 34—39 页。

② 对于身体受到伤害的一方(此案中原告的丈夫)来说,因身体权受伤害而要求精神损害赔偿(涵盖了对不能从事夫妻性行为而带来的精神痛苦的赔偿)不成为问题。

③ 法教义学研究中通过既有体系中的概念来掌握规则或契约的规整模式,是为"法律上的构想"。若视个案仅具备具裁断纠纷的功能,尚有确认或确立规则的意义,那么,通过既有体系中的概念来掌握个案裁判中所凸显的规则,也不失为某种类似于"法律上的构想"的方法,并体现了法教义学特有的体系化特点。关于"法律上的构想",参见〔德〕卡尔·拉伦茨:《法学方法论》,陈爱娥译,商务印书馆 2003 年版,第 320 页。

的性生活，因而可能会压抑、苦闷，但从健康权的角度看，苦闷并非就是不健康，否则，《民法通则》第98条的保护范围就过宽了，以致所有造成他人苦闷的行为，若无正当理由，就都具有违法性了。①

针对既定历史素材进行体系化整理实为由萨维尼所开创的历史法学派的重要研究方法②，本章试图借鉴此种方法以研究1986年《民法通则》制定以来的有关祭奠纠纷的司法实践。选取的历史素材为北大法意网上的相关司法案例，体系化整理的方法体现为：以一类而不仅是个别案例为基础，尊重司法实务的价值判断，对裁判中所显示的体系衡量进行分析检讨，尽力使其在既有的民法教义学的体系内获得融贯的解释。本章以北大法意网中的中国裁判文书库为检索来源③，以其"民经"案例类型为选定范围，以名称或全文中出现"祭奠权""追悼权""悼念权"或"祭祀权"语词为检索标准，不限定案例出现年月，进行案例快速检索，共检索到19个与祭奠纠纷相关的案例，并将这些案例分别编号为案例1—19加以引用。④ 下文将以此19个

---

① 关于此案更详细的评析，参见胡涛立：《第三人间接侵害夫妻性生活权利的法理评析》，载《法学》2003年第4期，第121—125页。
② 关于萨维尼的历史法学派的思想，参见〔德〕弗朗茨·维亚克尔：《近代私法史——以德意志的发展为观察重点》（下），陈爱娥、黄建辉译，上海三联书店2006年版，第372—385页；朱虎：《萨维尼的〈论占有〉及其贡献——法学、立法以及方法》，载《比较法研究》2006年第6期，第100—105页。
③ 由北京大学法务实证研究所开办，http://www.lawyee.org/，2011年12月18日访问。
④ 以下分别为案例1—19在北大法意网中国裁判文书库中出现时的名称：（1）史广清与史广文；（2）郭某康与郭某英；（3）韩文革与张恩惠、高小柳、朱清钰；（4）曹金斗、曹当子与张留帅、张留峰；（5）朱某某、唐某与王甲；（6）崔妍与崔淑芳；（7）于云鹏与于海滨、于海涛、于海艇、于海军；（8）陈乙、李某与陈丙、陈丁、陈戊；（9）陆某、林某某与陆某某；（10）李忠轩、谭宗焕与王奇；（11）黄焕文、巫永秀与黄康元、黄林源、黄河元、黄湖元、黄启胜；（12）高英、高岑、高煦、高玄、高小凤等与朱欣；（13）姚某、姚某某、姚＊与姚＊＊；（14）王留立与平顶山市第二人民医院；（15）侯林喜、乔付枝与王德臣；（16）高某某与重庆某学院；（17）郑起元与常堆金、常凤980、常云朝、常志军、常银凤、刘俊花、常满仓、常竹英、邢保元、常合朝、常改金、常增朝；（18）罗国平、吴鹏仙与上海第二医科大学附属新华医院、顾学范；（19）鲍金花、杨信开、杨琴与香港森杨益精密铸造有限公司、东莞市塘厦镇沙湖三强金属制造厂、鲁福标。在本章后文中引述案例内容时，不再注明案例名称，仅注明案例号。

案例为基础进行阐述。首先以"祭奠利益"概念为中心试图阐明祭奠在生活中的意义;再分析上述 19 个案例所体现的祭奠纠纷在法教义学上的问题及解决;前一层次关于"祭奠利益"的阐述对于本章来说虽然着墨不多,但却具有奠基性的意义,因为如果对生活中"祭奠利益"的分析有误,法教义学的概念工具越精确,可能越会走向南辕北辙的结果。另外,结语部分对本章的局限性将稍作说明。

二、祭奠利益

中国人看重对逝去亲人的祭奠似乎是个不争的事实。这种看重要求对逝去亲人(尤其是尊亲属)不仅要有追思或虔敬的态度,还要有能表现追思或虔敬的仪式。随着社会的变化,表现追思或虔敬的仪式也可能会随之而变化,但是情感需要寄托在一定的仪式上,这一点却似乎并无多大变化。而且,对逝去亲人的情感何以一定要寄托在仪式或某种特定的仪式上,这一问题似乎无法给出理性的答案。或许,中国人就此或此类"当为"的观念原本就不太在意理性的证成。[①] 情感难以查知,但仪式却显明可见。仪式原应寄托情感,当某些"异化"情形出现时,某些仪式虽然还不妨归入情感化仪式的范畴,但其中情感是否真实存在,或许甚为可疑。不过,恰在此可能的"异化"情

[①] 牟宗三先生在其书中曾对胡适先生有过一段批评的话,可资参考:"有些事情可以拿出证据,有些事情与证据无关,你到哪里去拿证据?譬如,依中国人的老观念,父母去世时不能戴金框眼镜,也不能穿绸缎,只能穿麻布。但是胡适之说:我为什么不能戴金框眼镜呢?我可以戴银框眼镜,当然也可以戴金框眼镜。金框和银框都是金属,有什么分别呢?绸缎和麻布又有什么分别呢?这样一来,就把孝道否定了。孝道要到哪里找证据呢?"牟宗三:《中国哲学十九讲》,上海古籍出版社 1997 年版,第 422—423 页。"'五四'时期主张非孝的人如胡适、鲁迅在行为上却是信守孝道的"(王元化:《九十年代反思录》,上海古籍出版社 2000 年版,第 139 页),此类"当为"观念的"不可理喻"性或许也能就此现象给出些许的说明。

形，中国人对仪式的看重就更能体现[①]，因为此"异化"情形说明，不论有无真实的情感，原应寄托情感的仪式对逝去亲人的近亲属的自我评价和社会评价依然是重要的。[②]

在上述对祭奠与仪式关系分析的基础上，本书提出"祭奠利益"的概念并将其界定为：死者近亲属所享有的与表达对逝去亲人的思念和敬—爱情感的仪式相关的精神利益。在生活中，并非死者近亲属的人也可能有类似的精神利益，但对其由法律加以保护的可能性不大，因此，本书将此种情况排除在考虑之外。另外，若死者名誉受损，死者的近亲属对死者的敬—爱感情也可能会因此而受伤，但所谓仪式应当以有形的活动或人、物为载体，而对无形的死者名誉的侵害通常并不是对与仪式相关的精神利益的侵害，因此死者近亲属在维护死者名誉上所享有的精神利益也不在本章祭奠利益概念所意指的范围内。关于祭奠利益，本书最想强调的是：虽然祭奠仪式是与情感相关的仪式，但不可混淆仪式与情感。仪式体现的是客观的精神利益，而情感是主观的感受，在下文探讨祭奠利益受侵害时，无须涉及受侵害人的主观感受或有无精神痛苦，而在下文探讨因祭奠利益受侵害而要求精神损害赔偿时，则须涉及受侵害人的主观感受或有无精神痛苦。

和此种仪式相关的内容不妨分为三类：第一类，表明思念和敬—爱情感的活动，比如瞻仰遗容，参加悼念。本章案例涉及的与此相关的祭奠纠纷中的行为，如死者近亲属之一未通知其他近亲属参加落葬活

[①] 中国当下存在的哭丧专业户现象和脱衣舞葬礼的新闻或许正是此种"异化"情形的体现。关于哭丧专业户的现象，参见鲍元：《哭灵市场的是是非非》，载《中国社会导刊》1999年第7期；关于脱衣舞葬礼的新闻，参见http://news.sina.com.cn/o/2007-10-25/144512785487s.shtml，2011年12月18日访问。

[②] 当祭奠的仪式事关社会评价时，它是否和从事祭奠者的真实情感相联系就不再那么重要。这或许正是"异化"情形得以发生的原因。关于祭奠仪式和社会评价的关系的一个个案考察，请参见杨帆：《"慎终追远"的背后：鲁西南"过三年"丧葬仪式的文化解读》，载《文化遗产》2011年第4期，第129页。

动（案例2）。第二类，表明思念和敬—爱情感的相关物。比如坟墓、刻有死者近亲属姓名的墓碑。本章案例涉及的与此相关的祭奠纠纷中的行为，如死者近亲属之一未刻其他近亲属的姓名于墓碑之上（案例5）。第三类，引起或者寄托思念和敬—爱情感的相关物，又分为两小类：第一小类是遗体、遗骨、骨灰，本章案例涉及的与此相关的祭奠纠纷中的行为，如毁坏、污损尸体、骨灰保管人将骨灰丢失（案例18、19）等；第二小类是寄托哀思的死者照片、遗物等，本章搜集的案例中并没有涉及因破坏、丢弃死者照片、遗物而引发纠纷的情况。前述分类只是从生活角度对祭奠纠纷的分类，只是为了更细化地介绍祭奠纠纷的情况。目前已有的对祭奠纠纷从法律上进行的类型化研究都建立在类似的案例分类基础上，实际上是选取生活标准来确定法律关系上的类型，在本书看来，其是否称得上真正的类型化研究尚值商榷。[1] 本章并不试图对祭奠纠纷做法律上的类型化研究。题目所示"类案研究"只是说明本章并非个案研究，而是一类案件的研究，与类型化问题并无关联。

三、价值判断与法教义学分析

（一）类案中的价值判断

所谓法教义学是在"假定现行法秩序大体看来是合理的"前提

---

[1] 此种"类型化研究"往往只是告诉我们实践中有哪些不一样或别样的祭奠纠纷的情况而已，并非意在揭示不同祭奠纠纷在法律关系的构成要件或法律后果上有怎样的差别。此种"类型化研究"，参见孔祥东：《祭奠权的民法保护》，山东大学2007年硕士学位论文；康晗：《祭奠权民事纠纷的类型化研究——以对司法实务案例分析为中心》，华东政法大学2011年硕士学位论文。另需说明的是，上述论文并非只包含这样的"类型化研究"，本书也并非完全否定此种"类型化研究"的价值，至少它可以使我们对祭奠纠纷的生活事实有更清晰的认识。

下，以现行实证法的解释适用为目标的规范法学。[1] 司法裁判——至少本章搜集的非最高人民法院的司法裁判——本身在中国并不具有现行实证法法源的地位，但司法裁判是对现行实证法的解释适用，实际上也是一种法教义学。（进行法教义学研究的）学界与实务的互动可以是学界对司法裁判中所体现的法教义学进行分析检讨，在尊重其价值判断——在本书看来，更多属于学界无权置喙却又置喙过多的领域——的前提下，试图使其价值判断建立在与既有法教义学体系相融贯的基础上的一种尝试。[2] 但是，尊重个案裁判中的价值判断更多是尊重（涵盖着自由裁量成分的）司法权的行使，而尊重形成整体的裁判中的价值判断则还有透过裁判了解社会和历史的作用。由此可以说，个案裁判中的价值判断应当尊重，而一类案件的全体裁判中所体现的近乎统一的价值观则更值得尊重。这正是本书进行类案研究的原因所在，虽然因本书的研究依赖北大法意网的案例收集而和以一类案件的全体裁判作为研究之基础的理想状况相差甚远。

本章探求个案价值判断的方法是将裁判理由所涉及的（法院所认定的）事实和（是否支持原告诉请的）决定联结起来，而将其理由排除在外，对裁判作出描述。在对一类案件中的全体个案的价值判断作出观察和描述后，再结合裁判理由进行体系化的分析。对本章涉及的19个案件描述如下表[3]：

---

[1] 〔德〕卡尔·拉伦茨：《法学方法论》，陈爱娥译，商务印书馆2003年版，第76—77页。

[2] 但这并不表明学界完全无权对司法裁判的价值判断作出评判，当认为司法裁判的价值判断逾越法教义学对现行法秩序的解释而形成的体系时，学界自当担负批评之责。不过，这时批评的核心依然是体系考量。另外，非以法教义学研究为己任的学界对司法裁判的价值判断的评判当有更大的空间。

[3] 下文对裁判事实的描述中的原告和被告，除特别说明外，都是所涉及的死者的近亲属；下文对裁判结论的描述中的原告诉请，除特别说明外，都是指请求赔偿精神损害。另外，若有更改一审判决的二审，以二审裁判为描述对象。

表 9-1

编号	事实	决定
1	被告未通知原告，私自落葬死者（原被告双方的父亲）。原告于死者生前患病后除两次探望外，未对死者尽其他的赡养义务。	驳回原告要求赔礼道歉和精神损害赔偿的诉请。
2	被告落葬死者时未通知原告。原告在明知落葬的时间、地点的情况下，在 2003 年 9 月至 2004 年 4 月间，急于和被告商量具体的落葬事宜。	驳回原告要求赔礼道歉和精神损害赔偿的诉请。
3	被告没有通过适当途径去向原告报丧。	支持原告要求精神损害赔偿的诉请。
4	被告与原告并无亲戚关系，在未征得原告同意的情况下，将其父葬于原告祖坟地范围内且位于其平面正上方。	支持原告要求精神损害赔偿和要求被告将其父从原告祖坟地迁出的诉请。
5	被告为死者的弟弟，受死者母亲的委托将死者骨灰从殡仪馆内领出，寄存在某古园内的某室某号位中，并在该古园内购买了一处墓穴。在此过程中，被告未与作为死者配偶以及有抚养关系继子女的原告及时沟通。另外，死者墓碑上未刻上原告的姓名。原告要求返还死者骨灰，并在墓碑上加刻原告方的姓名。	原被告应共同将死者骨灰下葬，并共同支付费用在墓碑上加刻原告的姓名。
6	原告系死者的孙女、被告的侄女，在死者生前缺少对其的探望和关心。原告因被告未通知而未能参加死者的遗体告别仪式。	驳回原告要求精神损害赔偿的诉请。
7	原被告系同父异母兄妹，被告将自己的生父母合葬，但是墓碑上没有原告生母的名字。原告要求被告在墓碑上添加生母名字并赔偿精神损失。原告没有提供精神损害的相关证据。	支持原告增刻其生母姓名的请求，驳回要求赔礼道歉和精神损害赔偿的请求。
8[①]	被告未于死者墓碑上刻上原告姓名，原告请求增刻。	支持原告增刻姓名的诉请。

---

① 此案为调解结案，只能起间接揭示司法裁判价值判断之作用。

（续表）

编号	事实	决定
9	被告在死者墓穴盖上未刻上原告姓名，仅刻有"子陆某某携全家跪立"字样。墓碑上尚未刻字。	驳回原告要求增刻姓名于墓穴盖上的诉请。
10	被告与两原告之女系夫妻关系。被告之妻因病于2001年去世并被火化，其骨灰由被告保管，两原告曾多次询问骨灰安葬在何处，但被告未告知。2005年年底，原告要求被告告知死者骨灰的去向并赔偿其因不能祭祀女儿而受到的精神损害。被告抗辩认为，原告的诉请已超过2年诉讼时效。	原告诉请并未超过2年诉讼时效，应予支持。
11	被告与原告并无亲戚关系，被告破坏原告父亲的坟地，并将原告父亲的骨灰盒用锄头勾出和转移。	支持原告要求赔礼道歉和精神损害赔偿的请求，被告并应赔偿坟墓被损坏所造成的经济损失。
12	死者生前立有遗嘱，决定其全部遗产和身后事由其妻子全权处理。死者死后，其妻子在死亡前也立下遗嘱，决定其遗产全部由其晚辈亲属的被告继承。死者妻子死亡后，死者的骨灰由被告保管，存放于死者生前居住的房屋内。原告为死者的直系血亲，主张共同保管死者的骨灰。被告以上述两份遗嘱合法有效为理由拒绝原告的主张。	支持原告的诉请。
13	2001年，原被告双方的父母生前共同选择了某墓园中的某双穴墓地用于过世后骨灰的合葬，并由被告认购了该双穴墓地。2007年，原被告双方的母亲去世后，被告未经原告同意，以母亲生前信仰基督教为由，将母亲的骨灰盒另行购买墓地安葬。2008年，原被告双方的父亲去世后，原将父亲骨灰安葬于前述双穴墓地中。2010年，原告诉请被告将双方母亲的骨灰移葬于前述双穴墓地中，以实现父母生前合葬的愿望，并要求被告赔礼道歉和赔偿精神损害。被告抗辩认为原告主张已过诉讼时效。	支持原告要求将父母骨灰合葬的请求，并支持原告精神损害赔偿的请求，但驳回其要求赔礼道歉的请求。

（续表）

编号	事实	决定
14	原告之子在被抢救无效死亡后，被告某人民医院以追要抢救费用为由，扣押尸体长达6年之久。	支持原告要求返还其子尸体和精神损害赔偿的诉请。
15	原告之子于一起交通事故死亡后，又因被告驾驶员的过失驾驶行为遭受碾压。	支持原告精神损害赔偿的诉请。
16	被告某高校的教师跳楼自杀身亡，被告在未通知死者父母即原告的情况下，将死者遗体火化。	一审驳回了原告精神损害赔偿的诉请，二审支持对原告酌情给予精神损害抚慰金。
17	原告妻子溺水死亡后，其妻子的一些娘家人（被告）在原告不知情的情况下将尸体火化。后来，其娘家人将原告妻子的骨灰与其亡兄合葬。原告要求返还骨灰，并赔偿精神损害。	驳回原告返还骨灰的诉请，但支持精神损害赔偿的诉请。
18	被告某医院未经原告同意，将原告女儿尸体上的部分内脏器官切除。	支持原告要求赔礼道歉和精神损害赔偿的诉请。
19	原告近亲属于一起交通事故死亡后，又因被告驾驶员的过失驾驶行为遭受碾压。原告要求精神损害赔偿。	支持原告要求精神损害赔偿的诉请。

（二）裁判的法教义学分析

对上述裁判的法教义学分析分为两个步骤，第一，依据本书对上述表格中所描述的事实和决定，给出本书所认为恰当的理由以形成恰当的体系，并在此过程中对裁判所给出的理由进行分析检讨；第二，探查本书所得的分析结论与现行实证法的关联，以使本书的分析不至于偏离法教义学分析的范畴。

1. 涉及祭奠利益的侵害与损害

法律保护某种合法利益（通常为权利）就意味着设置了某种不容

逾越的界限，未经同意逾越此界限即意味着对他人合法利益的侵犯，构成本书所谓之侵害。而损害则是指逾越此界限给权利人带来的不利后果。比如非法拘禁他人时，所谓侵害是指干涉他人对自己身体自由的决定，其所造成的损害后果则可能包括财产上的，如误工的经济损失，或精神上的，即精神痛苦。区别侵害和损害的法律意义在于：侵害涉及的是不同民事主体之间合法利益的客观的界限划分，不论当事人主观上是否有过错，逾越此客观的界限，则构成不法行为，应予去除；损害涉及的则是在客观的界限划分被打破后，是否以及如何追究当事人对其所造成的损害结果应承担的责任。而一般情况下，追究当事人的损害赔偿责任应以其有过错和产生了实际的损害结果为前提。

涉及祭奠利益的侵害是指死者近亲属与祭奠仪式相关的精神利益受到侵害，涉及祭奠利益的损害结果则是指因上述侵害而给死者近亲属带来的精神痛苦。

首先，若行为人（不论其有无过错）侵害死者近亲属的祭奠利益，则行为人须承担去除其侵害行为所造成之不法状态的责任。若侵害祭奠利益造成的不法状态是在墓碑上漏刻姓名，则去除该不法状态是指采取增刻姓名等措施（案例5、7和8）；若侵害祭奠利益造成的不法状态是非法占有尸体，则去除该不法状态是指返还尸体（案例14）；若侵害祭奠利益造成的不法状态是侵占坟地，则去除该不法状态是指从侵占的坟地中迁出尸体等（案例4）。

祭奠利益虽然涉及有形的墓碑、尸体和坟地等，但其本身是一种无形的精神利益。由此，对祭奠利益的侵害不同于对物权的侵害。以案例14为例，若将尸体作为物，而死者近亲属的权利是针对尸体的权利，那么，如果一国法律为返还原物请求权设置诉讼时效制度，则返还尸体请求权即须适用诉讼时效制度，显有不妥；而在祭奠利益受侵害的视角下，返还尸体只是祭奠利益受侵害时排除妨碍的一种手段，即使返还原物请求权须适用诉讼时效制度，祭奠利益受侵害而要求排除妨碍亦无须适用诉讼时效制度，因为祭奠利益受侵害的状态一直持续存在着。由此，死者近亲属仍可以在返还原物请求权超过诉讼时效的情况下，以祭奠利益受侵害为由，要求返还尸体。① 再以案例5、7和8为例，即使墓碑由被告购置，为其所有，被告也不得以行使所有权为由为墓碑上漏刻原告姓名进行辩护。② 祭奠利益究竟和哪些物有怎样的关联，对这些问题的回答离不开风俗习惯。在案例9中，由于风俗习惯并不看重墓穴盖——与墓碑相比——上是否有表明理当尽孝或追思的死者近亲属的姓名，因此，墓穴盖上未刻作为死者近亲属的原告的姓名并不构成对原告祭奠利益的侵犯。

因祭奠利益受侵害而请求排除妨害，须以妨害之除去尚有可能为前提，若除去妨害为不可能，则受侵害人只能要求精神损害赔偿，而无请求排除妨害之权利。例如，案例1、2、3和6，都涉及被告在为死者举行遗体告别仪式或落葬死者时未通知原告的情况。即使"未通知"的行为（不作为）构成对原告祭奠利益的侵害③，但由于遗体告别或落葬仪式已经举行完毕，并未留有可加以排除之妨害状态的存在，因此，原告只能请求赔偿因未能参加遗体告别或落葬仪式受到的精神损害或赔礼道歉。这一点类似于在所有权妨害除去请求权中对妨害状态须继续存在之要求，即妨害状态"短暂即逝者，虽或可构成侵权行为损害赔偿之原因，但究非此之所有权妨害"。④

另值得注意的是案例17。此案中，作为死者娘家人的被告未经

---

① 此时，请求的类型是排除妨害，而不是返还原物，即使具体的请求是请求返还尸体。

② 案例中亦未见被告有此类辩解。另外，从案例7可以看出，侵犯祭奠利益并不仅仅指漏刻死者近亲属的姓名，漏刻合葬的死者的姓名亦包含在内。

③ 案例2中可认为"未通知"不构成对原告祭奠利益的侵害，因为原告在明知落葬时间和地点的情况下，若未能参加落葬仪式，就其祭奠利益上发生的此种不利后果，应认为与被告的"未通知"之间没有因果关系。

④ 谢在全：《民法物权论》（上册）（修订五版），中国政法大学出版社2011年版，第121页。

原告同意将原告妻子火化并将其骨灰与其亡兄合葬。法院判决驳回了原告要求返还骨灰的请求，但支持了原告要求精神损害赔偿的请求。被告的行为可分两个层面看待，第一个层面是未经原告同意火化死者妻子并举行了落葬仪式，第二个层面是未经原告同意占有原告妻子的骨灰并作出了处置。就第一个层面来说，被告行为剥夺了原告参与祭奠活动的精神利益，构成侵害，应属无疑。就第二个层面来说，被告擅自处置骨灰是否构成侵害原告祭奠利益的行为呢？法院裁判认为：被告的行为"侵犯了原告对其妻骨灰的埋葬、祭祀、管理的权利"。但是法院并未支持原告要求返还骨灰重新埋葬的请求，因为其认为"鉴于原告妻子（原文为死者的姓名，此处用其身份描述代替）的骨灰已与他人合葬，如若返还原告，有悖公序良俗，故本院对原告返还骨灰的请求不予支持"。虽然返还骨灰以排除对原告祭奠利益的妨害在客观事实上是可能的，但出于"入土为安"等风俗的考虑，法院仍然可以拒绝妨害除去之请求。

　　尚须考虑的问题是：在决定被告处置骨灰或落葬死者等行为是否构成对原告祭奠利益的侵害时，是否或如何考量死者生前的意愿？案例12和13涉及此问题。在案例12中，法院认为"骨灰是人死亡后其亲人祭奠情思的有形物质，是具有人格象征意义的特定纪念品，但其并非继承法意义上的遗产，不可继承"。由此法院认为，即使某人按死者遗嘱有权继承其全部遗产，也不意味着死者的骨灰归其所有，因而也就不意味着其有权单独决定如何处置骨灰。在案例13中，由于原被告父母生前有合葬的愿望，法院支持了原告将其母亲的骨灰与父亲合葬的请求。这意味着被告将母亲单独埋葬的做法构成对原告祭奠利益的侵害，并形成祭奠利益受妨害之状态，原告可请求排除妨害。从案例12和13的处理可知：第一，遗嘱涉及的是对生前财产的处分，尸体和骨灰不包括在内；第二，父母生前合葬的遗愿应予满足，并可作为决定死者近亲属的祭奠利益是否受到侵害的一个判断标准。

其次，在排除对祭奠利益的妨害之外，对祭奠利益的保护还包括精神损害赔偿和赔礼道歉制度。在案例3中，法院认为被告没有通知作为死者儿子的原告去参加父亲的遗体告别仪式，"主观上具有过错，其行为给原告的精神上造成伤害，应赔偿一定的精神抚慰金"。就此而言，支持精神损害赔偿（或称精神抚慰金）的前提条件是：被告具有过错和原告精神上受伤害。在案例7中，墓碑上漏刻原告生母的姓名构成对原告祭奠利益的侵害，原告要求增刻姓名，应予支持；但法院同时认为，由于原告不能提供其受到精神损害的证据，因此判决驳回其要求赔礼道歉和精神损害赔偿的请求。[①] 虽然该案中原告应提供怎样的证据来证明自己的精神损害不无疑问，但该案判决实际上区分了涉及祭奠利益的侵害和损害，这一点应无疑问。将这种分析方法转用于分析案例1和6，可以更好地组织裁判理由，从案例整理者的角度解释可以使不同案例的裁判达到更协调一致的结果。在案例1和6中，考虑到原告在死者生前对其尽孝道上有亏——未尽赡养义务（案例1）或未有适当的探望和关心（案例6），不妨由此行使法官的自由裁量权，认定原告欠缺精神损害或精神损害极轻微，并以此为由拒绝其要求赔礼道歉和精神损害赔偿的请求，即使其祭奠利益因未受通知并未能出席祭奠仪式而受到了侵害。在案例1中，法官认为："故在被告对其父尽了主要赡养义务且与原告多年互不联系的情况下，原告以丧失悼念权为由，起诉要求被告独自承担未尽通知义务的责任，没有法律依据，同时也不符合民事法律中的公平原则。另外，有必要指出，原告悼念权的丧失，与其长期不关心且不与父亲联系亦有因果关

[①] 此案以"于云鹏诉于海滨等四人祭奠方式纠纷案"为名，亦刊载于最高人民法院中国应用法学研究所编：《人民法院案例选·2005年第2辑（总第52辑）》，人民法院出版社2006年版，第96—99页。此案还在中央电视台的《今日说法》栏目中讨论过，应具有一定的社会影响，参见 http://www.cctv.com/program/lawtoday/20050118/102024.shtml，2011年12月18日访问。

系。"从法官的表述可以看出，其驳回原告赔礼道歉和精神损害赔偿的请求，和其认定原告对父亲（死者）的不关心和少尽赡养义务有很大的关联。此种情况下，与其认为被告不负通知义务因而其"不作为不具有违法性"，不如认为被告即使因未为通知而侵害了原告的祭奠利益（即被告的行为具有违法性和过错），但由于原告欠缺精神损害或精神损害极轻微，应拒绝其要求赔礼道歉和精神损害赔偿之请求。

表格所列案例中的侵害祭奠利益的行为多出于故意，但案例15和19与此不同。两者皆属于因过失驾驶碾压到尸体导致侵害祭奠利益的情形。两个案例中，法院皆支持了原告精神损害赔偿的请求，并都引用了2001年施行的《最高人民法院关于确定民事侵权精神损害赔偿责任若干问题的解释》第3条第3项之规定："自然人死亡后，其近亲属因下列侵权行为遭受精神痛苦，向人民法院起诉请求赔偿精神损害的，人民法院应当依法予以受理：……（三）非法利用、损害遗体、遗骨，或者以违反社会公共利益、社会公德的其他方式侵害遗体、遗骨。"在本书看来，尸体被碾压似乎不涉及公共利益的问题，另外，过失驾驶以致碾压到尸体的行为一般情况下似乎也不会具有违反社会公德的属性——否则，几乎所有的交通肇事并导致人身伤害的行为都是违反社会公德的行为了[1]，而上述规范对可归责行为的定性应包含"违反社会公共利益、社会公德"的要求，因此，法院引用该项司法解释的规定处理过失碾压尸体的行为，理由选择并不恰当。抛开裁判者自身的理由选择，从整理裁判者的角度不妨认为：案例15和19确立了尚未达到违反社会公德程度的非故意损毁尸体的行为人的侵权损害赔偿责任。

表格所列案例中原告和被告大多具有亲属关系，赔礼道歉的请求都被拒绝。在案例11和18中，被告并非为原告的亲属，且有故意侵犯祭奠利益的行为，被法院判决应赔礼道歉。

---

[1] 醉酒驾驶而具有重大过失的情形排除在外。

最后，在明了涉及祭奠利益的侵害和损害之后，可以对案例 10 和 13 中涉及的诉讼时效问题作出进一步的阐释。在案例 10 和 13 中，原告提起的诉讼请求都有精神损害赔偿，案例 10 中原告的诉请还包括要求被告告知死者骨灰的去向，案例 13 中原告的诉请还包括将母亲的骨灰与父亲合葬。在上述两个案例中，法院都驳回了被告有关原告诉请已过诉讼时效的主张。案例 10 中，法院的理由是："上诉人提出本案超出诉讼时效，因祭祀是每年持续进行的活动，上诉人侵权行为随着每年的祭祀活动不断发生，故本案两被上诉人的主张并未超过诉讼时效，上诉人王奇的该项理由不能成立"；案例 13 中，法院的理由是："根据《最高人民法院关于审理民事案件适用诉讼时效制度若干问题的规定》的意见，人格权益是权利者的人格利益为客体的民事权利，具有绝对支配权的效力，不适用诉讼时效的规定。"案例 10 中法院所认定的被告的侵权行为是未告知死者骨灰的去向以致原告无法祭奠，只要被告未告知的状态持续，则原告祭奠利益受妨害的状态就一直存在，因此，排除妨害的请求权——请求告知骨灰去向——以妨害状态的继续存在为前提，可不适用诉讼时效。[①] 而祭奠利益受侵害产生的精神损害赔偿请求权不以妨害状态的继续存在为前提，因此，案例 10 中法院的理由只能针对祭奠利益受侵害时的排除妨害请求权，不能针对精神损害赔偿请求权。同样，案例 10 中法院的理由也可以用来说明案例 13 中亦属排除妨害性质的请求权——请求将母亲的骨灰与父亲合葬——应不适用诉讼时效。[②] 案例 13 中法院的理由实际上是：支配权——如物权、人格权等——不适用诉讼时效的规定。但如果其意思是物权请求权或人格权请求权——如排除妨害请求权——不适用诉讼时效的规定，尚属有据；如果其意思是物权或人格权受侵

[①] 参见谢在全：《民法物权论》（上册）（修订五版），中国政法大学出版社 2011 年版，第 121 页。

[②] 其他诸如请求增刻姓名、返还尸体等都可作相同理解。

害时针对损害结果的精神损害赔偿请求权也不适用诉讼时效的规定，则缺乏依据，也未见有学者作此类主张。①

2. 祭奠利益与实证法

上述表格中的案例皆发生于 2001 年之后，涉及的实体法上的法律渊源主要包括《民法通则》《最高人民法院关于确定民事侵权精神损害赔偿责任若干问题的解释》《最高人民法院关于审理民事案件适用诉讼时效制度若干问题的规定》与《侵权责任法》。2010 年《侵权责任法》施行后，前述三项法律规范并未被废止。下面笔者以上述四项法律规范作为法律渊源，假定一个有关祭奠利益纠纷的案件发生于 2010 年《侵权责任法》施行后《民法典》颁布前，探讨本章前一部分有关祭奠利益纠纷中的侵害与损害的分析如何在有拘束力的实证法中立足。②设若前述案例裁判中的价值判断依然值得尊重，那么在实证法上如何为其寻找妥帖合适的理由就是有意义的。本章前一部分即属于理由探寻的内容，接下来则验证此内容在实证法上是否可行。

本章前述有关祭奠利益的法律分析以侵害与损害的区别为前提，主要有以下内容：（1）侵害祭奠利益，且造成继续性的妨害状态时，不以行为人有过错以及发生损害结果为条件，受侵害人有排除妨害请求权。该排除妨害请求权不同于以行为人有过错和发生损害结果为条件的损害赔偿请求权——在祭奠利益纠纷中，主要为精神损害赔偿请求权。（2）特殊情形下（如案例 17），尽管有妨害状态之存在，但原告不享有排除妨害请求权，可享有精神损害赔偿请求权。（3）排除妨害请求权不适用诉讼时效的规定。下面分别探讨上述内容与实证法的

---

① 2008 年施行的《最高人民法院关于审理民事案件适用诉讼时效制度若干问题的规定》第 1 条规定："当事人可以对债权请求权提出诉讼时效抗辩……"此规定将诉讼时效之抗辩限制在"债权请求权"领域，对物权请求权或人格权请求权则排除在外。

② 前文有关祭奠利益的分析皆不以适用案例发生时所应依据的法律渊源为前提，因为法官在裁判时须以裁判时有效的法律渊源为判决的理由支撑，而前文对法院判决的分析则不受法官裁判理由的约束，只选取其所认定的事实和所作的决定为材料，并以这些材料为约束，对其进行整理——实际上就是填充理由。

关联，并最后对祭奠利益是否具有权利属性等问题略作评论。

首先，由于祭奠利益的保护可针对不特定人，具有绝对性，因此，祭奠利益受侵害人的排除妨害请求权可通过类推适用《物权法》第35条之规定"妨害物权或者可能妨害物权的，权利人可以请求排除妨害或者消除危险"而获得依据，此种方式与德国民法对一般人格权的处理方式类似[1]；或者直接适用《侵权责任法》第21条之规定"侵权行为危及他人人身、财产安全的，被侵权人可以请求侵权人承担停止侵害、排除妨碍、消除危险等侵权责任"，此种方式为中国侵权责任法特色之体现。[2]

其次，以案例17为例，若妨害状态存在，原告一方面不享有排除妨害请求权，另一方面却有损害赔偿请求权，两者似乎矛盾。避免此种矛盾的一种解释是：排除妨害请求权中对行为违法性的要求高于损害赔偿请求权中对行为违法性的要求。当排除妨害的行为影响公共利益时，受妨害人无权请求排除妨害（意味着妨害是合法的），但损害赔偿却不一定因此而影响到公共利益，因此受损害人可以请求损害赔偿（意味着造成损害是不法的）。日本法院的实务中即有采此种学理者。[3] 避免此种矛盾的另一种解释是："所有权物上请求权之行使

---

[1] 德国民法典中对与物权一样具有绝对性的人格权的保护，欠缺排除妨害请求权的规定（姓名权除外），因此，基于人格权的排除妨害请求权可通过类推适用有关占有保护请求权或物权请求权之规定（《德国民法典》第862条或第1004条）而获得依据。参见〔德〕马克西米利安·福克斯：《侵权行为法》，齐晓琨译，法律出版社2006年版，第66页。

[2] 《侵权责任法》和《物权法》制定前，我国学者就排除妨害请求权究竟应作为绝对权（物权、人格权、知识产权等）保护中的一种责任方式还是应作为一种侵权责任方式有过争论，从现状看，《物权法》第35条和《侵权责任法》第21条同时对排除妨害请求权作出了规定。所谓中国侵权责任法的特色即体现在其规定了与物权保护请求权类似的侵权责任中的排除妨害请求权等。学者间的争论，参见魏振瀛：《论民法典中的民事责任体系——我国民法典应建立新的民事责任体系》，载《中外法学》2001年第3期，第353—362页；崔建远：《绝对权请求权抑或侵权责任方式》，载《法学》2002年第11期，第40—43页。

[3] 参见〔日〕圆谷峻：《判例形成的日本新侵权行为法》，赵莉译，法律出版社2008年版，第267—268页；

一旦涉及违反公共利益、权利滥用禁止或诚信原则时,一般而言,将不生该请求权之应有效果,易言之,其行使为法所不许。"此为我国台湾地区实务中的做法。①依本书看来,不妨借鉴后一种解释,在考虑"入土为安"等风俗的情况下,如果法官认为虽然原告的祭奠利益受侵害,但不宜支持原告重新安葬的请求,那么法官可以依据《民法通则》第 7 条之规定"民事活动应当尊重社会公德,……"②,驳回原告的请求。但原告精神损害赔偿之请求不涉及"入土为安"等风俗,不存在违背社会公德的问题,仍可得到支持。③

再次,关于诉讼时效问题与实证法的关联,前文已有部分涉及,其内容主要是:由于妨害状态之继续存在,因此,排除妨害请求权应不适用诉讼时效之规定。《最高人民法院关于审理民事案件适用诉讼时效制度若干问题的规定》第 1 条规定"当事人可以对债权请求权提出诉讼时效抗辩……",对此条规定做反面推论,即可认为基于债权以外的其他权益而产生的请求权——如物权请求权——不适用诉讼时效之规定。基于祭奠利益受侵害而产生的排除妨害请求权不属于债权请求权,因而应不适用该第 1 条之规定。但是,案例 10 和 13 中,法官实际上使显然具有债权请求权性质的精神损害赔偿请求权也不适用诉讼时效的规定,于实证法(成文法)上的确无据。在实证法未做改

---

① 谢在全:《民法物权论》(上册)(修订五版),中国政法大学出版社 2011 年版,第 132—133 页。

② 这并不意味着所有要求重新安葬的请求都会违背社会公德,案例 13 中,遵从死者的遗愿重新安葬死者以使夫妻能合葬,这样的请求就很难认为违背社会公德。该案中,法官并未驳回原告重新安葬的请求。

③ 另有一案,其判决结果与表格中的案例 17 类似,其驳回原告重新安葬请求之理由值得参考:"被告张孝清私自转移母亲尸骨的做法是不妥的,但鉴于被告张孝清已将其父、母亲合葬,且其父、母亲合葬亦在社会伦理范围之内,在社会道德能够容忍的限度之内,如若再将尸骨强行挖出迁移,同样违背了'入土为安'的风俗习惯,亦是对死者的不敬。所以对原告要求判决归还张玉兰尸骨与其养父黄圣友合葬,本院不予支持。"该案支持了原告精神损害赔偿的请求。参见"黄呈远诉张孝清其他特殊侵权纠纷案",(2006)贾民一初字第 604 号。

变的前提下，若不能认定其以习惯法作为依据①，那么这种做法就彻底缺乏依据了。也就是说，法官裁判所显示的价值判断不能在实证法的体系内得到圆满的落实。

最后，侵害祭奠利益的精神损害赔偿请求权在实证法上的依据应为《侵权责任法》第 6 条第 1 款"行为人因过错侵害他人民事权益，应当承担侵权责任"和第 22 条"侵害他人人身权益，造成他人严重精神损害的，被侵权人可以请求精神损害赔偿"。② 由于上述两条的规定皆未将保护的客体局限于权利，而是包括了尚未升格为权利的合法利益，因此，除非对其进行目的性限缩，以追随德国法的立法模式，对权利和权利之外的合法利益的保护设置不同的构成要件③，否则，争论祭奠利益究属权利还是权利之外受法律保护的合法利益并无多大价值。本书并不赞成此类目的性限缩的办法，因为权利和权利之外的合法利益的区别保护应委诸法官通过侵权责任构成要件——如过错、违法性或因果关系等——的认定中的政策考量来实现，不应像德国民法那样事先设置具体的区别保护规则以至于束缚法官回应现实的能力。在本书看来，对于《侵权责任法》第 6 条来说，更需要的是总结和检讨司法实践，探究既往对权利或合法利益的司法保护中透露出怎样的政策考量，以及这样的政策考量在面对未来时是否应进一步具体化或加以修正。由此，本书认为，在实证法的框架下，争论祭奠利

---

① 可以将《最高人民法院关于审理民事案件适用诉讼时效制度若干问题的规定》第 1 条第 4 项"……其他依法不适用诉讼时效规定的债权请求权"中的"依法"解释为包括依据习惯法。

② 《最高人民法院关于确定民事侵权精神损害赔偿责任若干问题的解释》第 3 条第 3 项有关"非法利用、损害遗体、遗骨，或者以违反社会公共利益、社会公德的其他方式侵害遗体、遗骨"之规定虽然可以解决部分案例类型，但对于像案例 15 和 19 中行为人实际上并无违反社会公德的情形无法适用。本书认为，在《侵权责任法》施行后，对于非法利用、损害遗体、遗骨的行为应统一适用《侵权责任法》第 6 条和第 22 条之规定，无须再适用上述司法解释第 3 条之规定。

③ 此种见解，参见葛云松：《〈侵权责任法〉保护的民事权益》，载《中国法学》2010 年第 3 期，第 37—51 页。

益究属权利还是权利之外的合法利益的确并无多大价值。为避免争论，本书只使用"祭奠利益"一词，而不采用"祭奠权"的概念。不过，假使使用"祭奠权"的概念，那么此概念的上位概念究竟应是"一般人格权""具体人格权""身份权"或"亲属权"中的哪一个或哪几个呢？此问题虽然有一定的研究价值，但是，若对祭奠权的基本内容没有争论，对此问题的研究实际上会纠缠于对上述上位概念之含义的探讨①，或多或少会形成缺乏实践意义的"语词之争"。② 就此问题，本书暂置不论。③

四、结语

本章通过对北大法意网中国裁判文书库中所搜集的 19 个相关案例的整理，试图为祭奠利益的法律保护建立较为合理的法教义学上的框架，核心内容是明确祭奠利益的特性以及对涉及祭奠利益的侵害与损害的划分，并由此对相关的排除妨害请求权和精神损害赔偿请求权的区别以及诉讼时效等问题做了相应的阐述。本章受搜集范围和搜集方法的限制，所选案例相信只是有关祭奠利益纠纷的冰山一角，是否具有代表性值得怀疑，有待检验。倘所选案例不具有代表性，本章试图以此为材料所做的类案研究的方法（而非结论）是否有价值仍有待读者的评判。

---

① 譬如，当对"书"这一概念应指称怎样的对象或如何使用没有争论时，那么探寻"书"究竟是否为一种"文具"（即"文具"是否为"书"的上位概念）实际上更多的是在探讨"文具"一词之含义。

② 参见孙维飞：《通说与语词之争——以有关公平责任的争论为个案》，载《北大法律评论》编辑委员会编：《北大法律评论》（第 12 卷·第 2 辑），北京大学出版社 2011 年版，第 383—400 页。

③ 涉及祭奠权权利属性问题的较为详细的介绍，参见程立武：《祭奠权研究》，中国政法大学 2011 年硕士学位论文，第 6—14 页。

附录：类案研究的意义与方法
—— 一篇讲座稿*

感谢邀请。我们今天的主题叫类案研究的意义与方法。之所以叫"类案"，是想突出强调一下它不是群案，也不是个案。群案研究的主要方法是统计，如多少个胜诉、多少个败诉。比如说有经济学家研究上诉后败诉率的多少，说北京上诉后败诉率特别高。由此，他就得出一个结论：这种现象的原因可能是上诉人明知道没有道理，但也要赌一赌、试一试——"说不定法官就被我忽悠了呢"。由此也说明，法院的权威性和独立性可能还不是那么强，让当事人觉得投机成功的可能性比较大。像这样的群案研究比较多，侧重于统计，列个表格，等等。我自己也做过一个，与指导案例1号相关的叫"隐名的指导案例"的论文，就相当于群案研究。那篇论文研究主题是探寻指导案例1号对于后续案件是否发挥以及如何发挥作用及其成因。我们要探讨一下有哪些案例引用了它，有时要做一个表格，画一个图，等等。

类案研究的意义，我认为是发现价值观，发现既有法源材料中的价值观。这说明，研究者对自己的价值观没那么自信，也没有那么骄

---

* 本部分为"经天学堂·判例研习系列"第四讲（2018年4月26日，华东政法大学韬奋楼117教室）讲座内容，由"包邮区民法饭醉谈"公众号整理文字稿。

傲，或者说人民的价值观才是真正的价值观。也就是说，人民和传统中积淀的价值观很重要，需要我们去发掘，对它有一定的尊重。这是它主要的意义。**类案研究主要的方法，第一步就是要整理现象、要总结；第二步要解释或者证成；第三步要推广。**

下面主要介绍三个我个人认为比较重要的范本，第一个就是鲁道夫·冯·耶林的《论缔约上过失：契约无效与未臻完善之损害赔偿》，这是一篇经典的论文。这篇论文是1861年发表的，当时德国民法典还没出来。它在整理既有的德国普通法时代的材料的基础上提出了缔约过失的概念。第二个范本是1890年沃伦和布兰代斯合写的《论隐私权》，刊登在《哈佛法律评论》上，也是世界闻名的法学文献，因为公认的有关隐私权保护的开山之作就是这一篇。隐私权集大成的文章是20世纪60年代的普罗泽写的《论隐私权》。第三个范本是法经济学的权威人物波斯纳所写的《一个过失侵权的理论》。也就是说有好几个理论，"我"是其中的一个，这个理论是从经济学角度出发的。他们共同的特点都是研究了一类案件，所以我们找这三个范本。另外，我也介绍一下我自己的一篇文章，介绍我研究的经历和体会。这就是我们讲座的内容。

下面，我们先介绍**鲁道夫·冯·耶林的《论缔约上过失》**，这篇文章已经被翻译成了中文并形成了小册子，由商务印书馆出版。**他的文章有三个部分，第一个部分是"法源素材中直接包含的内容"，这就是我们所说的现象；第二个部分是"缔约过失责任的证成"，这就是我们所说的解释或证成，这个解释或证成是用一个体系的概念，也就是概念工具去框住它；第三个部分是"有关缔约过失的疑难案件的分析"，这就是我所说的推广。**

自然科学的研究常常是针对一类现象苦苦思索，有的时候在不经意间有所得，得出一条规律，然后推广。我用个不恰当的比喻，比如牛顿发现了现有"法源"素材中体现的内容，即"苹果老是往下掉，不往天上飞"的现象；第二步他要解释，"噢，原来这是万有引力"；第三步推广，"推广到太阳和月亮上去"。太阳、月亮和地球，加万有引力，解释了潮汐运动。这是自然科学常用的方法。自然科学和我们法学不一样，自然科学得出的规律是描述性的，不是规范性的。因此，描述性规律不讲例外，有例外，可重新修改规律，以将例外概括进来。天鹅都是能飞的，如果有一只天鹅不是能飞的，规律就要修改。另外，它对素材的整理会结合人工的试验，法学的研究似乎没这个办法。

这就是我们所说的耶林的文章的三个部分的标题。耶林研究的时候发现一个案子：有个人委托证券公司要抛售债券，通过拍电报向其发指示。他们之间就是委托合同。拍电报的时候，拍电报的人将"卖"错拍成了"买"，因此本来是要卖掉 1000 股债券的，变成了买 1000 股债券。德国的普通法特别注重意思自治。我们知道意思表示的理论有意思说、表示说、折中说，比如萨维尼就特别赞成意思说。在耶林之前的时代特别注重意思说，因此，这个委托合同的合意是违反委托人的意思的，因为其是传达错误而造成的。需要明确的是，当时没有《德国民法典》，这是最高法院的素材。当时的法学家们的研究一般就到此为止了，就是说，这个合同可以撤销，因为不符合当事人的意思，就到这没了，那后面的损失怎么办呢？比如说，这个债券后来价格大跌，本来是卖掉的正好可以脱身，现在变成买 1000 股，正好被套住了。那么这些损失该怎么办？当时一般是不研究的。有一个判决说要赔，但是请求权基础是什么没有说。耶林的意思是说：我看了半天没有看出来其请求权基础是什么，赔的话其实又与我的法感觉挺契合的。其实耶林还写过另外一篇著名的论文《何为法感觉》。但这只是其中的一个案子，还有好多其他案子。也就是法源素材中有一个判决是觉得要赔，但是没有说依据什么请求权基础、依据什么制度、依据什么概念。

第二部分，缔约过失责任的证成。耶林说"我"来提出一个概念，这个概念就是缔约过失。这个缔约过失就是一个概念法学提出的一个概念工具，用来解释这个现象，你现在觉得很简单，但这在当时是创新式的。就是说，在合同生效之前，进入合同磋商阶段，缔约的主体不是裸露在保护之外的，应当受到一定程度的保护。核心的意思就是，因为缔约磋商而接近，就承担着必要的注意义务。

证成之后，它就被推广到某些疑难案件中去了。比如说，普通法时代，影响合同成立的因素有很多，有主体的因素，有意思表示的因素，有客体的因素，例如自始客观不能在德国旧民法典时代会导致合同无效。那么就可能有两种情况：一种是明知道标的物已经不存在了，还和别人订立合同，这个是恶意的，已经有处理办法了。关键是有些情况，他也不知道这个标的物已经不在了，拉着别人聊天、谈判，最后达成了合意，然后才发现物早就没了，按照旧债法该合同也无效。但现在问题是别人花了这么多精力，能不能向你要求赔偿呢？这是德国法学上争论的一个话题。当时很多人想到合同无效就结束了。耶林进一步研究，说按照"我"这个证成的必要的注意义务，在这种情况下，他应当发现标的物毁损灭失了，但没有发现，还拉着别人和他谈判，那他应当赔偿。

这就是耶林这本小书的全部内容。它的意义在于发现了价值观，即这种那种等情况是需要赔钱的。耶林之方法偏向既有的教义学的体系，缔约过失不是耶林首次提出来的。但他用既有的教义学的工具，来概括这些既有的法源的素材并进行证成，这就是所谓的体系化的整理。耶林的工作还包含着体系化的革新，他发现了一个独立的责任制度，既不是违约，又不是侵权，而是缔约过失。

接下来我们介绍第二篇文章，这篇文章是美国的学者写于1890年的《论隐私权》。在这篇文章诞生之前，法院的判决当中从来没有保护隐私这个想法和说法。而作者沃伦自己的一些私生活被报纸大肆报道，他十分生气，他就不信保护不了自己。所以，他和布兰代斯（他的同学）研究既有的案例，看看能否发现可予保护的理由或正当性。布兰代斯自己后来也成为著名大法官。

他们是这样研究的。当时有许多关于保护稿件、信件中著作财产权的案例。举个例子，钱钟书给你写了一封信，这封信写得十分精彩，用古诗来劝说你好好生活。然后，你把这个信件拿到网上卖钱可以吗？答案是不可以的。因为如果不是钱钟书的字迹不会值这么多钱，它里面包含着著作权。并且钱钟书寄信给你不算发表，因此你擅自公开发表是不行的。其实这封信既是个书法作品，同时也是文学作品。

当时有很多这样的案子，就是要求收信人不能把这些内容公开。后来沃伦他们整理这些案件，发现有些案件是这么判的，就是写信告诉你的内容也不允许公开。文学作品不能公开因为有著作权，而这些事实问题也不能公开，这似乎说不过去。沃伦和布兰代斯他们对法院判决的理由不太赞成，说：我们重新给你说个理由。这就到了第二步了，**第一步是既有的法源素材直接显示出来的内容。第二步要进行解释和证成了**。他们认为这实际上就是保护隐私。通过对既有法源素材的整理，他们得出结论，即我们的先例当中是有对隐私的保护的，由此确立了美国法上对隐私的保护。这也是一种发现，而不是发明。隐私权的提出迅速引爆了美国法上的隐私保护，这就是它产生的辐射力。明天解亘老师要讲日本法判例上的先例抽取，抽取以后就要产生辐射。我们今天所讲的也是抽取了，不过在此抽取的是比较抽象的层次，**类案研究的抽取不是从一个案子中抽，因此它抽取的是价值观，是原则（principle）**。抽取之后要辐射。我们今天就算给解亘老师的讲座做点事先的预习。

随后，在20世纪60年代，普罗泽，也就是美国侵权法第二次重述的主导人之一，就将隐私保护总结起来，包括四种类型，就不详细说了。

我们举了一个大陆法系的文献的例子，也举了一个英美法系的。接下来，我们举第三个例子。

这个文献是侵权法经济分析的开创性文章。就是理查德·A. 波斯纳所写的《一个过失侵权的理论》。他分析了几百上千个案子，他没有说这上千个案子中哪个判错了。他的思路是：假设这些案子都对，判决中法官你们的理论是这种解释，而我的理论则是所有的这些案件都符合经济学的道理。这无异于晴天霹雳，即这些案件这么判，背后隐含的道理你不知道，但"我"告诉你都符合经济学的道理。这实际上也是两步，首先是既有的法源素材体现的内容（价值观），随后"我"再给你解释。但和前面的两篇文章大不相同的地方在于，这篇文章是社会科学的解释，是在既有的法教义学之外的概念。而缔约过失还是在既有的法教义学概念里面。这篇文章就是完全用社会科学的资源来帮助我们重新认识法律规范，原来我们的法律规范背后实际上有法律之外的道德、经济、效率、公平等的支撑，且也是融贯的。

但是耶林的方法被另外一个人怼怼了，怼的人是菲利普·黑克。他也有篇小册子被翻译过来了，叫作《利益法学》。他是这么总结耶林的方法的：通过总结而获得的概念，在结构上因予以精确的确定，并使其获得新规范的基础，这竟然也叫作方法？这不就是偷换概念吗？黑克又说：只有对利益状况进行根本的考察，才能真正摆脱概念法学的影响。实际上，他倒不一定不赞成"总结，然后证成，然后推广"这一过程，而是问：你总结的时候是怎么总结的？证成的时候是怎么证成的？以现行的概念法学的那些概念工具去总结实际上不是方法。**真正的方法是在于利益分析**。

黑克后面就举了例子来分析，即死因利他合同。在他看来，只有真正抓住了这个理论所涉的利益状况，证成才是真正有说服力的。不过，在我看来差别也不是那么大，只是黑克认为光有既有的法教义学的概念工具整理是不够的。换句话说，是黑克瞧不上，因为黑克也曾经瞧不上他过去的自己，他瞧得上的是抓住这个背后的利益实质。那么背后的利益实质和波斯纳所说的不就是一个意思吗？也就是这些概念的使用产生了一个结果，其实背后有一套经济的效率在支撑着，只不过你们不知道而已。所以，进行这种研究，特别有把覆盖的东西给揭开的乐趣。

前面说了三篇著名的文章，让大家感受一下什么是类案研究及其方法。大家若要进一步的了解，可以好好地读一读耶林的文章。

接下来说我自己的一篇文章。有人说你这个嘚瑟的，跟这些大家放在一起。那当然不是，人家是开创性的文章，我只是说下自己的体会而已。我这篇文章刊登**在 2012 年《交大法学》上，文章名字叫《祭奠纠纷的类案研究》**。祭奠，就是老人家去世了，慎终追远，表达一下纪念。也是亲人已逝去，常怀一片心。纪念必须要有纪念的仪式，比如造一个墓，还有一个墓碑，墓碑上要刻"先考先妣"之类。

中国人对祭奠的仪式非常看重，我当时也是很偶然地看到这类案件，案子是很多人告称墓碑上把自己的名字遗漏了。后来在和你们的一鸣学长讨论的时候（我已经经过他授权了，我说我要说说你的故事，他说可以），没想到一鸣学长有亲身的经历。按照他们当地的风俗，他是长孙，在刻墓碑的时候，名字应该是放在前面的。但最后，他的名字竟然落到了他的表姐后面，这个位置不对。一鸣的母亲埋怨一鸣，你看你不在家，都刻错地方了。我就跟一鸣说，你可以回家告他们去，一鸣说算了。那么这样的案子有很多，一般有两种判决结果：有的是判精神损害赔偿，有的是不判精神损害赔偿。比如说，某人能证明，他的儿子在外地，从来没有孝顺过他故乡的妈，一回来就吵架还打骂。邻居可以作证明，所以死者墓碑上没刻他的名字，他要求精神损害赔偿，法官驳回，赔礼道歉更不要想了，但是，墓碑上的名字还是要给他加上去。法官的道理语焉不详，反正不能说服我。有的墓碑上名字加上去，也能要求赔偿；有的墓碑上名字出现的位置不一样，就不用加了。比如说墓穴盖上写着张三等，有人说就说我怎么被"等"掉了呢，为什么不是张四等呢？法官说，"等"就"等"。这就让人很好奇。当然搜罗文献可以知道，中国的丧葬仪式当中对墓碑和墓穴盖的重视程度不可同日而语，就是仪式的重要性不可同日而语。

最后呢，我想起了这样的一种解释方法，就是用现有的概念工具将其捋顺，**我们现有的概念中有两个词，一个叫侵害，另外一个词叫损害**。学德语的同学知道，前面一个词叫 Verletzung，后面一个词叫 Schaden；在英语里，前面一个叫作 infringement，后面一个叫作 damage。说明大陆法系和英美法系非得要仔细地区分侵害和损害。而且我们考研等各种考试都喜欢考一种题目，问物上请求权和损害赔偿请求权有什么区别？答：第一，物上请求权不需要过错，损害赔偿请求权需要过错；第二，物上请求权不需要损害，损害赔偿请求权需要损害。

我想这不就完美地解释了吗？

要求精神损害赔偿，那么按照 2001 年《最高人民法院关于确定民事侵权精神损害赔偿责任若干问题的解释》第 10 条，精神损害赔偿要考虑很多因素，死者生前你和死者的关系怎么样是重要的考虑因素。如果在死者生前你老打骂，一回家就吵架的，我认为你没有精神损害可不可以？这种不用赔可不可以？这是可以的。但是侵害是不需要损害的。那么这个侵害是什么呢？显然不是对物权的侵害，因为那个墓碑就不是原告买的，但法官说被告买的墓碑不刻原告的名字也不行，因为人家是排行老大。那说明墓碑上没刻上名字本身不是损害的内容，是对客观利益的侵害，那么这个客观利益在哪呢？

这时候，我想起来很多内容。因为我博士是研究中国法制史的，导师是王立民前校长。那么中国的丧葬制度我还是懂一点的，五服嘛！斩衰、齐衰、大功、小功、缌麻。比如说，有没有哭丧棒啊？为什么要有哭丧棒呢，是因为至亲去世，身体极度虚弱，已经撑不住了，后来身体再强壮的人不撑棒子都不行。有人说哭丧棒是打狗的，不是的，它刚开始起源的时候是起源于情感，因为至亲去世。原来有一个顽皮的孩子和孔子互怼，说的意思好比是："为什么要守孝三年满，常怀一片心，这三年不是太长了吗？太长了不是耽误事吗？"孔子说，你爱怎么样就怎么样，我们父母去世了，我们觉得很悲伤，至少要三年。因为三年才能"免于父母之怀"。孔子的论证是从情感出发的，一个正常的人就该对至亲有这种深厚的情感，小孩提出这种问题证明还不太开窍，不与之讨论。

那么，它固定化为仪式之后，就带有客观的意思了。我给他起了一个名字：仪式化的情感或者是情感化的仪式。这就能解释很多事情，比如说我们喝酒的时候，表示尊敬，酒杯要往下走，下走表示我对你的尊敬的情感。后来，我一边往下走一边想："什么人哪？！"但是酒杯还是要往下走的。"感情深，一口闷"。一口闷代表着感情深，后来感情深不深都要一口闷，因为只要一口闷就代表着感情深。这就是情感化的仪式或仪式化的情感。我们对于这些情感是需要有一个仪式表达出来、象征出来的。胡适刚回国的时候就有疑问，他说："至亲去世，为什么就不能戴金丝边的眼镜，就不能穿绸布的衣服？"戴了金丝眼镜就不表示我的悲痛、怀念吗？别人就告诉他，就是要通过仪式来表达我们的情感。

20世纪早期的时候梅兰芳同志想对京剧作出一些改革，但是最后失败了。其中一个最重要的改革就是用实景。我们现在京剧很少用实景，比如说骑马，骑马用马鞭子象征一下就行。我就看过西方的戏剧，比如说阿依达，场面宏大，一大堆骆驼就在舞台上狂奔。梅兰芳的改革失败，因为观众接受不了。观众接受的是象征的做法，这就是京剧的程式化表演。现在有人热爱京剧的，一定是热爱京剧程式化的意味，特别含蓄，也特别讲究。哭要有哭的样子，笑有笑的样子。林黛玉能不能像张飞那样哈哈大笑？肯定不能，如果那样，那京剧早就成糟粕了。当时在北京好多外国的公使夫人，他们欣赏中国的歌剧，有一个他们特别不能理解的地方，比如说演霸王别姬，虞姬最后表演剑舞，演完剑舞马上自杀，有一段唱腔，特别悲惨的时候，下面都是一片叫好，"好！好！好！"他们就认为说中国人怎么这么残酷呢，这都已经生离死别了，怎么能拍掌叫好呢？真懂京剧的人觉得太小儿科了，因为他把那个哭表现得恰到好处，不增不减，眉毛要挑到什么程度，这都是有讲究的。这就是梅兰芳为什么受欢迎，因为他的表演恰到好处。所以京剧是全套的，一定是唱念做打，各有各的讲究。

　　后来又听说有些地方丧葬的时候竟然举行脱衣舞表演。怎么会有这样的事呢？我给它提出个说明。中国人对待死特别有讲究，人生四分之一还没到就去世了，就太可惜了，就不要声张；如果你是自杀的，不但不能被声张、不能大张旗鼓，而且还要受到一些谴责性的仪式，否则对自杀的人不进行一点否定性的评价，大家不是都要笑话吗？八十多岁的去世了，则很正常，都可能四世同堂。那么，我对他表示悲伤怎么办，需不需要我自己哭？不一定需要，我请专门的哭手。比如说赵本山特别在行。那么有没有攀比呢？当然有。你只能请到孙维飞这样的哭手，我能请到赵本山这样的顶尖哭手，是不是我这个葬礼办得更风光？其实就怕第一个开口，因为假设两家同时都有个80多岁的老人去世了，那都要停棺，接受吊唁。大家都到他家那边去了，不到我家这儿，这是不是面子上挂不住，表示我对我的亲人还不够孝顺。那怎么办？我要想尽办法把他们招揽来，后来发现脱衣舞很有吸引力。那我举办个脱衣舞表演，大家都过来。然后，这个葬礼就搞得特别热烈。一旦有第一个人这么做，那就止不住了。第二个人没办法，他也必须要搞脱衣舞，就这样，它竟自然地演变成一方习惯了。这片的都知道，葬礼就有脱衣舞表演。如果你觉得这个是淫秽的，那是你对深厚的中国传统文化不了解而已。人家才没你想的那么猥琐呢，人家只是觉得，我对父母的孝顺光放在心里面是不行的，要通过仪式表达出来。所以中国是多么看重常回家看看。你说，我心里面有就行了，那是不行的，要表达出来，回家的时候，最好还要隔壁人知道，我家儿子回来啦。你锦衣夜行悄无声息地回去就没啥意思了。要让别人知道，仪式是做给别人看的。有这个仪式支撑着，就很好解释了。

这时候，就让我产生了确信，我提出了一个概念，那就是"仪式化的情感"。所以，**这个侵害的客体就是对逝去亲人的纪念（通过情感化的仪式体现出来的）**。这样一解释后就全通畅了。我们慎终追远，在墓碑上刻字是一个重要的仪式，而且，隔壁邻居也是知道的：儿子再不孝，能不能说最后不让他刻名字？不行的！一码归一码。**损害赔偿涉及的是情感受伤害的程度，那是要特殊考虑的**。我觉得这么去解释之后就妥当了，而且还完美地解决了一些疑难的话题，比如说诉讼时效。我们刚才说了三个步骤，第一个步骤是现象或者说现有法源材料的整理、总结，第二步是提出一个概念进行解释、证成，然后推广。我所提出的这个概念，它不是既有法教义学里面的概念，它融合了法学以外的资源。所以，这是不可多得的研究，会让你感到特别过瘾，可以用法学之外的资源来印证这个法学问题的处理效果。一方面是像波斯纳利用法外的资源；另外一方面还是在现有体系里面整理侵害和损害的区别。

当然，2012年那篇类案研究论文之后，我再也没有找到第二个这么有意思的素材，可以用法外的资源来印证，产生一定的说服力。说服力的体现，比如说一个孩子看到我这篇文章，听了我讲上面的道理，说："哎呀，老师我终于理解了。"理解了为什么他妈和他奶奶平常吵得不可开交，但他奶奶去世的时候，他妈妈却哭得那么伤心。他就觉得他妈妈虚伪死了。现在知道了，妈妈不是虚伪，这是仪式，这是我们的义务。作为儿媳妇不哭这是大不孝。有时候说我哭不出来那怎么办，那就找点催泪的东西，否则的话，你一生的评价可能会有一个重大污点。当然，像孔子那样从心所欲不逾矩的人，可能该哭的时候眼泪立马就下来了。哭本身是情感，但是演化成仪式之后，它就可能产生变异，仪式里面包含的情感越来越少。

话说回来，这话跟法学没啥关系了，就是我们如何发扬传统文化。好多人走到了反面，不是加强情感，而是加强仪式。我认为这些都是不对的，应当加强的是自然的情感，以及在这个基础上的仪式。这样才会活得润泽、温暖。僵化仪式也可能会固化传统仪式当中虚伪的一面。

刚才是岔开的话题，现在回过来说。怎么解决疑难话题呢？因为有些案件，原告要求增加刻字，时间已经过了2年了。法官也摸不着头脑，法官说："虽然过了时效，但是这个问题这么严重，这涉及我们的为人处世，这怎么能过时效呢？"但是按照我的结构就很清楚了。**类推适用物上请求权是不会过时效的，这就是用处。**这就为法官的直觉找到支撑了，他刚开始觉得过时效确实不太好，但是没有支撑，他没有找到侵害和损害的区分。但现有的法教义学是可以解决的。所以，这就是第三步，我们形成了既有的概念证成之后可以推广到疑难案件的处理中，这就是类案研究的好处。包括波斯纳的《一个过失侵权的理论》也是一样的。比如说，之前有个著名的共同危险的案子，这是美国法上的，叫作"Summers诉Tice"案。说有两个猎人去打猎，都误将人当成猎物，被害人被射中，但是只被一颗子弹射中，这是经典的共同危险。法官判决两个猎人承担连带责任，这是你可能看到最早的共同危险的案例。波斯纳给它提供了良好的经济学的解释，为什么连带责任是最佳的。简化来说是这样的：即一个人有预期承担连带责任的时候，他就会谨慎，那么从博弈的角度来说，对方应当会预期到他会谨慎。一旦谨慎，所有的责任都会扔给对方，而对方也不想接这个盘，对方也谨慎。因此最后的效果是有助于抑制不法行为。下面问题来了，如果不是两个人，而是一个人和一头驴怎么办呢？比如，替代因果关系中，考茨欧（Helmut Kozio）在《中外法学》上发过一篇文章，叫《替代因果关系问题的解决路径》。说有一个案子，山坡上面和山坡下面都有人，山坡上面还有野驴。这个野驴就相当于是没有负责的，人和驴都不小心乱踢石头，他们各踢了一块石头下去，山坡下面的人被石头砸中，受伤，但不知道是人踢的石头还是驴踢的石头，问该怎么处理？按照刚刚讲的经济学分析，那个共同危险中的道理已经不再适用了。因为，从博弈的角度来说，对方会预期到我希望将这个责任扔给他，但驴是没有这个想法的。上面的理论就不能适用了。如何适用，需要法经济学的进一步阐述。

波斯纳论述的过程大致也是一样的，就是从既有的素材当中整理出概念工具后，推广到将来。从法理学上来说，另外一个人思路与此很类似，那就是德沃金。德沃金的法律解释理论相当于续写小说，他写的《法律帝国》，前面八十回是既有的案例，后面有个新的案例该怎么处理呢？**相当于后面的后四十回该怎么写，他应当从既有的前八十回中整理出原则来，然后依此来指导后四十回的写作，这就是德沃金的方法。**当然，德沃金这个人比较犟，别人认为整理出来的结论可以有多个，德沃金认为是不可能的，只有一个结论是对既有法源材料的最佳证成。因此，德沃金的理论也可以称作为最佳证成理论。但其他学者就说他太理想化了。

总结一下所谓的类案研究的意义与方法。意义就是发现既有法源素材中的价值观。方法就是体系地整理，有的解释证成是侧重于从既有法教义学的概念出发，有的可能是借助于法外的理论资源。但是都**不要看重既有法源素材中说理的部分**。耶林说那个电报打错了，既有的素材中没有提到理由；波斯纳或者布兰代斯用的理由也不是既有素材中的理由。如果你用的只是既有素材中的理由，那你有什么新的发现呢？你不过是重复了一遍。你说有十个案子判赔，十个案子是判不赔，每个案件的判决理由你又说一下，那只是单纯地汇总。所以，我在做祭奠纠纷类案研究的时候，特地把法官所有的理由屏蔽了，我不引用他们的理由，我只说它的案情、结论是什么样的。我注重他的价值观，毕竟我没有在大风大浪的社会生活中。从现行的司法体制来说，不注重他的说理更好一点，但是不能不注重他的结论，因为他的结论往往根据他的法感觉。你说有可能法官是偏向于原被告中一方，但既然研究，似乎也只能假定法官是居中裁判的。

最后再总结一下。**类案研究的意义就是发现既有法源素材中的价值观，探寻的是活法，是制定法以外的活法。方法就是三个步骤，哪三个步骤？现象→解释、证成→推广。**

好，我们的讲座结束。谢谢！